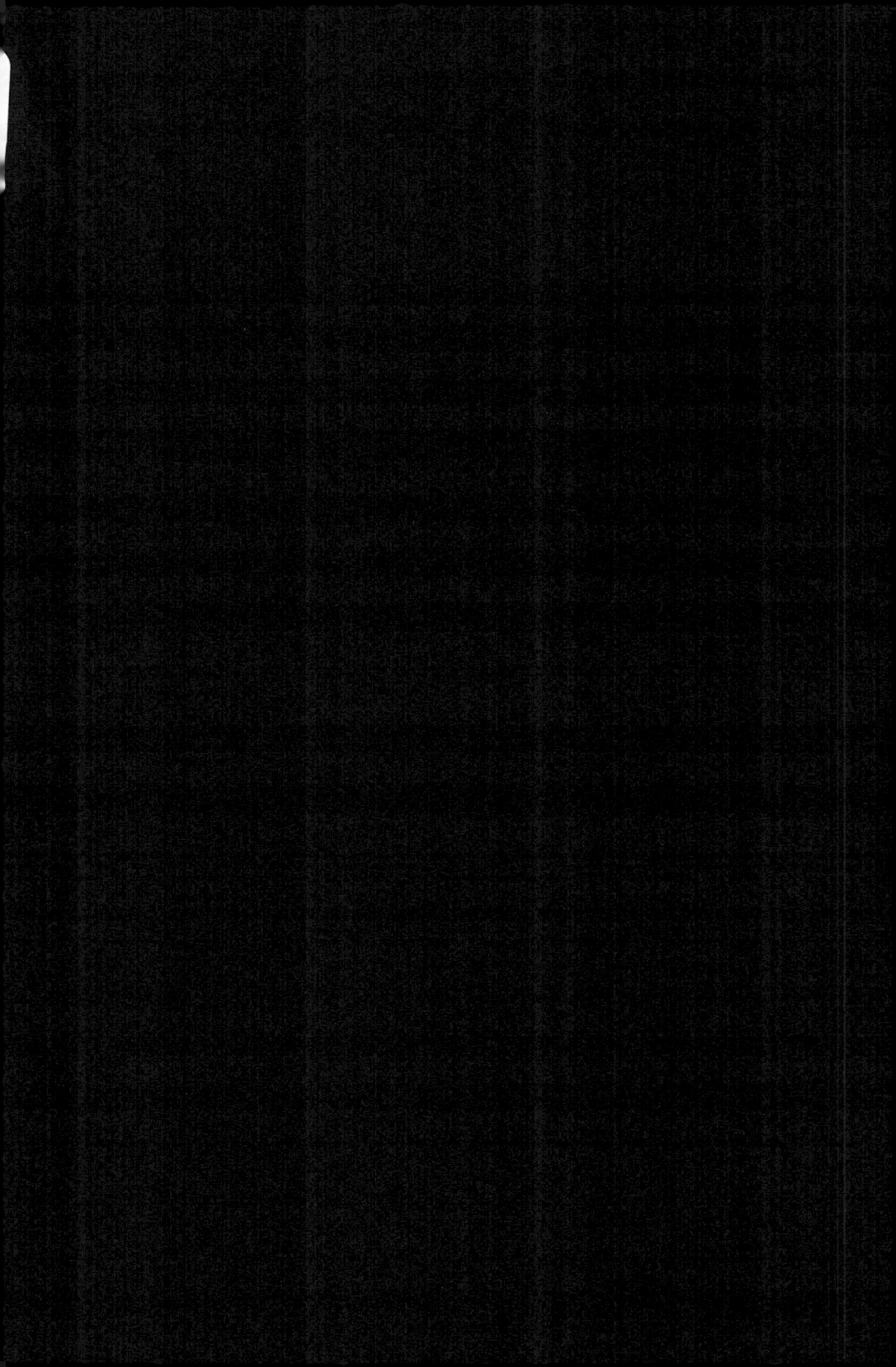

경제정의와 균형
자본주의

경제정의와 균형 자본주의

김성배 지음

이담 Books

서언

　자본주의는 경제원칙이 바로 세워질 때에만 비로소 그 꽃을 피울 수 있다. 다시 말해서 경제정의가 이루어져야 자본주의로서 자신의 역할을 다할 수 있다는 의미이다.

　그러나 현재 우리사회의 자본주의는 자유방임적 자본주의로 경제의 기본원칙이 무시되고 경제정의가 사라져 버린지 이미 오래이다. 그래서 가진 자의 의도대로 경제가 전횡되고 변질되어가고 있다. 또한 이러한 자본의 불평등적인 요소에 의해 자금의 집중성이 심화되어 계층간 빈부격차가 커지고 있다. 그리고 지금의 자유방임적 자본주의는 건전한 사회적 가치를 왜곡하여 경제정의 실현의 의미를 희석시키고 있다. 더불어 현재 실물경제는 대량 생산과 대량 소비에 맞추어져 있어 우리 사회를 풍요로운 사회로 만들어 주고 있으나, 사회철학 등의 부재로 인해 풍요 속의 빈곤이 만연되고 있다.

　그래서 우리는 풍요 속에 빈곤으로 이끄는 사회적 가치를 개선하고, 사회철학과 이념을 되살리는 도덕재무장(MRA)을 통해 사회정의를 실현해야 한다. 또한 같은 맥락에서 경제 분야는 경제원칙을 바로잡는 경제재무장(ERA)이라는 과정으로 경제정의를 실현해야 한다.

　여기서 경제재무장이란 것은 경제체계의 근원으로 돌아가 각각의 역할을 재정립하는 것이다. 즉 실물경제(생산, 고용, 소비)의 안정 위에 유동성 역할의 균형을 바로잡는 것이다. 다시 말해서 실물경제를 벗어나 있는 자금의 역할을 재정립 하는 것이다. 더불어서 파생적 금융산업이라는 유동성만의 독단적 경제행위를 자제하고 실물경제의 조력자로서 자기 역할을 다하도록 해야 한다.

초기의 자본주의는 수공업시대에서 시작하여 자본가의 뜻에 따라 모든 것이 이루어졌기 때문에 노동자를 착취하기 쉽게 되어 있었다. 그리고 산업혁명 이후에도 그러한 상황이 연장되었다. 그래서 근대 자본주의시대에도 전혀 개선되지 않았다. 그 때문에 자본주의는 공산혁명 등의 도전을 받게 되었다. 그 후 현대에 와서는 수정자본주의로 전환되면서 후생과 복지의 사회적 분배가 추가되기에 이르렀다.

그러나 이러한 수정자본주의조차 근본적이고 고질적인 인간의 탐욕에서 벗어날 수 없었다. 그래서 지금의 수정자본주의도 자본의 일탈로 인해 자금주의로 변질되어 버렸다. 결국 이러한 자금주의로의 변화가 돈으로 돈을 벌 수 있는 금융산업만 비약적인 발전을 이루게 하였으며 그로 인해 경제적 위기를 자초했다. 그리고 지금은 그 결과가 유동성 위기로 나타났으며 아직도 진행중이다. 그렇지만 이러한 위기를 공적 자금과 통화의 양적 확대라는 밑 빠진 독에 물 붓기 식으로 해결하려고 하고 있다. 그러나 이것이 원초적 해결 방법이 아니기 때문에 이것에 대한 결과는 아직 미지수이다. 더욱이 계속 반복되는 좋지 않은 경제상황으로 인해 머지않아 또다시 해결하기 어려운 위기로 나타날 것은 명약관화하다.

이에 반하여 우리가 추구하는 균형자본주의는 현재의 자유방임적 자본주의의 사회적 불균형과 금전만능주의로 인한 빈부격차의 폐해를 줄이고 미래 지향적인 사회를 만들려고 하는 것이다. 또한 최대 다수의 최대 행복이라는 민주주의 목표에 합치되도록 경제를 운영하여, 우리 사회에서 최대 다수를 점유하고 있는 중산층과 서민의 경제적 균형과 안정을 꾀하는 것이다. 그리고 이러한 경제적 변화를 주기 위해서는 건전한 사회철학을 재정립 할 필요가 있다.

경제의 균형과 안정은 균형자본주의 가장 큰 목적이다. 그래서 자유방임적 자본주의에서 자신의 역할을 일탈한 유동성을 제자리로 돌려놓고 근검과 절제를 통해 미래에 다가올 자원 고갈 및 경제위기에 탄력적으로 대처할 수 있도록 하여야 한다.

또한 보수 성향을 띤 이기적 기득권층과 혁신적이지만 과격한 개혁층보다는 대다수의 상생과 화합을 주도할 중도 중산층이 경제의 흐름을 주도하는 것이 균형자본주의다. 더불어 경제적 균형과 안정을 통해 미래 지향적이면서도 지속 발전이 가능한 경제 지표를 세우는 것이 균형자본주의의 가장 큰 목적이다.

균형자본주의의 사회철학은 공평과 조화에 있다. 공평은 공정한 법과 제도적 바탕 위에 형평성에 맞는 사회를 구축하고, 조화는 공평함을 근간으로 국가와 사회의 조절기능을 통해 상생의 화합된 사회로 나가는 것이다. 이러한 공평·조화된 사회철학은 경제체계의 균형을 이루어준다. 그래서 공평과 조화를 통해 왜곡된 기존 자본주의의 불형평성을 줄이고 조화로운 미래를 향해 나갈수 있다.

이 책은 균형자본주의의 최종 총괄서가 아니다. 미숙한 경제적 지식으로 쓴 초보적인 기본 지침서로 앞으로 훌륭한 석학들께서 이 분야에 더 많은 연구를 추가하여 주시길 바라며, 또한 앞으로의 발전지향적인 인류의 미래를 위해 민주주의와 인본주의에 대한 사회철학도 재정립하고 경제의 균형과 안정을 통한 보다 나은 미래 사회를 만드는 데 일조하였으면 하는 바람이다.

더불어 이 책이 나올 수 있도록 탈고해주시고 감수해주신 한국농어촌 공사의 김미영 박사님께 지면을 통해 감사를 드린다.

목차

제2장 균형자본주의의 논리

제3장 경제정의와 균형자본주의의 실천

제4장 한국 경제의 문제점과 대책

균형자본주의 서설

자본주의는 인간의 본성에 잘 맞는 경제운용 방법이다. 그러나 현재에 와서는 인간의 이기심과 욕망 때문에 자본주의가 변질되어 사회적 불평등과 빈부격차 등 사회적 병리현상을 만들어 놓고 있다.

이러한 자본주의의 변질은 배금주의로 나타나 금전만능의 사회풍조를 만들어 사회철학의 부재와 더불어 우리 사회의 미래에 대한 발전 능력을 감소시키고 있다. 그리고 오히려 정치 사회적 혼란만을 유발시키고 있다.

그렇기 때문에 우리 사회가 보다 건전하고 미래의 지속적 발전을 위해서는 이제까지의 잘못된 자본주의 논리를 다시 재정비하여야 한다. 그래서 우리 사회가 골고루 발전하고 민주주의의 목표인 최대 다수의 최대 행복을 위한 새로운 패러다임의 자본주의 논리가 필요하다. 그것이 바로 사회적인 균형을 이룬 경제를 달성시킬 균형자본주의이다.

이러한 균형자본주의는 기존의 수정자본주의와는 달리 자유방임적 상태에서 자신의 욕망을 채우는 데 급급한 자본가의 횡포를 막고 골고루 잘 살수 있는 사회를 만들기 위해 경제체계를 재정비하는 것이다.

그리고 벌어들인 만큼, 가진 만큼의 세금 부담을 지우게 하여 사회적 불공평을 줄이고 빈부격차를 감소시킴으로써 조화로운 사회를 이룩하는 것이다.

　이러한 균형자본주의를 이루려면 이제까지의 기존 자본 논리나 사회철학을 재정비해야 한다. 다만 무차별적인 전 방위적 개혁보다는 경제 분야의 자금 흐름에 약간의 변화를 유도하여 전체적인 개혁 효과를 얻을 수 있도록 하는 것이 좋다. 그러기 위해서는 기존 자유방임적 자본주의의 복지를 빙자한 보수적인 변화보다는 보다 근본적으로 자유방임적 경제활동의 일부를 규제하여 경제의 형평성을 살리고 빈부격차를 감소시켜 상생의 사회를 만들어야 한다.

제1장 자본과 경제

현재의 자본주의는 수정자본주의의 논리를 가지고 있다. 그리고 이것은 자유방임적 자본주의 논리에 복지 혜택을 주는 식으로 경제 체계를 이끌어 가고 있는 것이다. 물론 국가는 나름대로 복지와에도 자신의 소임인 금융감독 및 통화관리 등 각종 권한을 통해 자본주의의 조절기능을 다 하고 있다. 그렇지만 대부분의 경제정책이나 관리가 사후약방문(死後藥方文) 격으로 처리되기 때문에 결국은 자유방임 상태나 마찬가지의 자본주의가 될 수밖에 없다.

이러한 자유방임적 자본주의 논리는 국가나 사회의 방조에 따라 개인적 이기심이 극대화되어 빈부격차를 심화시키고 있다. 그래서 대다수의 국민은 상대적 박탈감을 가지게 되어, 현대인의 불행지수가 모든 것이 부족했던 원시 공동체 사회보다 높아지는 기현상이 나타나고 있는 것이다.

　이러한 잘못된 자본주의에 의해 우리 사회는 형식적으로만 민주주의이지 실제로는 몇몇 가진 자의 금권주의사회이다. 그리고 그들을 제외한 대다수 국민이 경제 종속적인 상태로 살아가는 종속주의의 정치체계를 갖게 되었다.

　이렇게 불평등하고 국민 종속적인 경제는 인간존중의 인본주의를 무시하고 금전만능주의를 키워 왔다. 그 결과 사회적 부조화가 생겨 대다수 국민은 자기도 모르게 돈에 의해 노예화되었다. 그래서 사회가 발전해 가면 갈수록 사람이 모든 것의 근본인 인본을 잃고 돈의 노예로 전락하고 있다.

　고대와 중세에는 대다수의 힘없는 국민이 왕 또는 봉건영주에 의한 토지의 노예인 '농노'로 살았으며 근대에 와서는 산업화에 의해 산업 노동자로 되면서 모양만 바뀐 산업노예인 '산노'로 살아왔다. 그러다가 현대에 와서는 경제 발전이나 소득의 증대로 먹고 사는 것은 어느 정도 해결되었다. 그러나 여러 가지 산업활동 및 경제활동 과정에서 금융기관의 대출 및 돈놀이에 휘말려 대다수 국민이 돈의 노예인 '전노'로 전락해 가고 있다.

　이러한 과정에서 기존의 자본주의가 다수 국민에 의한, 국민을 위한, 국민의, 자본주의가 아닌 일부 돈을 소유하거나 기득권 또는 권력을 쥐고 있는 사람들만의 자유방임적 자본주의로 전락해 버렸다. 그 때문에 하위 피지배계층의 저항과 반발이 생겨나게 되었고, 그래서 지배계층은 그것을 무마하기 위해 혜택을 주듯 복지라는 사탕을 쥐어 주는 자본주의로 탈바꿈하였다. 그것이 수정자본주의로 지금에 이르고 있는 것이다.

그러나 현재에 와서는 이러한 혜택적인 복지도 지배계층과 기득권자의 자기 분담에 대한 거부와 기피에 의해 변화되고 있다. 그래서 복지에 대한 부담을 대다수 국민이 세금을 통해 나누어지게 되었다. 그리고 국가는 복지와 포퓰리즘을 유지하기 위해 국민을 담보로 한 미리 가불해서 쓰는 적자재정을 운용하고 있다.

그러나 이것 때문에 국가는 부채가 계속 증가하고 있으며 그 책임은 국민들의 빚으로 돌아오고 있다. 이러한 국가정책으로 인해 머지 않은 미래에는 대부분의 국민이 누적된 국가채무로 인해 혹독한 시련을 받게 될지도 모른다.

과거 금융위기 때 대규모 금융기관의 부실은 국민의 혈세인 공적 자금으로 메웠다. 그리고 그 단계를 모면하면 그들은 다시 도덕적 해이로 공적 자금을 챙겨 부자가 되었고 이후의 모든 책임은 국민이 나누어 짊어지는 식으로 부실을 처리해 왔다. 그러나 이러한 상황이 근래에 와서도 크게 달라진 바 없다.

이렇듯 자유방임적 자본주의는 대다수 국민들에게 불리하게 작용하여 우리 사회를 병들게 하였으며 앞으로 다가올 미래 사회 및 경제에 대해 발전적 희망보다는 불안감을 주고 있다.

1. 자본이란

자본이란 생산을 하기 위해 기본적으로 들어가는 자금 혹은 설비 등을 통틀어 칭하는 것이다. 다시 말해서 생산이 전제되지 않은 자본은 자본이라고 할 수 없다.

자본은 노동생산성과 토지와 더불어 생산 3요소 중의 하나로 존재해야 그것이 진정한 자본주의의 자본이다. 그럼에도 불구하고 현재에 와서는 자본의 내용이 변질되어 있다. 다시 말해서 자본이 생산과는 전혀 관계없이 자금만으로 독립되어 있으면서 부가가치 창출이라는 미명 아래 자본이라는 명칭으로 통용되고 있다. 그러나 이것은 명백한 오류이다.

이렇게 자금으로 변질된 자본으로 인해 사회 의식도 변화되어, 현재의 우리 사회는 돈으로 모든 것을 평가하고 있다. 그리고 건전한 자본주의가 돈이 모든 것에 우선하는 금전만능주의로 변질되어 돈이 부족한 서민들에게 빈곤의 고통을 주고 있는 것이다.

정상적인 경제체계는 실물경제인 생산과 고용 그리고 그 과정에서 얻어진 소득에 의한 소비가 서로 균형을 잡아 나아가야 한다. 이때 자본인 자금은 생산을 도와주는 종속적 요소로 남아야 한다. 더불어 생산, 고용, 소비의 윤활제로서 유동성을 부여하는 자기 역할을 다해야 한다.

그럼에도 불구하고 유동성자금은 이제까지의 경제체계와는 달리 금융산업이라는 별개의 독립적 경제 분야가 되어 생산, 고용, 소비와는 아무 관계없이 별개의 체계를 구축하고 있다. 그리고 자신의 본분인 자금 및 화폐의 본질적 역할을 망각하고 있다.

이러한 점이 자본주의를 자금주의로 변질시켰다. 그럼에도 형식적으로 자본주의라는 허울의 탈을 쓰고 현재의 경제체계를 전횡하고 있다는 것이다.

또한 자금의 변질된 역할은 돈으로 돈을 벌 수 있는 불로소득 행위가 마치 투자의 하나인 것처럼 포장되어 고용을 망가뜨리고 있다. 그리고 소비에 필요한 정상적인 소득을 감소시키고 있다. 그렇기 때문에 지금이라도 자금으로 변질된 자본의 역할을 바로잡아야 한다.

그러나 현실의 우리 사회는 불로소득과 거품경제를 통해 습관화된 과소비가 사회에 만연되어 있다. 그리고 이를 충족하기 위해 금융기관으로부터의 대출을 통해 해결하려는 경향이 일반화되어 있다.

또한 그 빌린 돈으로 소비를 조장하는 과정에서 반복적으로 경제적 거품은 일어나고, 그러한 과소비는 우리 사회가 추구하는 건실하고 미래 지향적인 민주사회의 독소가 되고 있다. 이러한 경제적 거품은 또다시 극심한 빈부격차와 각종의 사회병리 현상을 일으키는 금전만능주의로 이끌어 가고 있다.

그래서 자본은 초기의 자기 역할로 돌아가야 한다. 그리고 생산의 한 요소로서 생산을 활성화하고 생산과정에서 고용을 창출하며, 교환매체로서의 자기 역할을 다해야 한다. 더불어 그것을 통해 만들어진 이익과 부가가치로 소비를 유도하여 물 흐르듯 자연스럽고 균형 잡힌 경제체계를 갖추어야 한다.

이렇게 자본이 자기역할을 다하는 것이야말로 진정한 자본주의가 구현되는 것이다. 그래서 우리는 경제의 초심으로 돌아가 자본주의를 다시 균형 잡아 체계화해야 한다. 그래야 미래의 보다 나은 자본주의 사회로 나아갈 수 있다.

남아메리카의 아마존 강 지류에는 금강앵무새가 살고 있다. 이 새는 이름과 같이 깃털이 아름답고 인간의 말을 따라 하는 능력이 있어서 고가로 취급된다. 그래서 그 지역의 원주민들은 돈에 대한 욕심 때문에 금강앵무새를 마구 잡아들여서 금강앵무새도 한동안 거의 멸종 상태에 이르렀다. 그러나 다행히 금강앵무새의 서식지가 과학자들과 조류 관찰자들에 의해 관광자원으로 개발되기 시작했고, 굳이 금강앵무새를 잡거나 죽이지 않아도 돈이 된다는 것을 알게 된 원주민들은 오히려 보호에 나서게 되었으며 지금은 멸종의 위기에서 벗어나게 되었다.

이처럼 금강앵무새의 경우가 보여 주는 것과 같이 단순히 돈을 목적으로 잡거나 죽이는 행위보다는 하나의 관광산업으로 육성하는 것이 훨씬 유리하다. 다시 말해서 금강앵무새의 멸종도 막고 원주민들에게 소득을 취할 수 있는 방법이 선택됨으로써 모두에게 이득이 된 것이다. 이러한 과정에서 금강앵무새는 원주민에게 생산 자본이 되고 부가가치를 창출하는 자원이 되어 고용과 소비가 가능한 소득을 얻을 수 있도록 해 준다. 이것이야말로 우리가 추구하는 자본의 본모습이다. 자본은 단순히 돈벌이의 목적이 되는 것이 아니라 경제체계의 흐름을 원활히 해 주고 그 과정에서 모두에게 이득이 되도록 하는 것이다.

1.1. 자본의 흐름

자본의 흐름이란 경제체계의 생산, 고용, 소비의 각 단계를 순환하는 자금의 유용성을 말하며 이것을 우리는 자본의 유동성이라고 한다. 이러한 자본의 흐름은 우리 사회의 변화되는 모습을 반영하고 있으며 사회 구성원의 삶의 형태를 결정해 준다.

생산에서 소비에 이르는 일련의 과정이 정상적일 때는 모든 것이 원만하지만, 변칙적일 때는 각각의 단계에 따라 나타나는 현상이 다르다. 때에 따라서 그 결과가 사회의 격변을 유도하기도 해서 혁명이나 전쟁 등으로 나타나기도 한다.

자본의 흐름에서 가장 중요한 특징은 흡인, 발산, 순환과 같은 유체역학적인 현상이 일어난다는 점이다. 특히 흡인력의 경우는 자금의 흐름에서 큰 산업자본은 주변의 작은 자본을 흡인력으로 끌어당기듯 흡수하며 집중화한다. 그리고 그 크기를 계속 불리기 때문에 계층 간의 자본격차는 시간이 갈수록 심해진다. 그리고 그 정도는 자본의 크기에 비례한다.

또한 자본의 크기는 자금의 흐름에도 영향을 미쳐 자본이 많을수록 자금의 정체성이 크며 작은 자본일수록 자금의 회전속도가 빠르다. 다시 말해서 서민경제와 같이 다수에 의해 이루어지는 소자본의 경우는 대자본에 비해 자금의 회전속도가 빠르기 때문에 유동성의 원활화를 가져올 수 있다. 그러나 자본을 오래 지켜 내지 못한다. 그에 반해 대자본에 흡수된 자금은 유동성에 따른 흐름이 약화되어 오래 정체되기 때문에 자금의 쏠림 현상이 생길 수밖에 없다. 그래서 그것으로 인해 경제체계 내에서 대자본은 유동성의 순환적인 역할을 억제하고 왜곡시킨다.

1.2. 자본흐름의 변화

이제까지의 자본의 흐름을 살펴보면 초기에는 생산을 위한 설비투자로서의 자본이 대부분이었다. 그러나 시대가 변함에 따라 자본이 주식이나 펀드 등의 비생산적인 투자로 전환되어 가고 있다. 그에 따라 자본이 생산이나 고용을 거치지 않고 직접 소비에 관여하여 소득을 취하는 단편적 경제구조로 만들어 가고 있다.

지금은 자본 자체가 생산 전 단계인 원자재 및 농산물과 에너지 자원 등에 직접 손을 대서 투기화하기도 한다. 그래서 단순히 자금만으로도 소득을 취하고 돈을 벌 수 있는 별개의 경제체계를 만들었다.

특히 최근에 와서는 단순소비의 극치인 스포츠, 연예, 섹스의 3S 부분의 발달을 추구해 생산, 고용의 결과로 주어지는 소득으로 충족되지 않는 소비문화를 만들고 있다. 더욱이 이것은 고용이 전제되지 않는 과소비로 소득과 관련된 자금의 흐름을 왜곡시키고 있다.

이러한 과소비는 결과적으로 소득이 부족한 부분에 대해서는 외부차입을 요구한다. 그래서 자금 유입이 필요하게 되어 금융대출을 이용하여 충족하려 하기 때문에 대부분 서민의 경우는 적자가계가 될 수밖에 없다. 이렇게 이용한 금융대출이 점진적으로 우리 사회를 빚에 억매이게 만든다.

또한 이것은 국민들에게만 적용되는 것이 아니라 국가도 마찬가지이다. 국가는 국민에게 포퓰리즘을 하기 위한 외채 차입으로 적자재정을 편성하고 그로 인해 국가채무가 계속 늘어나면서 결국에는 국가 모라토리엄에까지 이르게 된다.

1.3. 자본(돈)의 가치

자본의 가치는 돈의 가치로 볼 수 있다. 그러나 우리는 돈에 무슨 가치의 구분이 있는가 하는 의문이 생길 수 있다. 왜냐하면 우리 사회가 배금주의 사고방식으로 전환되면서 어떻게 벌든지 무엇을 위해 쓰든지 불문하고 보이는 돈의 액면가가 돈의 일반적인 가치라고 생각하기 때문이다. 그러나 각각의 소득 방식과 쓰임새에 따라서 돈의 가치는 확연하게 구분되며 실제로 구분을 하여야 한다.

기존 자본주의의 사회의식이 퇴색하면서 우리는 점차 돈의 가치를 획일화하고 있으며 액면가만을 돈의 가치로 인정하고 있다.

만일 우리가 경제적 활동으로 슈퍼와 연탄가게를 동시에 하고 있다고 가정하자. 정작 돈이 필요해서 돈을 쓸 때는 절대로 연탄가게 쪽에서 돈을 꺼내 쓰지는 않을 것이다. 왜냐하면 슈퍼는 가만히 앉아 있어도 구매자가 와서 돈을 내고 물건을 사 가기 때문에 별로 힘이 들지 않는다. 그렇지만 이에 비해 연탄가게의 수익은 무거운 연탄 한 장 한 장을 어렵고 힘든 배달과정의 노동을 통해 벌어들인 것이기 때문에 돈의 가치가 다르다는 것이다.

우리 사회는 이것을 간과하고 있다. 돈의 가치는 진정으로 다른 것이다. 우리 사회에서는 사회적 혜택과 기득권을 가지고 아주 쉽게 돈을 버는 사람과 노력과 고생을 통해 버는 사람으로 구분되어 있지만 그것을 동일시하고 있다.

이들이 벌어들인 돈의 가치는 명백히 다른 것이다. 또한 돈의 쓰임새에 있어서도 돈의 가치는 확연히 다르다. 그 돈이 자신을 위해 쓰이느냐 남을 위해 쓰이느냐에 따라 그 가치가 구분되어야 한다. 그리고 반드시 우리 사회는 이러한 구분을 해야 한다. 각각 돈의 가치를 바로잡아야 비로소 돈이 진정한 자본주의의 자본으로서의 길이 열린다.

1.4. 자본과 금융산업

자본의 흐름이 생산과 관계없이 자금 자체에서 회전되는 경우 그것을 우리는 금융산업이라 하고 그때의 자본을 금융자본이라고 한다.

이러한 금융자본은 단순한 금융자금으로 전환하여 지금은 자금 자체의 역할만으로 부가가치를 창출한다고 여긴다. 금융자금이 이러한 명분 아래 실물경제인 생산 분야를 벗어나 소수의 고용으로 큰 소득을 벌어들이고 있다. 그리고 그 소득으로 직접 자신만을 위한 소비가 이루어지기 때문에 고용이 더 이상 필요가 없다. 이 때문에 금융소득은 실제적인 노력 없이 벌어서 쓰는 불로소득과 유사하다.

그리고 이러한 과정에서 생기는 소득은 별 노력 없이 벌어들이는 소득이며 또한 소득도 비교적 크다. 그래서 소비하는 과정에서도 아무런 제약 없이 아까울 것 없이 쓰기 때문에 과소비로 흐르기 쉽다.

이때의 과소비는 생산 유발이라는 긍정적인 면도 있지만 절제 없이 함부로 쓰는 것이 일반적이다. 그래서 이런 종류의 과소비는 원자재인 자원의 낭비 측면에서 볼 때는 불필요한 소비이다. 그리고 그로 인해 아껴 써야 할 우리의 소중한 자원이 고갈될 수 있으며 미래에 또 다른 위기를 불러올 수 있다.

더욱이 금융산업이 이익을 극대화하기 위해 금융통합을 실시하여 고용을 더욱 줄이고 있다. 그로 인해 금융산업 내의 추가고용이 뒤따르지 못해 실업이 증가하고 있다. 이렇듯 금융통합으로 자체의 수익이 늘어나도 고용이 뒷받침하지 않는 경우에는 소득 부재로 인해 사회적으로 빈부격차만 심화시키는 원인이 될 수밖에 없다.

2. 유동성이란

2.1. 유동성이란

유동성이란 생산과 소비를 주축으로 한 실물경제와 대비되는 개념이다. 이것은 생산과 소비의 틀 속에서 교환의 가치를 갖고 각 단계의 연결고리로서 역할을 하는 것을 말한다.

그리고 또한 유동성은 기업이나 개인이 소유하고 있는 자산을 적절한 시기에 불필요한 손실 없이 현금으로 변환시킬 수 있는 교환능력을 말한다. 또한 이것은 기업이 재산 및 자산을 이용하여 투자대상을 선정할 때 고려해야 할 가장 중요한 사항이다. 왜냐하면 투자 대상이 필요한 시기에 신속히 현금으로 전환할 때 손실을 입을 수 있는지가 자산투자에서 가장 중요하기 때문이다.

이러한 유동성은 자산의 유동성과 경제의 주체로서의 유동성으로 나누어진다. 그리고 자산유동성은 화폐의 유동성과 화폐 이외의 유동성으로 구분된다.

화폐의 유동성은 화폐가 다른 재화의 용도로 전환되는 정도이다. 이러한 화폐는 우리 사회에서 통용되는 여러 가지 교환 수단 중에서 가장 효용성이 크다. 그래서 화폐의 유동성이 다른 유동성에 비해 가장 높다. 이 때문에 경제체계 내에서 대부분의 유동성은 화폐의 유동성을 최우선으로 한다.

화폐 이외의 유동성 역할을 해 온 것은 부동산, 증권 등이 있다. 그러나 이 중에서 부동산은 화폐로서의 교환성이나 환금성이 낮고 증권은 환금성은 좋으나 투기성이 강하여 유동성으로서의 가치가 화폐보다 떨어진다.

2.2. 유동성의 역할

유동성은 생산과 소비의 가교 역할을 한다. 인간의 경제활동은 생산에서 고용을 통한 소비의 일련의 과정이다. 인간의 삶 자체가 소비를 전제하고 있기 때문에 경제행위도 생산과 소비의 불가분한 관계에서 이루어진다.

그러나 생산성은 소비성과 그 특성이 확연히 다르다. 다시 말해서 생산성은 그 규모를 키우기 위해 과학과 공학기술의 발달이 전제되는 반면에 소비성은 즉흥적이며 효율성이 우선되기 때문에 앞으로의 소비 분야도 과학적이며 기술적이고 합리적으로 변화가 이루어져야 한다.

이러한 생산과 소비의 일관된 과정이 형성되면 그 사이를 이어 주는 것이 유동성이다. 그렇기 때문에 유동성 또한 자신의 본질을 찾아 재정립되어야 한다.

유동성의 본질적 역할이란 첫째로 생산과 소비의 중계 역할이다. 즉 교환적 가치를 가지고 생산과 소비의 상호 간에 소통을 원활하게 해 주는 것이다. 둘째는 사회의 고용 확대에 기여해야 한다. 셋째는 부의 집중 완화이다. 유동성이 편협하게 움직여 빈부격차를 키우게 될 수 있기 때문에 그에 따른 소득분화에 편중이 되지 않도록 자본의 흐름에서 균형을 갖추는 것이다. 넷째는 화폐로서의 건전성이 유지되어야 한다. 건전성이 유지되려면 투기나 불로소득의 가능성을 원천적으로 없애야 한다.

원시 농경사회에서는 생산과 소비가 일원화되거나 간단한 물물교환으로 유동성이 개입되지 않았으나 초기의 산업화가 진행되면서 교환가치의 유동성이 필요하게 되었다. 이때의 유동성은 생산과 소비의 중개역할이며 윤활유 같은 역할이지 경제의 주체로서의 독자성을 가지고 존재했던 것은 아니다.

그러나 근대에 와서는 유동성 자체가 독자적으로 부가가치를 창출한다는 명분 아래 산업의 일부로서 자리매김해 오고 있다. 그리고 지금은 모든 산업 위에 군림하고 있다. 그렇지만 유동성은 경제체계의 보조자 역할에서 만족해야 한다. 이러한 점을 망각하고 유동성을 별개의 산업으로 만들어 하나의 경제 주체로 발달시켜 가기 때문에 유동성이 현대 사회에서 일어나는 여러 가지 사회병리 현상의 원인이 된 것이다.

우리의 세계는 4차원적인 개념에서 공간과 시간을 가지고 있다. 이것은 현실적 개념 속에서 시간과 공간은 동시에 존재한다는 동시성을 가지고 있다는 의미이다. 다시 말하면 시간이 없는 공간은 정지된 공간으로 존재의 의미가 없다는 뜻이다. 이와 같이 유동성은 실물경제에 있어서의 시간과 공간 같아서 그 역할을 별개로 구분해서는 안 된다. 그럼에도 불구하고 우리는 유동성을 분리시켜 결과적으로 실물경제를 비정상적인 방향으로 이끌고 있다.

유동성의 역할은 자연 생태계에서 물과 같다. 물은 생명 유지에 가장 중요한 역할을 하고 있는 물질이다. 빗물이 땅에 스며들어 대지를 적시고 풀을 생육하게 한다. 그 풀은 동물의 먹이가 되고 동물들은 자연의 균형 속에 먹이의 연쇄가 이루어진다. 그리고 땅이나 바다에서 증발된 물은 다시 순환하여 빗물이 되어 떨어진다.

이러한 자연 순환의 법칙은 경제의 흐름과 동일하다. 물을 통해 풀과 같은 생명이 자라는 것은 생산단계와 같다. 그리고 동물의 먹이가 되는 것은 소비와 같다. 여기서 물은 생명의 주체가 아니다. 보조체이다. 유동성도 물과 같다. 그래서 유동성은 경제의 주체가 아니고 보조체이다.

빗물이 넘치면 홍수가 되어 모든 것을 쓸어 가 버린다. 반대로 빗물이 부족하면 기근으로 모든 것이 말라 죽는다. 그래서 물은 항상 적절한 균형을 이루어야 한다. 우리 사회의 유동성도 이와 같다. 돈이 넘쳐서도 부족해서도 안 된다. 더욱이 유동성이 경제의 주체 역할을 해서는 안 된다.

2.3. 유동성의 변천

유동성의 변천과정을 살펴보면 다음과 같은 4단계로 구분할 수 있다.

제1단계는 생산과 소비가 직접 연결되고 교환이 이루어지는 물물교환의 시대이다.

제2단계는 실물경제의 연결고리로서 유동성이 성립되고 화폐의 교환가치가 중요시되기 시작하는 화폐교환의 시대이다.

제3단계는 유동성이 성립하여 생산과 소비의 중개역할을 하기 시작하는 유동성의 시대이다.

제4단계는 유동성이 팽창하여 자신의 본분을 벗어나 경제체계의 중개역할 외에 독자적인 산업으로 전환되는 금융산업의 시대이다.

이와 같이 원시 물물교환 사회에서부터 현대의 금융산업 사회로의 변화하는 유동성의 변천과정으로 볼 수 있다.

2.4. 유동성의 왜곡

유동성은 재화의 교환가치이다. 경제체계 내에서 주된 역할은 실물경제인 생산과 소비를 원활하게 하는 윤활제와 같은 것이다. 생산을 통해 합리적인 소비가 결정되고 그 과정에서 고용이 창출되며 고용을 통해서 소비가 가능한 소득이 얻어진다.

그러나 현재에 와서는 유동성이 실물경제와는 별개로 독립 되어있다. 그래서 과거 유럽사회에서 샤일록으로 묘사되는 유대인들의 돈놀이와 같은 체계로 전환되어 있다. 그리고 지금은 하나의 금융산업이라는 명목으로 별 노력 없이 불로소득을 취하고 있으며 당연하듯이 사회적 혜택을 받고 있다. 이것은 명백한 잘못이다.

이러한 유동성의 일탈은 우리 사회를 금전만능주의로 이끌어 왔고 점차 더 심화시키고 있다. 그리고 이렇게 이루어진 금전만능주의는 인간의 선한 본성을 훼손하고 인간을 돈의 노예로 전락시켰다. 그래서 돈이면 안 되는 것이 없다는 식의 막된 사회이념을 유포하여 시간이 가면 갈수록 우리 사회를 몰락시키고 있다.

일생 동안 호수나 습지에서 살고 있는 홍학은 플라밍고라고 하며 수만 마리가 떼 지어 살고 있다. 먹이는 주로 남조류와 같은 수생식물을 먹는다. 구부러진 부리 가장자리에는 빗살 모양의 여과기가 있어서 먹이를 먹을 때 진흙이나 모래를 거를 수 있다.

이들이 먹는 남조류는 홍학의 배설물을 분해하여 영양을 섭취하며 성장한다. 다시 말해서 홍학과 남조류는 서로에게 먹이를 제공하는 상호부조(相互扶助) 관계에 있다. 이러한 상생관계를 무시하고 홍학의 서식지 주변에 인간이 공장을 지어 호숫물을 중금속으로 오염시켰다. 그래서 홍학의 주요 먹이인 남조류가 오염되었다. 그 결과 홍학도 중금속에 오염되어 개체 수가 계속 줄고 있다.

이렇듯 인간의 돈에 대한 욕망은 자연의 조화조차도 망치고 있다.

3. 경제의 균형과 안정

경제의 균형과 안정은 잘 만들어진 구조물과 같이 균형이 잡히고 조화를 이루며 상생하고 안정된 경제체계를 갖추도록 하는 것을 말한다.

구조물이 균형이 잡히려면 하부로 갈수록 튼튼하고 견고해야 하며 상부로 갈수록 유연해야 한다.

오뚝이가 아무리 넘어져도 되살아나는 것은 하부가 중량감을 가지고 있기 때문이다. 이와 같이 경제도 아무리 어려운 위기에 닥쳐도 되살아나는 복원력을 가지려면 경제의 하부구조인 서민경제가 튼튼해야 하는 것도 같은 이치이다.

특히 경제의 규모가 커지고 발달되는 것과 같이 구조물도 고층화되면 될수록 하부가 강해야 하며 중간층이 상하부의 연결을 충실하게 해 주어야 한다. 그리고 전체 구조물은 각각의 위치에서 자신의 역할을 다해야 한다. 이것이 경제적인 차원에서 적절하게 적용되는 것이 경제의 구조주의이다.

다시 말해서 경제의 구조를 안정시키고 균형을 유지하려면 상층부에 속하는 재벌기업이나 대기업은 그 힘을 분산시켜 유연성을 주고 기업 분화를 통해 고용을 확대하여야 한다. 그리고 소수에게 초과 분배되던 임금을 다수에게 나누게 하여 소득의 균형을 이루게 하여야 한다. 그래서 하층부는 동종자본 및 중소기업을 집중시켜 기업의 생존능력과 직원 수급을 원활히 할 수 있도록 키우는 것이다.

더불어 자본주의에서 균형의 구조는 경제체계의 계층 간에 규모 및 자본을 집중과 분산에 의해 적절하게 조화를 이루도록 하는 것이다. 그리고 그 균형의 구조에 따라서 사회 전체가 균형 잡힌 경제구조를 이루고 미래 국가의 발전 방향에 새로운 지표를 찾고자 하는 것이다.

케냐의 세렝게티 평원에는 수백만 마리의 누영양과 들소들이 서식하고 있다. 그들은 초원의 풀을 먹고 사방에 배설한다. 그러나 그 양은 실로 엄청난 것이다. 이러한 배설물이 초원에 방치되어 모이면 얼마 지나지 않아 벌판은 배설물로 꽉 찰 것이다. 그렇게 되면 초원에는 아무 풀도 자랄 수 없을 것이며 그것을 먹고 사는 초식동물도 살수가 없을 것이다.

자연은 이것을 쇠똥구리라는 곤충으로 균형을 잡았다. 쇠똥구리가 배설물을 동그란 형태로 만들어 분해했으며 땅속의 자기 집으로 가져가 먹이로 하기 때문에 들판의 배설물은 깨끗이 치워졌다. 그래서 초원은 되살아나 초목이 자랄 수 있는 곳으로 변화되었다.

이것은 자연 스스로가 집중한 것을 분산시켜서 균형을 이루고 안정된 환경을 유지하도록 한 것이다. 이와 같이 우리의 경제도 균형과 안정을 이루려면 적절한 집중과 분산이 필요하다.

3.1. 자본의 균형

3.1.1. 집중의 논리

집중의 원칙은 소규모기업과 중소기업들의 힘을 한곳에 모아 기업 자체의 경쟁력을 향상시키고 대기업의 횡포에 집단적으로 대응하기 위해 자본을 집중시키는 것이다. 이렇게 함으로써 경제의 하부구조를 튼튼하게 하여 다가올 어떠한 외적 어려움에도 대처할 수 있는 경제적 능력을 키우자는 것이다.

또한 사회적 약자인 중산층과 서민의 부담을 줄여 주고 재산 형성에 도움이 되는 자산의 집중을 위하여 소득을 키워 주는 것이다. 그렇게 하기 위해서는 이제까지 서민과 중산층에게 큰 부담이 되어왔던 세금의 개편과 조정을 통해 상하계층 간의 경제적인 균형을 이루어야 한다.

또 다른 경제적 약자인 하청기업의 자본 집중화를 통해 대기업에 대응할 수 있는 힘을 키워 준다. 그리고 도시와 농촌 간에 있어서도 경제적으로 소외되어 있는 농어촌의 자산 재평가를 통해 도시로 집중되어 있는 부의 집중을 농어촌으로 분산시키는 것이다.

1) 세금의 조정

우리가 내는 세금 중에서 전형적인 이중과세이며 서민세인 부가가치세는 말 그대로 부가되는 가치의 부가가치세(Value Added Tax)이다. 이것은 제품이나 용역이 생산 및 유통되는 모든 단계에서 기업에 의해 창출되는 가치인 마진에 대해 부과하는 세금이다. 이러한 부가가치세는 생산품이나 용역에서 소비할 물건의 부가가치를 인정하고 그에 대한 세금으로 최종소비자인 서민이 10%의 고정세를 내는 것이다.

그러나 부가가치세를 살펴보면 생산품의 경우 물품세로 일차적인 세금을 부과하고 추가로 최종 소비 시 다시 부과해서 내는 이중과세 성격의 세금이다. 이것은 우리 사회의 중산층과 서민이 대부분의 생산물품에 대한 최종 소비자가 되기 때문에 부가가치세는 거의 이들에 의해 부담이 된다고 해도 과언이 아니다. 이것 때문에 서민의 담세(擔稅) 비율이 월등히 높아진다. 다만 여기서 물품세는 생산품에 부과되는 세금으로 당연히 내야 한다. 그러나 물품세에 부가가치세가 추가로 부과되면서 부과세처럼 되어 버린 것이 현실이다.

이것은 세금을 통해 간접적으로 서민의 자산이 줄어드는 전형적인 예이다. 이러한 부가가치세를 용역 부분에서는 줄이고 생산품 부분에서는 없애야 중산층과 서민의 부담이 줄어든다. 그렇게 함으로써 역으로 하위계층의 자산 집중효과가 생긴다. 이러한 부가가치세 감축으로 인한 서민의 자산 집중은 빈부격차를 감소시키고 경제적인 안정과 균형을 이루는 데 절대적으로 필요하다.

2) 소규모기업의 조합화

자본이 취약한 하청 중소기업들을 조합화하여 대기업에 공동 대응하도록 하는 것은 또 하나의 집중이다.

대기업은 국가의 방임 아래 기업 집중인 재벌화하여 독과점 혹은 자본 집중이 유리하게 되어 있다. 그러나 중소기업은 카르텔 또는 트러스트라는 명칭으로 집단적 통합을 못 하게 하는 것은 경제의 균형을 깨는 중대한 역차별이다.

특히 금융산업의 국제화 및 합리화라는 허울 좋은 명목으로 지배지주 혹은 금융통합을 시키는 국가정책은 또 다른 자본 집중을 유발하는 것이다. 이러한 자본 집중은 자본의 빈부격차를 심화시키고 경제의 흐름을 원활하지 못하게 한다.

그래서 소자본의 집중을 통해 대자본과 대응할 수 있는 경쟁력을 키워 전체 경제의 균형을 이루고 계층 간의 격차를 줄여 구조적 안정을 꾀해야 한다.

그리스 신화에서 신들의 제왕인 제우스를 속여 사람고기를 먹이려 했던 아르카디아의 왕이 있다. 그의 이름이 리카온이다. 이와 같은 이름으로 아프리카 초원에는 리카온이라는 들개가 있다. 이들은 신화의 내용과는 다르게 모여서 집단으로 살아간다. 그리고 협동으로 힘을 합쳐서 자신보다 큰 동물을 잡아먹는다. 이들이 임팔라와 같이 빠른 초식동물을 잡으려면 상호 협력이 절대 필요하다. 이 때문에 리카온이 사냥을 나갈 때는 누군가가 보모가 되어 무리 전체의 새끼를 돌보게 된다. 그러면 사냥 갔던 무리들은 잡아먹은 동물을 토해내어 새끼들과 보모들개를 모두 먹인다. 이것은 리카온의 천적인 하이에나로부터 새끼를 지키려는 목적도 있지만 무리 사냥을 통해 더 큰 짐승을 잡을 수 있는 장점이 있기 때문이다.

중소 규모의 자본은 대자본에 비해 취약하다. 그래서 힘이 센 대자본에 대응하려면 자본의 집중이 필요하다. 그리고 자본이 클 수 있도록 국가 차원의 보모 역할이 중요하다.

3) 유통체계의 개선

유통체계 개선은 대기업에 잠식되어 가는 재래시장 및 소규모 점포의 유통체계를 집중의 원리에 따라 합리적으로 통합하여 대기업과 상호 경쟁할 수 있는 체계로 개선하는 것이다. 이것은 기존의 재래시장 및 중소 상공인들의 소규모 점포를 통합 또는 공동판매시장(COMMON MARKET: 컴마트)을 구성하여 대규모 유통기업에 대응할 수 있는 경쟁력을 갖도록 하는 것이다.

또한 유통기능이 마련되지 않은 농어민에게는 국가가 지역 단위의 농어촌 유통기업을 만들어 종합화된 판매 체계를 구성할 수 있도록 지원하며 도농 간의 직거래 체계와 직판 체제를 마련하여 소비자와 연결이 가능하도록 해야 한다.

특히 농수산 유통에 관련된 기존의 중개상은 중개인 자격제를 실시하여 직접 영농에 일정 기간 이상 종사했던 경험자만이 취득할 수 있도록 자격 제한을 하여야 한다. 왜냐하면 직접 영농을 해 본 사람들은 먹을거리의 중요성을 인식하고 있어서 돈을 벌기 위해 함부로 불량 식자재를 거래하지 않기 때문이다. 그리고 기존의 농어촌 유통 공사와 농협의 이익은 농어민에게 직접 혜택이 되도록 주식 소유를 농민에 제한시켜 자본의 집중이 가능하도록 해야 한다.

4) 농어촌 관련 무역 농어민에게 이양

농수산물의 무역은 먹을거리가 중심이 되는 무역산업이므로 이 또한 직접 관련 분야에서 일정 기간 이상 종사한 사람들에게만 자격을 주어야 한다. 이러한 농수산 무역의 자격화를 통해 단순히 돈으로 상업적 무역을 하려는 사람을 규제해야 한다. 왜냐하면 직접 농수산물 생산의 어려움을 겪어 보지 않은 사람이 단순히 상거래의 목적으로 무역을 하면 이익 추구에만 신경을 쓰게 된다. 그래서 무책임한 농수산 무역이 되기 쉽다. 그로 인해 국민은 수입 농수산물에 대한 신뢰도가 떨어지기 때문에 먹을거리에 문제가 생길 수 있다.

직접 농수산업에 종사했던 경험이 없는 사람은 과연 어떠한 농수산물이 국민의 식생활에 도움이 되고 좋은지에 대한 판단보다는 자신의 이익 챙기기에 급급하여 편법·탈법으로 무역 거래를 하기 쉽다.

그러나 농수산물을 경작하거나 어로작업을 직접 해 본 사람은 농수산 계통의 일에 대한 어려움도 알고 무엇이 좋은 먹을거리인지를 명확히 알고 있기 때문에 함부로 아무 먹을거리를 수입하지 않는다.

이러한 이유로 농수산 무역은 반드시 해당 분야의 직접 경험자에게 맡겨야 한다.

이렇게 되어야 돈에 의한 무역 거래로 생기는 자산의 집중을 막을 수 있으며 더불어 자산의 집중이 열악한 농어민에게도 경제적 균형과 안정을 가져올 수 있다.

5) 지방 중소기업 육성

지방에서 시행되는 국가나 지방자치 단체의 기간산업은 일정비율 지방 중소기업에 부여하여야 한다. 그래서 중앙의 대기업에 큰 공사가 일방적으로 집중되는 현상을 피해야 한다. 대기업에 큰 공사가 집중이 되면 지방의 중소기업은 기술 발전의 기회를 가질 수 없다. 또한 지방 경제에 직접적으로 도움이 되지 않고 효율적으로 예산의 분배가 되지 않아 지방 재정에도 보탬이 안 된다.

또한 대기업의 공사는 실제적인 고용이 적다. 왜냐하면 대부분의 대기업은 기계화되거나 자체 인력을 최소화하여 공사를 진행하기 때문이다. 그래서 공사 이익은 큰 대신에 그 이익에 대한 배분이 대부분 기업가에게만 집중된다. 더욱이 소득에 대한 집중성 때문에 상위 계층으로 자산의 집중이 일어나 빈부격차를 더욱 크게 하여 경제의 균형과 안정을 해친다.

이에 반해서 지방 중소기업에 공사가 주어지면 지방기업의 특성상 이익의 대부분은 지방에 분산된다. 그리고 대규모의 기계화 공사보다는 인적 고용이 위주가 된다. 그래서 소득의 분배가 고르게 되고 원활하여 경제의 균형과 안정을 기할 수 있다.

6) 농지 소유 및 관리 분리

자본주의체제에서는 토지 소유의 자유로움 때문에 농촌지역의 농지 대다수가 대도시의 일부 고소득자나 돈을 가진 부자들에 의해 소유 되고 있다. 이러한 소유자들을 우리는 부재지주라고 한다. 이는 사유재산제의 가장 나쁜 단점의 하나로 구시대적인 봉건주의 시절의 작태이며 잘못된 부의 집중현상이다.

실제로는 농사를 짓지도 않으면서 땅을 소유하고 있다가 지역개발 등의 특혜로 불로소득을 취하려고 하는 것이 문제이다. 그리고 이러한 구시대적 경제형태가 아직도 고쳐지지 않고 있다. 이것은 국가의 미래와 발전을 위해서도 더 이상 간과해서는 안 될 일이다.

이러한 잘못된 자본주의 사유재산에 대한 방임적 논리를 바로잡으려면 부동산실명제와 부재지주의 농지 소유를 규제하거나 일정 면적 이하로 소유를 제한하여 토지의 소유 집중을 막아야 한다. 또한 부재지주의 농지는 소유 및 관리를 분리하고 매매 시 기존 경작자의 동의를 필수적으로 받도록 해야 한다.

특히 지역 개발에 의해 생긴 개발이익은 국가가 환수하여 기존 경작자에게 일정비율로 재분배하도록 해야 한다. 그래서 단순히 돈을 이용해서 농지를 소유하고 그 개발이익을 취하지 못하도록 해야 한다. 그렇지 못하면 정작 혜택을 받아야 할 경작자는 개발 단계에서 소외되어 소작농화된다. 그리고 부재지주는 개발의 실익을 취하게 되어 더욱 부자가 된다. 이러한 이유로 사회적 강자인 고소득자나 부자들에게 자산의 집중이 생겨 빈부격차가 더욱 심해질 수밖에 없다.

이러한 도시민의 농지 소유를 통한 부의 집중은 농촌 경제의 균형과 안정을 해치는 가장 큰 요인으로 토지에 대한 소유는 경작자만 가능토록 제한할 필요가 있다.

그리고 국가 차원에서 토지 공개념을 실시하여 농민의 토지에 대한 권리를 키우고 부동산 투기를 막아 토지자산의 불안전성을 줄여야 한다.

3.1.2. 분산의 논리

자본의 분산이 필요한 이유는 대자본이 가지고 있는 자금의 집중력이 자본크기에 비례하기 때문이다. 그래서 자본의 분산을 이용해 대자본의 집중으로 생기는 자본 간의 격차를 줄이기 위함이다.

대자본은 주변자금을 끌어들여 더욱 큰 자본이 되고 더욱 커진 자본은 기존 자금의 흐름을 왜곡시켜 유동성을 감소시킴으로 국가 차원의 경제 활성화에는 역작용을 한다. 그렇기 때문에 유동성을 늘리고 자금의 흐름을 활성화하기 위해서는 대자본을 분산시켜 중소자본으로 만들어서 유동성을 키워야 한다.

이렇듯 자본의 분산을 위해서는 대자본을 소유한 상위 일부 계층 및 금융기관 등에 집중된 큰 자본을 작은 자본으로 재편하여야 한다.

다시 말해서 집중된 자본은 각 계층 간의 빈부격차를 줄이기 위해 나누어져야 한다는 의미이다. 이때의 나눈다는 의미는 금융대출이나 차용 등에 의해 자본이 분산되는 것이 아닌 실제적인 소득과 자산의 분할이 이루어져야 한다는 것을 뜻한다.

경제의 균형과 안정을 위해서는 계층구조의 상층부가 비대해지는 것을 막고 하부계층의 부담을 줄이기 위해 자본의 분산이 필요하다. 특히 국가가 의도적으로 집중시킨 금융자본 및 재벌기업의 자본 등은 분산의 첫 번째 대상이다.

더욱이 고용에 따른 소득의 분산을 위해서는 생산에 참여하는 기업의 수를 늘려야 한다. 그렇게 하기 위해서는 거대화된 기업집단 및 금융지주 회사를 분해하여 소집단으로 재편시켜야 한다. 그리고 기업의 이익 극대화를 위해 만들어진 통합관리 시스템을 분산시켜 해당 분야의 고용을 확대해야 한다.

이러한 과정을 통해 이루어진 자본의 분산은 이제까지 계속되어 온 자본주의 병리현상의 하나인 대자본의 집중에 의한 폐해를 막고 분배를 고르게 하여 사회적 빈부격차를 줄일 수 있는 방법이다.

1) 재벌 해체와 족벌경영 규제

자본의 집중에 의한 흡인력은 그 집단의 크기에 비례한다. 그래서 자본의 집중을 방치하는 경우 점점 더 영향력이 커져 종당에는 블랙홀처럼 주변의 모든 자본을 빨아들인다.

우리 경제의 재벌기업 또한 대자본으로서 자금의 흡인력이 대단히 크다. 그래서 주변의 자금 흐름에 대한 왜곡 현상을 일으키기 때문에 주변의 자금을 모두 끌어들여 거대화한다. 이 때문에 계층 간의 빈부 격차를 심화시켜 서민경제에 악영향을 주고 있다. 그래서 이에 대한 대처법으로 대자본의 분산이 필요하다. 즉 재벌은 경제의 균형과 안정을 위해서는 반드시 해체되어야 한다. 그래서 더 많은 소기업으로 분해하여 고용을 확대시키고 자본의 집중력도 약화시켜 고르게 분산이 되도록 해야 한다.

특히 재벌기업의 폐해 중 하나는 가족 중심의 족벌경영이다. 이 또한 자금의 흐름을 어느 몇몇 사람에게만 집중시켜 왜곡되게 한다. 그렇게 됨으로써 국민경제 속에 빈익빈 부익부를 형성해 빈부격차와 금전만능주의라는 사회적 병폐현상을 가져오고 있다.

이러한 족벌경영은 부의 세습이라는 또 다른 경제논리를 만들어 놓고 민주주의의 기본원칙에도 맞지 않는 세습제를 유지시키고 있다. 다시 말해서 구시대의 봉건영주처럼 부자 부모를 둔 덕택으로 그 자식들은 큰 노력 없이 부를 세습한다. 그리고 그 혜택 속에서 부를 마음껏 향유하고 살고 있다.

그러나 이와는 반대로 가난한 가정에서 태어나면 가난이 세습되어 아무리 노력하여도 자신의 처지가 쉽게 변화하지 않는다. 그래서 이러한 부의 세습제로 인해 현재는 신분 고정적인 봉건자본주의가 되어 있다.

우리는 정치체제에서의 자식에게 권력을 세습하는 것은 비난한다. 그러나 따지고 보면 부의 세습도 국민경제에서는 권력의 세습과 동일하다.

엄연한 민주 자본주의체제하에서 어떤 세습은 용인이 되고 어떤 세습은 용인이 안 된다는 것은 어불성설(語不成說)이다.

경제의 균형과 안정을 위해서는 재벌의 족벌경영이나 부의 세습은 반드시 제도적으로 개선되어야 할 또 하나의 자본 분산이다.

탄자니아의 응고롱고 분화구는 폐쇄된 공간으로 수많은 동물들의 천국이다. 그래서 사자와 같은 포식자들도 잘 먹고 잘 자라서 그 수가 상당히 많았다. 그러다 어느 해에 질병이 돌아 거의 멸종될 뻔했다. 다행히 몇 마리가 살아남아 다시 번식이 되고 그 수가 늘어났다. 그러나 이번에는 근친교배로 인해 유전적 취약점이 나타나 사자의 미래가 불투명해졌다.

재벌의 족벌경영과 부의 세습은 일종의 근친교배와 같다. 이것은 재벌의 육성을 위해서는 좋을 수 있으나 국가 차원에서는 사회적 불평등과 같은 병리현상이 생겨 미래 경제에 악영향을 준다.

2) 대기업 소유와 경영 분리

분산의 논리에 중요한 것은 부의 적절한 분배이다. 이러한 부의 적절한 분배를 위해서는 대기업의 최대 주식 소유자가 경영권까지 동시에 가지게 해서는 안 된다. 그리고 마치 제왕처럼 전권을 휘두르는 소유와 경영 일치는 민주주의 논리에 맞지 않는다. 이러한 소유와 경영 일치의 잘못된 관행이 결국 자본의 집중을 일으켜 경제의 균형과 안정을 손상시키고 있다.

이 때문에 주식 소유와 경영은 분리되어야 하며 대주주가 회사를 자기 마음대로 전횡할 수 없도록 해야 한다.

대기업 소유와 경영 분리는 자본의 분산과 일맥상통한다. 기업 소유자가 경영을 양보함으로써 소유자가 직접 경영할 때의 독선적인 체제보다 합리적이고 효율적 경영이 가능해진다.

특히 대기업의 소유주식에 대한 국민 연기금의 지분이 기업주보다 훨씬 많은데도 불구하고 경영을 기업주가 계속하고 있는 것은 자본주의의 기본논리와 맞지 않는다. 이러한 대책으로 국민연기금의 주주 지배권을 확립하여야 한다. 그리고 국민 연기금은 엄연한 국민의 자산이므로 대기업의 경영에 국민이 직접 참여할 수 있는 대책을 수립할 필요가 있다.

국민이 국민연금의 운용에 관여할 수 있도록 연기금 관리 공단의 직제를 국민이 선출하는 공단 이사장과 연기금관리위원회를 두고 운영될 수 있도록 전환되어야 한다. 그래서 대기업에 대한 지분도 국민이 선출한 사람이 운용할 수 있도록 해야 한다.

이렇게 함으로써 경영 방식의 변화를 가져올 수 있으며 이것은 고용과 소득 분배에도 영향을 미쳐 경제의 균형과 안정을 기할 수 있게 한다.

3) 정경유착 규제 강화

정경유착은 정치적 권력의 힘을 이용해 기업이 특혜와 편익을 얻으려는 반자본주의적 행위이다. 그러나 금전만능주의 사회 형태에서는 권력을 가진 자가 금전에 대한 욕망을 충족하고 부를 축적하기 위해 기업과 결탁한다. 그래서 상호 간 서로 주고받는 가운데서 사회에 큰 피해를 주고 있다.

이때 기업은 자신의 이익을 위해 정경유착을 바라고 그것을 위해 비자금을 마련한다. 그리고 정치가는 그 자금을 음성적으로 받아들여 자신의 정치자금으로 쓴다. 그래서 정치적 목적에 이용한다. 이것으로 누이 좋고 매부 좋다는 식의 부정부패를 일으켜 사회에 물의를 주고 있다.

이것은 기업이 크면 클수록 자본의 집중과 자금의 흡인력을 키우기 위해 권력과 결탁하고 각종 사업이나 이권에 개입한다. 그래서 소자본과 국민에게 돌아갈 부를 흡입하여 사회적 빈부격차를 심화시키고 있다.

이러한 정경유착은 결국 몇몇 기업과 정치가의 이익을 위해서 우리 사회의 대다수 국민들에게 피해를 주고 있으므로 이는 최대 다수의 최대 행복을 추구하는 민주주의의 적대 행위이다. 그래서 정경유착은 자본주의 사회에서 반드시 없어져야 한다.

4) 주식 보유 재산세 신설

경제의 균형과 안정을 위해서는 소유한 만큼 그리고 소득에 맞추어 세금이 결정되는 것이 정당하다. 그러나 어떠한 이유에서인지 명백한 재산임에도 불구하고 세금에서 제외된 재산이 있다. 그것은 주식보유자에게 적용되는 세금으로 현재는 거래세 외에는 아무리 소유를 하여도 세금대상에서 제외되어 있다.

이것은 명백한 자금 집중이며 불공평한 세제의 원인이기도 하다. 이러한 자금 집중의 요인을 방치한다면 정작 부과되어야 할 세금이 부과되지 않는다. 그로 인해 가진 자와 가지지 못한 자의 빈부격차가 심해질 수밖에 없다. 그리고 형평에 맞지 않는 세금은 사회적 격차를 키워 불로소득을 조장하며 사회의 균형과 안정을 해칠 수밖에 없다.

현시점에서 우리나라에 상장되고 자산으로 거래되는 주가 총액은 약 일천조 원을 초과하고 있다. 이렇게 막대한 재산을 주식이라는 명분하에 세금도 없이 개인 혹은 법인이 소유한다는 것은 크게 잘못된 일이다.

월급노동자는 원초적으로 세금을 공제하여 투명한 세원으로 만들어 놓았다. 그러나 그보다도 더 막대한 세원인 주식보유자에 대해서 세금을 걷지 않는다는 것은 불공평한 세법이라고밖에 볼 수 없다. 그래서 사회적 형평성을 맞추기 위해서는 반드시 주식 보유재산세를 물려야 한다.

이러한 주식 혹은 금융재산 보유세금은 우리나라 실정에 맞게 일정 비율을 설정하여 통일기금으로 축적하여 장차 다가올 통일에 대한 대비책도 될 수 있다. 또한 주식을 통해 불로소득을 얻고자 하는 계층에게는 주식이 투기자산으로 남는 것보다 세금을 내고 정당한 자산으로 남게 하는 것이 바람직하다.

또한 금융재산 보유세도 금융거래에 대하여 충분히 정확하게 추적이 가능하도록 전산화되어 있기 때문에 주식 보유 재산세와 같이 고려함이 바람직하다. 더불어 유가증권 및 미술품 그리고 골동품 등 유가자산에 대한 것도 등록제로 변화시켜 소유에 대한 세금을 내게 해야 한다. 이러한 유가자산은 음성적 거래를 통해 정경유착 등 사회 부정적 요인으로 이용되기 때문에 더욱 투명한 거래가 필요하다.

3.1.3. 순환의 논리

경제의 균형과 안정을 위해서는 자본의 순환이 원활하게 이루어져야 한다. 이때의 순환은 정상적인 흐름과 비정상적인 흐름으로 나타나는데 정상적인 흐름은 선순환이라고 하며 경제적 발전이 이루어지는 상태이다. 그리고 비정상적인 흐름은 악순환을 가져와서 경제의 균형과 안정을 해치는 것을 말한다. 이러한 선순환과 악순환은 자본의 집중과 분산에도 직접 영향을 미친다. 그래서 순환의 과정은 국가의 통제와 조율이 절대적으로 요구된다.

여기서 선순환은 자본의 원활화를 위한 연구 개발과 그에 뒤따른 적절한 투자가 요구된다. 그리고 수출과 내수산업의 적절한 조화와 순환이 이루어지도록 하는 것이다. 그러기 위해서는 국민 각자에게 적절한 세금이 부여되어야 하며 균형재정을 통해 미래 산업을 육성하고 고용을 안정시키는 것이 필요하다.

악순환의 경우는 임금과 물가의 관계와 같다. 임금이 상승하면 그에 따라 생산품에 임금상승분만큼 직접 반영되어 물가가 상승되는 악순환이 이루어진다. 이러한 것이 반복되면 인플레이션이 발생하고 물가 상승으로 인한 소비가 축소되어 경기가 침체된다. 그래서 우리 사회에 만연되어 있는 자신들만을 위한 이기적 임금 투쟁은 삼가야 한다. 왜냐하면 그것으로 인한 악순환은 우리 사회의 균형과 안정을 망치게 하는 하나의 요소이기 때문이다.

이와 더불어 대표적인 악순환의 과정을 밟는 것은 금융대출과 저금리 기조이다. 그리고 또한 포퓰리즘에 의한 경기 부양이다. 이것은 거품경기를 일으켜 방만한 국정과 나태한 국민성을 키워 미래 사회에 대한 적응을 어렵게 만든다.

그래서 경제의 순환은 정상적인 선순환의 과정으로 유도하여야 경제의 균형과 안정을 이룰 수 있다.

귀신고래는 대양에 사는 회유성 포유류로 몸길이 10~15미터, 몸무게는 10~30톤까지 자란다. 수명은 약 50년 정도이며 현재는 주로 북태평양에 서식하고 있다. 이들은 1년에 한 차례씩 짝 짓기와 새끼를 낳기 위해 멕시코 연안 등 따뜻한 바다로 수천 킬로미터를 이동한다. 이동을 할 때는 주로 해안선을 따라 이동하는데 그 이유는 천적인 범고래의 공격으로부터 새끼를 보호하려는 목적이다. 그래서 귀신고래는 다른 고래들보다 해안선에서 관찰하기 쉽다. 이들의 주 이동로는 북아메리카 해안을 따라 이동하는 무리와 동북아시아 연안을 따라 이동하는 무리가 있다. 이 중 북아메리카 연안을 따라 이동하는 개체군은 보호를 통해 크게 증식되었으나 우리나라의 동해안을 따라 이동하던 동북아시아의 귀신고래는 남획되어 지금은 거의 찾아볼 수 없게 되었다.

다시 말하면 북아메리카 연안을 따라 이동하는 귀신고래는 선순환에 의해 개체 수가 보존되고 있으나 우리나라 동해안을 거쳐 이동하던 개체들은 인간의 무지한 남획으로 악순환이 반복되어 더 이상 순환이 이루어지지 않는 것이다.

1) 선순환

선순환은 자본이 경제체계의 각 단계를 정상적으로 흐르는 것을 말한다. 다시 말해서 선순환이란 초기에 생산과정으로 자본이 투입되어 고용을 확대하고 고용을 통한 소득 증대로 소비를 유발하여 다시 생산을 촉진시키는 일련의 과정을 뜻하는 것이다.

이러한 선순환은 미래 발전 지향적이며 건전한 경제의 균형과 안정을 위해서는 절대 필요한 과정이다.

(1) 연구 개발과 투자

산업사회의 미래 발전은 연구와 개발을 통해 보장이 된다. 그래서 기초 분야와 응용 분야의 연구는 과학기술의 축적을 위해 반드시 필요하다. 그렇기 때문에 당장의 이익이 없어도 지속적인 투자가 이루어져야 한다.

여기서 연구 개발은 산업에 있어서 선순위의 행위이지만 투자가 없이는 불가능한 부분이다. 그래서 이 분야는 미래를 바라보고 투자가 되어야 한다. 이러한 선투자는 때에 따라서 좋은 결과가 보장되지 않는 경우도 있다. 이 때문에 상당수의 기업들은 연구 개발 분야에 대한 투자에 인색하다. 그러나 어떠한 분야든지 연구 개발이 없이는 발전을 기대할 수 없으며 미래도 없다. 그래서 자본의 선순환은 연구 개발이라는 초기 단계를 거쳐서 시작해야 하며 이 과정에서 투자가 이루어져야 한다. 이렇게 투자된 자본은 생산과 소비의 단계를 거쳐 이익을 창출하고 재투자를 하는 과정에서 자본순환의 정상적인 흐름을 만들 수 있다.

(2) 수출과 내수산업

수출은 국가 차원의 경제활동이다. 이것은 자국에서 생산된 물품을 필요한 국가에 달러 등의 교환가치로 제공하는 것을 말한다. 다시 말해서 상대국에게 부족한 것을 제공하고 자국에 필요한 것을 구입하여 수출로 국가 간에 이득을 공유하는 것이다. 특히 수출을 통해 국가는 부를 축적할 수 있다. 그리고 그 과정에서 국내 산업을 활성화하고 고용을 확대하며 국민의 소득을 향상시킬 수 있다.

내수산업은 국내에서 소비되는 물품들을 생산하는 산업이다. 이러한 내수산업은 수출산업과 더불어 우리 경제를 떠받치는 두 개의 축이다. 그래서 내수산업과 수출산업은 항상 상호 간에 보완적 관계가 이루어져야 한다.

만일 내수산업이 활성화되고 수출이 부진하면 외환이 부족해지고 부족한 외환을 충족하기 위해 외채에 의존하는 악순환이 일어난다. 반대로 수출은 잘 되는데 내수가 부족해지면 외환이 풍족해도 국내 경기가 침체되어 국민의 생활은 어려워진다. 그래서 이 경우에도 또 다른 악순환이 생길 수밖에 없다.

더욱이 수출은 자본이 국가 간에 순환이 되고, 내수는 국내에서 순환이 이루어지기 때문에 수출로 벌어들이는 외화가 내수로 전환되는 것이 원만해야 한다. 다시 말해서 수출과 내수산업의 자본 순환에 대한 조화가 필요하다.

그러므로 국가는 수출과 내수산업의 선순환에 의한 조화를 이루도록 정책적 조치가 필요하다. 그리고 수출과 내수산업 간의 자본 순환이 정상적으로 흐르게 하기 위하여 수출산업의 육성도 중요하지만 내수산업의 지속적인 활성화도 필요하다.

(3) 세금과 균형재정

세금은 국가가 집행할 재정을 충원하기 위해 법이 정하는 바에 따라 국민으로부터 필요한 돈을 거두어들이는 것이다. 재정은 거두어들인 세금을 국가와 국민을 위해서 적절하게 집행하는 것이다. 이때 국가는 예산을 편성하여 국토를 개발하고 국가의 발전을 위해 쓰임새를 정한다. 그래서 세금과 재정은 국가 차원에서의 자본의 순환이 된다. 이 때문에 국가는 세금과 재정을 통해 경제의 흐름을 바로잡고 자본의 선순환이 되도록 하여야 한다.

만일 국가가 국민으로부터 거두어들이는 세금이 너무 많다면 국민의 생활은 어려워질 것이다. 이와는 반대로 예산이 세금보다 크다면 부족한 만큼의 적자재정이 집행될 것이다. 그리고 이러한 적자재정은 외채를 통해 해결하려 하기 때문에 국가의 빚으로 남게 된다. 그리고 국가의 빚은 지금의 우리나 우리 후손들에게 짐이 될 수밖에 없다.

그래서 국가는 합리적인 조세법을 제정하여 적절한 세금을 정해 국민들에게 세금을 부과할 필요가 있다. 그리고 수입과 지출이 맞는 균형재정을 통해 예산을 집행함으로써 다시 국민들에게 그 혜택을 되돌리는 선순환의 과정이 이행되어야 한다.

2) 악순환

악순환은 경제체계의 각 단계가 비정상적으로 흐르는 것을 말한다. 이러한 비정상적인 흐름은 경제의 균형을 해치고 물가를 상승시킨다. 그리고 빈부격차를 심화시켜 사회적 불안요소를 키운다. 더욱이 이러한 악순환의 과정에서 거품경기는 부풀어지고 실물 경기는 침체된다. 그래서 자본의 악순환을 막아야 보다 나은 미래 발전을 위해 경제의 균형과 안정을 기할 수 있다.

(1) 임금상승과 물가상승

경제체계에서 임금은 생산과 고용 그리고 소비의 결과가 만들어

준 이익에서 창출된다. 이때의 고용은 자본의 순환에서 가장 중요한 역할을 한다. 다시 말해서 고용을 통해 생산의 이익이 임금으로 분산되고 소비를 자극하여 또다시 생산을 유발하는 선순환의 과정이 이루어진다.

이와 같이 임금은 경제체계를 원만하게 유지시키는 중요한 요소이다. 그러나 임금은 근로자의 생활을 영위하게 하는 역할도 하고 있어 삶의 질 향상을 위해 임금상승 욕구는 필연적이다.

이러한 임금상승의 욕구는 생산에 있어서 생산비를 결정하는 노무비를 증가시킨다. 그래서 노무비는 생산원가를 상승시키고 그에 따라 생산비가 오를 수밖에 없으며 더불어 최종적으로 소비물가를 상승시키는 것이다.

이것은 임금상승이 근로자에게는 좋은 현상이지만 그 결과가 물가상승으로 이어져 임금상승만큼의 이득이 생기지 못한다. 그리고 때에 따라서는 오히려 물가가 임금보다 더 크게 상승하여 역으로 손실로 나타나는 경우가 비일비재(非一非再)하다.

이렇듯 우리 사회에서 팽배해진 임금상승의 욕구가 악순환이 되어 결과적으로 손해로 나타난다. 그렇기 때문에 임금상승은 필요하지만 물가를 자극하지 않는 범위에서 적절한 상승이 되도록 유도하여야 한다.

(2) 불로소득과 빈부격차

우리 사회에 팽배한 배금주의는 그 재산 형성과정이 어떻든 무조건 남보다 잘살려고 하는 욕망에서 기인한 것이다. 이처럼 남보다 빠른 시간에 더 많은 것을 소유하려는 욕망은 사회가 요구하는 상생의 원칙을 무시하게 된다. 또한 건전한 수단과 방법을 통한 점진적 재산형성보다는 일확천금의 요행수를 바라게 된다. 그래서 투기 등의 부정적인 방법이 선호된다. 그리고 불로소득을 선호하게 되어 노력 없이 쉽게 사는 것이 행복의 척도인 것처럼 변질되었다.

이러한 불로소득에 의한 부의 축적은 돈놀이나 부동산 투기 그리고 임대업 등 사회적 가치가 낮은 방법에 의해 유지되는 것이 문제이다. 더불어 사유재산제의 법적 혜택에 의해 악용되기 때문에 정상적인 자본의 순환을 막아 버린다.

또한 배금주의 사회의식은 개인적 치부의 방법에 대한 엄격한 정당성을 요구하지 않는다. 그렇기 때문에 돈을 버는 방법에 따라서 여러 가지 사회병리 현상을 만들고 있다. 그리고 드러나지 않는다면 어떠한 부정적인 방법에 의해 치부를 하여도 별로 문제가 되지 않는 이상한 사회가 되었다.

이러한 치부 방법에 대한 또 다른 문제점은 음성적 자금이 발생되어 돈의 흐름이 왜곡된다는 점이다. 이와 같이 돈의 흐름이 왜곡되면 비정상적으로 흐르기 때문에 문제가 된다. 이것은 일부 계층으로 자본의 집중을 가져와 빈부격차를 키우고 사회적 불평등을 심화시킨다. 그리고 비정상적인 흐름과 집중이 반복되는 과정에서 자본의 악순환을 일으킨다.

(3) 대출과 가계부채

자본의 순환에 있어서 가장 중요한 행위의 하나는 예금과 대출이다. 예금은 금융기관에 돈을 저축하여 보관시키는 것이지만 대출은 필요한 돈을 금융기관에서 빌리는 행위이다. 이러한 예금과 대출의 연결고리는 선순환의 정상적인 흐름을 가지고 있다. 그러나 지금과 같이 금융기관의 대출 업무가 가계대출로 변질된 후에는 이러한 순환에 변화가 일어났다.

우리의 가계에도 대출은 필요하다. 그러나 무절제한 금융대출은 금융권의 돈이 불필요하게 주택시장으로 넘쳐 나게 되었다. 그래서 이러한 잉여 자본이 부동산 가격을 천정부지로 키워 놓았다. 그 과정에서 우리는 불로소득을 목적으로 주택담보대출을 통해 빌린 돈을 증권이나 부동산에 투기하였다. 그리고 그렇게 하여 얻은 불로소득으로 허황된 과소비를 하고 있다. 특히 이러한 소매금융 위주의 대출은 원금 상환 없이 이자만을 갚아 가기 때문에 더욱 문제이다. 이 때문에 대출에 대한 부담이 일시적으로 적어져서 자신도 모르게 가계부채만을 키우는 결과를 만들어 놓았다.

이와 같이 대출에 대한 부담 감소는 불필요한 금융대출을 조장하여 낭비를 유발하고 쉽게 소진되어 버린다. 그리고 과소비에 길들어져 낭비에 부족한 자금은 다시 대출로 충당하게 되었다. 또한 대다수의 국민들은 그러한 과정에서 가계부채를 자꾸 늘리는 악순환을 하고 있다.

(4) 복지와 적자재정

복지는 소득 분배의 한 과정으로 자본주의 사회에서는 꼭 필요한 분야이다. 그러나 복지는 그 정도가 심화되어 포퓰리즘화되면서 사회적 거품을 유발하게 된다. 이러한 과도한 복지는 정치적 목적에서 생겨나고 공약을 통해 추진되기 때문에 쉽게 남용될 수밖에 없다.

우리 사회의 복지는 당연히 국민의 세금으로 처리해야 한다. 그러나 국민의 담세에 대한 부담 때문에 정치적 의도에 따라 적자재정에 의존하게 된다. 또한 적자재정은 외채에 의해 해결하기 때문에 결과적으로는 국가부채로 남게 될 수밖에 없다.

그래서 적절하지 못한 복지는 경제의 비정상적인 흐름을 가져와 국가 차원에서 자본의 악순환을 일으키는 원인이 된다. 그렇기 때문에 복지에 대한 정책은 미래에 대한 비전과 함께 국가 차원에서 숙고되어야 한다.

(5) 비자금과 부정부패

비자금과 부정부패는 떼어 내려고 해야 뗄 수 없는 불가분의 관계를 가지고 있다. 비자금의 조성 목적이 경제적 특혜를 얻고자 함이기 때문에 관계된 공무원이나 정치인들의 동조가 필요하다. 그래서 지금과 같은 배금주의 사회에서는 그러한 동조를 얻고자 할 때 반드시 돈이 필요하다.

이때 사용되는 돈은 비자금일 수밖에 없다. 정상적인 흐름의 자금은 쉽게 노출되어 부정부패를 유도할 음성적 자금으로 쓰기 어렵기 때문이다.

그래서 기업은 비자금을 몰래 조성하고 숨기고 세탁하여 축적해 놓고 있으며 필요할 때 쓰는 것이다. 그렇기 때문에 비자금은 항상 정상적인 자본의 흐름을 벗어나 음성적으로 존재할 수밖에 없다.

이렇게 쓰는 비자금은 부정부패 쪽으로 순환이 이루어져 부정한 돈으로 사용되기 때문에 자본의 비정상적인 흐름을 유도해 악순환이 될 수밖에 없다.

3.1.4. 견제와 절제의 논리

견제의 논리는 경제체계의 산업 분야에 적용되는 집중과 분산의 논리에 대하여 국가와 사회가 취해야 할 대응책이며 주로 유동성에 적용되는 논리이다.

유동성의 견제를 통해 실물경제의 효용성을 높이고 불로소득에 대한 기대를 줄이며 미래 사회의 희망을 부여할 수 있는 여건을 만들기 위함이다. 또한 이러한 견제는 사회적 균형을 유지하기 위해 올바른 경제정책이 전제되어야 한다는 의미이기도 하다. 국가 차원에서의 견제는 경제적 통제를 의미한다. 이때의 통제는 적극적 통제와 소극적 통제로 나눌 수 있으며 적극적 통제는 초기 단계에서부터 국가가 관여하는 것을 의미하며 소극적 통제는 일이 발생한 사후에 처벌적 규제를 가하는 것을 말한다.

그리고 절제 또한 경제의 본분을 되살리기에는 절대적으로 필요하다. 그렇게 하기 위해서는 실물경제 분야에 건전성을 키우고 소비 등에 절제가 되어야 경제의 균형과 안정을 찾을 수 있다.

1) 금융 파생상품의 억제

국내자본을 키우기 위해 저축을 활성화하려면 은행의 예금금리를 올려야 한다. 금리를 지금과 같이 낮춘 이유는 금융기관이 돈을 쉽게 활용할 수 있도록 하기 위해서이다. 은행은 예대상계에 의한 소득을 취하는 사업이다. 그래서 기준금리가 어떻게 되든지 아무 상관이 없는 것이다. 오히려 금리가 낮으면 낮을수록 대출이 수월해 더욱 유리하다.

그러나 일반 서민에 있어서는 대출이 수월하다는 것은 결코 좋은 것이 아니다. 서민이 대출을 통하여 사업자금을 융통하는 것이 아닌 이상 단순한 빚으로 남기 때문이다. 그리고 결국에는 자신의 소득에서 매달 일정 금액의 대출이자를 갚아야 하는 처지가 되고 만다. 지금과 같이 서민을 돕겠다고 주택담보대출이나 전세대출 그 외의 각종 대출을 쉽게 해 주는 금융정책을 계속 유지하는 것은 서민에게는 결코 좋은 일이 아니다. 이것은 금융산업의 활성화에는 도움이 될지 모르나 국민 전체를 빚더미에 올려놓는 것과 마찬가지이다.

과거에 은행의 대출금이 주택시장으로 흘러들어 가 부동산 투기를 조장했고 그로 인해 부동산 가격 거품을 일으켰다. 그러나 지금은 그것의 한계상태에 도달해 더 이상의 가격 변화가 없는 답보 상태가 되었다. 그래서 결국에는 대출 자체가 서민의 빚으로만 남게 되었다.

더불어 지금은 계속 활성화된 전세대출로 인해 전세 시장에 많은 돈이 흘러들어왔다. 그것이 전세 값을 폭등하게 하는 요인이 되었으며 서민경제를 뒤흔들어 놓고 있다.

또한 금융산업은 그 기법을 달리해 여러 가지 금융 파생상품을 개발하였다. 그리고 빚에 몰린 서민을 다각도로 올가미를 씌어 착취구조를 만들어 놓고 있다. 이것은 미국을 중심으로 한 자본 선진국의 발달된 금융기법이다. 그들은 이러한 방법으로 세계를 상대하여 돈놀이를 하기 위해 개발한 것이다. 지금은 보편화 된 은행의 저금리도 이러한 착취구조의 일환으로 이용되고 있다.

지금도 서민들은 은행의 저금리 대출을 통해 낮은 이자로 돈을 빌리고 있다. 그리고 저금리라서 빌려 쓰기가 좋아 대출을 일삼게 되었으며 그것으로 투기를 하거나 낭비로 소진하였다. 그래서 결국에는 은행 대출의 대부분이 서민들에게 빚으로만 남게 되었다. 그렇기 때문에 대다수의 국민들은 대출의 악순환 속에서 헤어날 수 없는 채무자로 전락하고 있다.

또한 국가도 마찬가지이다. 국가 또한 국제적으로 전전하는 저금리의 외채를 빌려 쓰고 있다. 그래서 그것으로 적자재정을 편성하여 퍼 주기 식의 포퓰리즘으로 국민을 현혹하고 있다. 더불어 국민 각자는 자신도 모르게 거품경기에 빠져 국가부채가 눈덩이처럼 불어나고 있는 것도 모르고 있다.

국가나 국민이 빚을지는 것은 명백히 자금을 가진 금융집단의 농간이다. 금융기관은 소매대출을 통해 돈을 가지고 쉽게 돈놀이를 하고 있으며 그것으로 치부하는 사이에 우리 국민은 거의 대부분이 채무자가 되어 버렸다. 그리고 자기도 모르는 사이에 금융기관이나 대부기관에 다달이 이자를 내고 사는 월세인간 처지가 되었다.

누구를 위한 저금리인가. 이 때문에 국민의 정신은 피폐해지고 과소비에 불필요한 낭비가 만연하는 사회가 되어 있다. 그리고 이미 금리를 높이기에는 국민의 저금리에 대한 타성이 박혀 있으며 쉽고 편하게 살려는 마음이 팽배해 있다. 그래서 부동산, 증권, 펀드, 도박 등 일확천금을 바라는 쪽으로 신경을 쓰기 때문에 더 큰 문제이다.

이러한 일확천금을 바라는 욕망을 충족하기 위해 또 다른 도박자금을 빌리듯 해서 대출만 눈덩이처럼 불어났다. 이러한 것들이 반복되면 결국에는 누구도 손쓸 수 없을 정도로 경제가 망가지는 것은 불을 보듯 뻔하다.

더욱이 금융산업은 기하급수적 발전을 하여 모든 국민을 돈의 노예로 몰아가고 있다. 그렇기 때문에 이것으로 인해 생길 사회적인 과격한 변화에 대해서는 누구도 책임지지 못한다.

그래서 지금이라도 더 늦기 전에 금융산업을 통제하고, 국민은 대출을 절제하여 은행대출에 대한 대책을 세워야 한다.

2) 국내자본의 활성화

국내자본의 활성화는 국민 저축을 늘릴 수 있는 대안이 나와야 한다. 저축을 늘리려면 은행 금리가 높아져야 한다. 지금과 같이 저금리로는 저축이 활성화되기 어렵다. 외국자금이 국내에 만연된 것도 따지고 보면 저금리 기조로 국내 저축의 감소에 원인이 있다고 볼 수 있다.

이러한 저금리는 결국 국내자본을 약화시켜 외국자본이 국내에 기승을 부리게 하는 원인이다. 이러한 외국자본은 국내의 주식시장을 통해 각종 기업에 주식으로 침투한다. 그리고 주식투기의 실익만 취하기 때문에 우리 경제는 크나큰 국부(國富)의 손실을 보고 있다. 또한 이것은 우리 국내자본의 취약함을 틈타서 또 다른 경제종속의 빌미를 만들고 있다.

그래서 우리는 국내자본을 확충하고 국부를 보호할 수 있는 정책적 방안을 세워야 한다. 그리고 그것에 의해 국내 산업을 보호해야 외국 거대자본의 경제 종속으로부터 벗어날 수 있다.

국내자본이 부실하면 외국자본의 전횡을 당하기 쉽고 그들의 투기적 증시 조작에 의해 우리 경제의 근간이 흔들리고 착취를 당하기 때문에 국내자본의 활성화는 필요 불가결한 것이다.

이를 위해서는 저금리를 합리적인 수준까지 상향시켜야 한다. 아무리 세계적인 추세가 저금리 유지라고 하지만 그것은 미국의 유대 자본의 돈놀이 수단으로 계획화된 것이다. 그 점을 잘 숙지하고 그들에게 부화뇌동(附和雷同)하여 공멸의 길로 가지 말고 미래에 대한 대비책을 세워야 한다.

3) 방송 문화 그리고 3S(스포츠, 스크린, 섹스) 산업의 규제

유동성의 활성화에 일익을 한 것은 방송 및 광고 산업이다. 이러한 분야는 주로 소비산업으로 광고를 통해 생산의 활성화에 기여하는 바가 크다. 하지만 그 기여함보다는 배금주의의 조장과 향락적 의미가 더 크기 때문에 문제이다. 그리고 이 분야는 단순 소비산업의 확장에 앞장서서 유동성만 부풀리고 있으므로 경제체계의 정상적인 흐름에는 도움이 되지 못한다. 그렇기 때문에 방송 및 광고 산업은 우리 사회를 비정상적 자본주의인 금전만능주의 사회로 만드는 역할을 하고 있다.

특히 스포츠나 스크린 등의 연예산업은 사회적 조미료이며 인간의 생활에 있어서 맛을 내는 양념 역할을 한다. 그래서 우리 사회의 풍부한 삶에 절대 필요한 분야이다. 그러나 조미료가 많이 들어가면 건강을 해친다. 이와 마찬가지로 이러한 분야의 과도한 발달과 활성화는 사회적 건전성을 해치고 있다.

이러한 이유 때문에 연예, 스포츠 분야의 과도한 발전은 재고되어야 한다. 이러한 것은 결코 건전한 사회를 구성하는 것에 도움이 되지 않는다. 특히 해당 분야의 과도한 연봉 책정과 연봉에 대한 내용을 방송으로 발표하는 것은 삼가야 한다. 왜냐하면 이러한 내용을 사회적으로 알리는 것은 결국 금전만능주의를 조장하는 것이기 때문이다. 더불어 방송 드라마의 돈타령과 드라마 소재에서 재벌 등 부자일색의 내용 또한 배금주의의 산물이다. 이러한 것들은 일시적으로 대리 만족을 줄 수 있으나 사회적 위화감을 키우는 역할을 하기 때문에 더욱 나쁘다. 그래서 이러한 내용들이 여과 없이 직접 방송을 통해 방영되는 것은 절제되어야 한다.

또한 방송광고의 과다한 광고비는 적절하게 통제되어야 한다. 왜냐하면 광고비용이 물건값에 포함되어 국민경제에 직접 영향을 주기 때문이다. 그래서 광고비에 대해서는 더욱 철저한 규제가 필요하다.

광고주는 어쨌든 자신이 손해 볼 것이 없다. 그렇기 때문에 과다광고를 통해 소기의 목적을 이루려고 한다. 그리고 방송은 자신의 이익에 대하여 거부할 필요가 없어 서로 쉽게 야합한다. 그래서 결국에는 광고비가 물가 상승 및 서민경제에 주름을 가중시키는 요인이 되고 있다.

이러한 이유 때문에 균형 잡힌 경제를 이루기 위해서는 방송 및 연예 스포츠 분야의 방송 규제가 절대 필요하다.

4) 포퓰리즘과 거품경제의 자제

거품경제와 포퓰리즘은 적자재정과 더불어 정권의 유지 차원에서 국민의 마음을 얻으려는 수단으로 자주 이용된다. 그러나 달콤함이 지나치면 그 열매는 쓰다. 그렇기 때문에 포퓰리즘 정책을 쓴 국가들은 대부분 경제 불안정이라는 혹독한 시련을 겪고 있다.

적자재정으로 흥청망청(興淸莽淸)하면 그 빚은 후손에게 떠넘길 수밖에 없다. 그래서 후손에게 짐을 지어 주는 몹쓸 선조로 남아서는 안 된다. 지금은 얻어 쓰는 향락의 거품을 만끽하고 있으나 대가 없는 향락은 없다. 우리가 정신없이 남의 돈을 빌려다 쓰고 있지만 이것은 결코 오래가지 못한다.

이미 우리 사회에는 거품이 충분히 만연되어 있다. 지금은 거품이 언제 꺼질 줄 모르는 상태이다. 그런데도 아직 국민을 담보로 빚을 얻는 것은 위험한 발상이다. 더욱이 그것으로 복지나 혜택을 주려고 하고 있는 것은 거품에 대한 두려움을 모르는 소치이다.

우리 국민이 적절히 벌어들이는 수준에 맞추어 균형재정을 실시하여야 한다. 그래서 외채에 대한 짐을 덜어야 우리에게 희망찬 미래가 열릴 것이다. 그러기 위해서는 포퓰리즘을 자제하고 경제의 거품을 줄여야 한다.

혹등고래의 성체는 길이가 약 15m이고 몸무게는 30ton 정도이며 먹이는 주로 크릴새우나 청어이다. 혹등고래가 청어를 먹이로 할 때는 단독으로는 청어를 잡아먹을 수 없다. 왜냐하면 청어는 수천 마리가 무리 지어 다니며 혹등고래보다 훨씬 빠르게 움직이기 때문이다. 그 때문에 혹등고래는 여러 마리가 상호 협동하여 청어를 잡아먹는다. 이때에는 혹등고래들이 청어 떼 주변에 원형으로 그물과 같은 물거품을 일으킨다. 그래서 청어 떼를 한곳으로 몰아 놓는다. 그러고는 번갈아 가면서 중앙을 관통하면서 솟구쳐 올라 한입에 수십 마리씩 잡아먹는다. 그러면 청어는 혹등고래의 물거품에 속아 거품 속에 갇힌 상태로 먹이가 되는 것이다.

우리 사회의 경제적 거품도 이와 같다. 거품경기에 속아 계속 방만

하게 살아가면 자신도 모르게 잡아먹히는 청어 신세가 되지 말라는
법은 없다.

5) 주식시장의 통제

사회적 균형은 자유방임에 대한 견제로 이루어진다. 특히 자금의
집중력이 큰 주식시장의 경우는 더욱 그렇다. 국가가 증시 부양을 위
한 목적으로 상승국면에 있을 때는 자유방임적 자세를 취한다. 그러
다가도 하강국면으로 전환될 때에는 정책적으로 개입하는 시장체계
를 가지고 있다. 국가가 주식시장의 후견인인가, 아니면 권력자 자신
의 주식에 대한 이권 개입인가. 많은 정치인들이 주식부자라는 것은
우리 중산층이나 서민에게 잘 알려져 있다. 감나무 밑에서 갓끈을 고
쳐 쓰지 말라 했다. 이것은 오해의 소지가 있는 짓을 하지 말라는 뜻
이다.

그래서 주식시장에 대해서는 국가의 편협한 개입보다 방임적 자세
를 취하는 것이 자본주의 논리에 맞다. 그리고 주식시장의 균형과 안
정을 위해서는 오히려 적절한 견제가 필요하다. 더불어 정치인들은
오해의 소지가 있는 주식을 소유하지 못하도록 하여야 한다.

주식이라는 것이 무엇인가. 주식회사가 발행한 액면가 5,000원짜리
유가 증권이다. 다시 말해서 주식 한 장의 실제 가치는 돈으로 치면
얼마 되지 않는다. 이러한 것이 수백만 원까지 올라갔다가 때에 따라
서는 휴짓조각이 되기도 한다. 이것은 주식의 가치가 시장에 반영되
는 결과라고 이야기한다. 그러나 명백히 따지면 투기에 의해 조작된
가치이다.

이렇듯 주식시장이 어느 일부 계층의 부의 축적을 위해 이용되는 투기장으로 변질되어 있다. 그래서 국가가 스폰서 식으로 주식시장에 개입하는 것은 잘못된 것이다. 불로소득이나 투기의 사회적 병폐를 막기 위해 국가 차원의 주식시장 통제는 반드시 선행되어야 한다.

개미는 잘 통제된 집단이다. 여왕개미를 비롯하여 병정개미 그리고 일개미 등이 일사불란하게 유기적으로 움직여 하나의 사회 집단을 이룬다. 개미핥기라는 이빨이 없는 빈치류의 동물이 있다. 주된 먹이는 흰개미나 개미이다. 이러한 개미핥기는 긴 혀를 이용해 개미집을 부수고 개미와 애벌레를 잡아먹는다.

주식시장도 이와 같다. 아무리 잘 유지되어도 개미핥기와 같은 외부세력에 의해 쉽게 착취당하도록 되어 있다. 그래서 더욱 투기세력의 각축장이 되지 않도록 국가의 적절한 통제가 필요한 것이다.

6) 금융대출의 규제

가마우지라는 새가 있다. 물고기를 하도 잘 잡아서 어부들은 그들을 이용하여 물고기를 잡는다. 이때 어부들은 가마우지의 목에 줄을 매고 물속에 집어넣는다. 그러면 가마우지는 물속에서 물고기를 잡아 목으로 삼킨다. 그러나 목에 줄이 묶여 있어 삼키지 못하고 어부에게 되 뱉어내고 만다.

중산층의 금융대출도 이와 같다. 대출로 인해 중산층 서민들은 금융기관에 목줄을 매고 사는 것과 별반 다를 것이 없다. 열심히 일해서 번 소득의 상당 부분을 대출에 의한 이자로 토해내고 있다. 이것은 가마우지의 경우와 무엇이 다를 것인가.

금융대출은 돈이 필요한 사람에게는 적절한 제도이다. 그러나 주택담보대출과 같은 경우, 대출이 일반화되는 과정에서 주택시장에 대출금이 넘쳐났다. 그래서 부동산 가격이 폭등하고 또다시 주택가격 상승만큼 대출이 증가되어 대출의 악순환을 하는 상황이 만들어졌다. 더욱이 전세대출까지 더해지면서 결국에는 전셋값 폭등까지 가산되었다. 그래서 넘치는 대출금으로 경제적 불안감이 팽배해져 사회적 문제가 확대되고 있다.

더불어 사회의 경험도 채 하지 못한 대학생들에게는 학자금대출이라는 선의적 대출이 문제이다. 아직 사회에서 직업을 가져 보기도 전에 채무자를 만들어 사회에 내보내고 있다. 이것은 미래를 위한 교육정책으로 보기에는 문제가 많다.

이렇듯 국가정책으로 대출을 일반화하는 것은 전 국민을 금융권 채무자로 만들어 가는 것과 같다. 그래서 종당에는 금융대출을 통해 전 국민이 금융권 채무자가 되어 돈의 노예가 되는 것이다. 국가의 미래를 위해서도 우리 사회의 중산층이 건재해야 한다. 그런데 채무에 대한 변제로 중산층의 존재가 약화되고 있다.

이러한 주택, 전세, 학자금 외에도 무수히 많은 종류의 대출 홍수 속에 국민들은 피폐해 가고 있다. 그리고 이 과정에서 일부 계층은 부동산 가격의 폭등으로 얻어진 불로소득 덕분에 유흥이나 해외 관광 등의 소일거리로 돈을 낭비하고 있다.

또한 국가는 국가대로 적자재정을 통해 국제금융기관에 채무를 지고 있으며 그 비용도 점점 커져 가고 있다.

이러한 대출에 의한 채무는 누가 대신 갚아 주는 것이 아니다. 우리가 못 갚으면 우리 후손이 갚아야 할 빚이다. 그래서 국가나 국민은 금융기관의 대출을 통해 어려움을 해결해서는 안 된다. 더 이상의 무의미한 대출은 규제가 되어야 한다. 그리고 될 수 있는 한 조속히 채무변제가 되도록 해야 한다. 그래서 국가와 국민의 경제에 대한 건전성을 되살려야 한다.

7) 부동산 투기의 절제

금융대출이 직접적으로 영향을 주는 것이 부동산 분야이다. 부동산 부문에 자금이 넘쳐나면 그 결과로 부동산 가격이 상승한다. 그리고 그에 대한 차액을 노리고 투기자금이 부동산으로 흘러들어와 다시 가격을 상승시키는 악순환의 고리를 형성한다.

이러한 부동산 투기는 전형적인 불로소득의 한 방편으로 이용되어 건전한 자본주의 사회의식을 손상시키고 있다. 그리고 불로소득은 졸부를 양산하고 불필요한 과소비를 조장하여 국민경제를 망가트리고 있다.

이렇듯 부동산 투기는 금융대출과 맞물려 선의적으로 건실하게 살아가는 많은 사람들에게 상대적 박탈감을 주고 있다. 더불어 쉽게 돈을 벌어 놀고먹는 사람들에 대한 욕망만 키워 더 나쁜 사회적 해악을 주고 있다. 그래서 경제의 균형과 안정을 위해서 부동산 투기는 반드시 막아야 한다.

청새치는 해상에서 가장 빠른 육식어종이다. 그 크기는 2~4m 정도이고 무게는 200~400kg으로 주둥이가 뾰족하게 돌출된 대형어종이다. 그래서 낚시꾼이나 호사가들이 낚기 원하는 최고의 물고기이다. 이 물고기는 난류어종으로 종의 보존을 위해 물고기 연구가에 의해 태생과 성장 그리고 이동 경로가 연구되었다. 그러나 연구의 결과가 일부 유출되면서 낚시꾼들이 이동 경로를 알게 되었다. 그래서 그들이 멕시코 만 주변으로 몰려와 너도나도 낚시를 하여 보호하기 위해 연구된 청새치는 씨가 마르게 되었다.

부동산 투기도 이와 같다. 지역의 발전을 위해 만들어 놓은 계획이 관계자의 정보 유출로 투기꾼에 의해 불로소득의 방편으로 악용되고 있다. 그래서 원초적인 개발계획은 그 어느 누구에게도 비밀이 유지되어야 한다. 그리고 비밀이 유포되는 경우 관계자를 엄중하게 처벌하여야 하며 개발에 따른 이익은 환수가 되어야 한다.

3.1.5. 규칙과 질서의 논리

균형 잡힌 경제를 이룩하기 위해서는 경제 흐름과 사회적 가치를 바로 세워야 한다. 또한 거래상의 규칙과 질서도 바로잡아야 한다. 특히 유동성이 절대적인 무역 거래나 금융 거래에 있어서는 국가의 합리적 법규 제정이 필요하다. 그리고 유동성의 통제를 위한 규칙과 질서를 설정하도록 사회 각 계층의 협력이 필요하다.

규칙과 질서의 논리에 따라 경제체계를 바로잡는 것은 좋은 습관이 건강에 도움이 되는 것과 같은 이치이다. 건실하고 조화로운 경제 운영을 함으로써 우리 사회는 균형과 안정을 기할 수 있다.

1) 균형재정 집행

적자재정을 통해 사회적 거품을 일으키는 정치적 행태 때문에 국민은 자신도 모르게 포퓰리즘에 익숙해져 있다. 그래서 무엇이 잘못되어 있는지도 모르고 국가의 정책에 따라 빚을 늘려 가고 있다. 그리고 그 빚을 후손에게 전가하고 있다.

이러한 적자재정은 국가의 신인도 또한 하락시켜 빚이 늘어 갈수록 더 돈을 빌리기 어려운 상황으로 몰아간다. 그래서 결국에는 국가 모라토리엄(Moratorium)까지 이르게 한다.

균형재정은 국민들에게 근검과 절약 등 사회적 고통을 요구한다. 그렇기 때문에 이제까지의 거품경기에 타성이 밴 국민들을 어떻게 되돌려 놓을 것인지가 가장 큰 문제이다.

균형재정은 우리의 삶을 균형 잡히고 안정된 방향으로 이끌어 간다. 그리고 정상적인 국가 운영을 가능하게 한다.

2) 보호무역과 자유무역의 적절한 조화

현재 각 국가 간 무역의 경향은 다자간 자유무역이다. 그리고 이것이 마치 최선의 선택인 것처럼 인식되고 있다. 그러나 자유무역은 국내의 산업적 불균형을 도출시킨다. 그래서 오히려 장기적인 측면에서는 우리에게 불리한 무역제도이다.

특히 우리와 같이 농·축산물의 생산량이 적고 인건비가 비싼 국가는 해당 분야의 도태가 예측된다. 그래서 미래의 식량전쟁에 대비가 불가능해지며 이로 인해 장차 국가적 존망에 문제가 생길 수도 있다.

그래서 자유무역과 부분적 보호무역의 적절한 조화가 필요하다. 이러한 조화된 무역 추진으로 자유무역에 의한 무역 마찰도 막고 식량산업의 존속에도 필요한 보호무역의 해법을 찾아야 한다. 다시 말해서 무역에 대한 우리 나름대로의 규칙과 질서를 새로이 세워야 한다.

3) 고정환율과 고금리 채택

범세계적으로 환율은 일부 국가를 제외하고 변동환율로 전환되어 있다. 이것은 환율을 시장원리에 맡긴다는 명분하에 진행된 것이다. 그렇지만 실제로는 투기성 자금의 환투기를 쉽게 하기 위해 의도적으로 만든 제도이다.

우리나라의 경우도 과거 미국의 강요에 의해 고정환율에서 변동환율로 환율제도를 변환시켰다. 그러고는 헤지펀드에 의해 외환위기를 겪은 적도 있다. 이렇듯이 변동환율은 투기의 도구가 되어 증시를 통해 우리가 수출로 벌어들인 국부를 착취하는 방편으로 이용되고 있다.

환율의 변동성은 수시로 무역의 상황 변화를 일으킨다. 그래서 수출입 산업에 불안정한 요소를 만들어 주고 있다. 이 때문에 국가는 외환 안정을 위해 더 많은 외환 확보가 필요하다. 그리고 필요에 따라서 외환을 보유하기 위해 외채를 끌어들이고 있다.

이러한 측면에서 보면 변동환율제는 선진자본의 착취구조를 만들기 위한 방편으로 이용되고 있다. 그래서 반드시 환율의 규칙과 질서를 위해 고정환율제로 전환되어야 한다.

또한 저금리는 각종 대출을 통한 금융 활성화에는 기여하고 있지만 실제로는 금융을 통한 또 다른 착취구조의 일환이다. 그래서 불필요한 대출을 막고 건전한 소비 생활을 위해 고금리로 가는 것이 경제의 안정과 질서를 바로 하는 데 절대적으로 필요하다.

4) 적절한 세금 부과

경제의 올바른 규칙과 질서를 잡기 위해서는 국민 각자에게 부과되는 세금에 대하여 형평성과 투명성이 확보되어야 한다.

소득에 대한 투명성 그리고 소유한 것에 대한 정당성을 유지하기 위해 소득과 소유에 적절한 세금이 부과되고 집행되어야 한다.

특히 세금은 소유와 소득에 대한 재분배 성향이 크므로 상대하소(上大下小)의 원칙이 세워져야 한다.

또한 세금의 집행에 있어서는 소득이 적은 계층의 소득을 확보해 주는 관점하에 진행되어야 한다. 그리고 분배 시에는 하후상박(下厚上薄)의 원칙에 따라 하위계층에 많이 분배하여 상호 간의 빈부격차를 줄일 수 있도록 해야 한다.

이러한 규칙하에 적절한 세금 부과를 할 수 있도록 세원에 대한 확보가 필요하다. 그리고 상위계층의 조세저항에 대응할 수 있는 세금에 대한 정당한 명분 찾기가 선행되어야 한다.

5) 경제체계의 질서 확립

경제체계는 실물경제인 생산과 고용 그리고 소비와 이를 아우르는 유동성을 뜻한다. 여기서 유동성의 역할은 생산의 자본금으로 생산을 활성화시키고 노동을 통한 고용을 유도하는 것이다. 그리고 생산 이익에 따른 소득을 분배하여 소비에 쓰이게 함으로써 경제의 정상적인 균형을 이루도록 하는 것이다.

그러나 생산 분야에 과학기술화가 진행되면서 생산라인에 노동이 불필요해졌다. 그래서 고용이 감소되고 이 때문에 노동 영역에서는 소득이 줄어들어 그 결과 소비가 위축되었다.

더욱이 유동성이 실물경제와 분화되면서 대량 고용이 불필요한 스포츠, 관광, 연예 등 단순 소비 향락산업만 늘어나게 되었다. 그 때문에 정상적이던 경제체계가 왜곡되기 시작하였다. 이렇게 고용 없이 키워진 소비 향락산업은 과소비를 조장시켰으며 배금주의의 사회적 병폐현상만 키웠다. 그리고 별 노력 없이 살아가려는 잘못된 사회풍토를 만연시켰다.

이러한 잘못된 유동성의 분화는 경제체계의 질서를 훼손하고 경제의 균형과 안정을 해치고 있다. 그래서 우리는 경제체계의 질서를 확립하기 위해 유동성의 역할을 재정립해야 한다.

자연의 질서는 땅에서 시작한다. 들에 무성한 초목은 성장에 필요한 영양의 10%를 땅에서 얻고 90%를 태양 에너지에서 얻는다. 이렇게 해서 성장한 초목은 모든 초식동물의 먹이가 된다. 그러나 초목은 단순히 주는 것만은 아니다. 왜냐하면 열매나 꿀을 내줌으로써 그들은 종의 번식을 얻을 수 있기 때문이다. 이것은 실물경제의 생산과 소득 관계로 볼 수 있다.

자연의 초목이 무성하면 초식동물은 별다른 노력 없이 열매나 풀을 먹고 살아갈 수 있다. 그러나 대가가 없는 삶이란 없다. 결국 초식동물은 육식동물의 먹이가 되어 또 다른 자연의 순환을 이룬다. 그리고 육식동물도 죽음으로 미생물이나 박테리아에 의해 분해되어 땅으로 돌아간다. 이것은 경제의 소비와 재분배의 과정이며 땅은 이 모든 것을 가능하게 하는 유동성이다.

이렇듯 자연은 각각의 자기 역할을 다해 질서를 지키고 유지되어 가고 있다. 그래서 자연의 질서가 지켜지듯이 경제에도 자기 역할에 맞게 질서가 확립되어야 한다.

3.2. 자금의 변환

자금의 변환은 자금이 어떠한 상황에 놓여 있는가에 따라 흡인과
발산 그리고 회전의 단계를 거쳐 이루어진다.

여기서 자금의 흡인은 자본주의에 있어서 가장 보편화된 현상으로
돈이 주변의 돈을 끌어들여 더 큰 규모로 성장하는 것을 말한다. 이
것은 중력이 주변의 물체를 끌어들이는 것과 같은 이치이다. 다시 말
하면 규모가 큰 돈은 자생적 흡인력을 발생시켜 주변의 자금을 끌어
들이고 더 큰 자금으로 변환한다는 것이다. 그렇기 때문에 큰 자금은
어떤 규제나 통제가 없으면 주변 자금을 흡인하여 경제의 흐름에 왜
곡 현상을 일으킨다.

자금의 발산은 흡인된 자금이 더 이상 흡인할 대상이 없을 때 생기
는 현상으로 재분배의 개념을 갖는다. 지금과 같이 우리 사회가 자금
의 흡인으로 인해 집중이 더욱 심해지면 일부 계층으로의 자금 편중
현상이 생길 수밖에 없다. 그러면 사회적 괴리가 발생되고 빈부격차
가 커질 수밖에 없다. 그래서 국가는 자금의 발산을 통해 원만한 흐
름을 유도해야 한다. 또한 돈은 그 의미와 마찬가로 회전되어야 한다.
그래야 자금의 회전에 따라 생산, 고용, 소비 그리고 유동성의 경제체
계 각 분야가 원활하게 돌아갈 수 있다.

3.2.1. 자금의 흡인

자금의 흡인력은 현대 자본주의에 있어서 가장 보편화된 현상이다. 즉 돈이 주변의 돈을 끌어들여 더 큰 규모로 성장하는 것은 중력이 주변의 물체를 끌어들이는 것과 같은 이치이다. 다시 말하면 집중된 돈은 자생적 흡인력으로 주변의 자금을 끌어들여 더 큰 자금으로 변화한다는 것이다. 그렇기 때문에 큰 자금은 어떤 규제나 통제가 없으면 주변 자금을 흡인하여 경제의 흐름에 왜곡 현상을 일으킨다.

이것은 대자본이나 금융자본이 흡인력으로 자금의 집중현상을 일으킨다는 의미이다. 그렇기 때문에 작은 자본은 더 작게 되어 결국 심각한 사회적 빈부격차가 생기게 되는 것이다.

이러한 왜곡 현상은 자금의 흡인력 영역에서 유동성 자금과 시간 간의 상관관계에서 살펴볼 수 있다. 이 경우의 시간은 시테크로서의 시간을 의미하며 현대에는 가장 중요한 소득의 척도이기도 하다.

여기서 유동성 자금과 시간 간의 상관관계란 대자본과 같이 흡인력이 큰 자본 주변에서는 자금의 흐름이 느려지고 반면에 소자본 주변에서는 빨라진다는 것을 뜻한다. 다시 말해서 대자본일수록 돈은 점점 불어나고 소자본일수록 쉽게 없어진다는 의미이다.

1) 거대 금융자본

범세계적으로 널리 퍼진 선진국의 금융자본이 투자 형태로 각국의 증시나 금융산업에 침투되고 있다. 그리고 이것을 이용하여 자의적으로 각국의 경제를 조절하고 때에 따라서는 전횡을 하고 있다.

이러한 거대 금융자본은 미국의 유대계 금융자본가에 의해 주도되고 있다. 그리고 미국의 군사력과 함께 세계의 금융지배 일환으로 전

세계에 영향을 주고 있다.

이것은 거대 은행, 해지펀드, 신용평가회사, 기타 투기자본 등으로 구성된 거대 금융자본이다. 이들은 자본주의의 탈을 쓰고 단순 돈거래 행위를 통해 전 세계를 대상으로 착취구조를 만들어 놓았다. 그리고 지금은 그것을 이용하여 각국의 부를 흡인하여 축재하고 있다.

산호초 사이에는 곰치라는 큰 입과 날카로운 이빨을 가진 포식성 물고기가 있다. 곰치는 뱀장어와 같이 몸이 길어 암초의 작은 틈을 파고 들어가 물고기를 잡아먹고 산다. 또한 암초 주변에 도미와 같이 몸이 통통한 참바리라는 물고기가 산다. 이들은 전혀 다른 종의 물고기이다. 그러나 이들은 먹이 사냥을 할 때는 자연계에서 찾아보기 어려운 이종 간의 협동을 한다. 참바리가 외부에서 작은 물고기를 몰면 놀란 물고기들이 암초의 좁은 틈 속으로 숨어든다. 그러면 좁은 틈에 있던 곰치가 숨어 들어온 물고기들을 잡아먹는다. 또한 곰치에 놀라 암초에서 밖으로 빠져나간 물고기들은 참바리가 잡아먹는 공생관계를 이룬다. 그래서 암초 주변의 작은 물고기들은 피할 곳이 없어 속수무책으로 잡아먹힌다.

금융자본이 거대해지고 조직적으로 협력할수록 우리는 피할 데 없는 물고기 신세로 전락하여 착취를 당할 수밖에 없는 것이다.

2) 투기성 펀드와 사채

국제적으로 미국의 강요에 의해 금융 자유화가 이루어진 이후에 가장 일반화된 것이 국가 간을 오가는 투기성 헤지펀드이다.

이런 종류의 헤지펀드는 환율의 변동과 함께 주식시장을 통해 투기자금으로 운용되어 지금은 해당국의 국부를 착취하는 도구가 되어 있다.

이러한 펀드의 주식시장에의 출입은 그 자금의 크기 정도에 따라 엄청난 흡입력을 가지고 있다. 그래서 주식시장의 주가 조작이나 등락을 유도하여 큰 이익을 취하고 있는 것이다. 또한 사채의 경우는 금융 개방 이전에는 국내자금이 사채의 주류를 이루었다. 그러나 개방 이후에는 외국계 투기자금이 사채시장으로 흘러 들어와 또 하나의 거대자본으로서 착취구조를 형성했다.

곤충의 세계에서 가장 무서운 포식자는 거미이다. 그러나 거미도 무서워하는 천적은 기생 말벌이다. 이 말벌은 자신의 굴을 파 놓고 거미 사냥을 나간다. 거미를 만나면 독침으로 거미를 기절시켜 놓고 자신의 굴로 끌고 들어간다. 그런 후, 말벌은 거미의 몸에 알을 하나 낳고는 굴을 막아 버린다. 그 후 말벌의 알은 부화하여 기절한 거미의 몸을 먹고 성장한다. 그러고는 성충이 되어 지상으로 나와서 말벌로의 일생을 되풀이한다.

펀드나 사채는 기생말벌의 알이다. 우리의 뜻과 상관없이 우리몸에 심어져 기생하고 성장하여 우리를 망치고 있다.

3) 스포츠와 방송연예 광고

스포츠 산업은 방송연예와 더불어 현대 오락산업에서 가장 큰 비중을 차지하는 소비산업의 하나이다. 운동에 대한 관심이 많은 사람을 끌어들이기 때문에 자연스럽게 광고와 함께 시너지 효과를 준다. 이러한 점에서 자금의 흡인이 쉬우며 이런 이유 때문에 운동선수들이 천정부지(天井不知)의 연봉을 받게 되는 것이다.

그러나 이와 같은 스포츠 스타들의 엄청난 연봉은 사회적으로 위화감을 주고 빈부격차를 심화시키는 요인이 되고 있다.

더욱이 방송광고와 더불어 연예 분야도 일부 스타들의 과도한 개런티로 인해 같은 계통 내의 연예인 간에 격차가 생겨 상대적 박탈감을 주고 있다.

자본주의 사회에서 자신의 능력껏 버는 것에는 잘못된 것이 없다. 그러나 그 벌어들이는 방법이나 과정에 자금의 흡인력을 가진 방송광고가 개입되어 있다면 문제는 다르다. 왜냐하면 방송광고는 그들의 행위 안에 중산층과 서민의 부담이 들어가 있기 때문이다. 다시 말해서 광고의 최종 소비자인 중산층과 서민이 자신의 뜻과는 상관없이 광고에 대한 비용을 지불하기 때문이다. 그래서 방송광고의 흡인력은 국민의 자산을 착취하는 역할을 하고 있다.

물속에서 악어는 트위스트를 춘다. 무슨 악어가 트위스트를 추느냐고 생각하겠지만 악어는 분명히 트위스트를 한다. 이 트위스트는 춤이 아니다. 악어는 무는 힘은 강하지만 고기를 자르거나 베어 먹지 못한다. 그렇기 때문에 작은 고기는 그냥 삼킨다. 그러나 얼룩말이나 물소와 같은 대형동물의 경우는 고기를 분해하기 위해 물고 몸을 회전시킨다. 이것이 트위스트이다.

이런 악어의 트위스트에서와 같이 방송광고를 통해서 흡인된 돈은 스포츠, 연예 분야로 나누어진다. 그래서 스포츠, 방송, 연예 분야는 소비자의 의사와는 관계없이 편의에 따라 나누어 먹기를 하고 있다. 그리고 그들에게 갈기갈기 잔인하게 뜯어 먹히는 대형 동물이란 우리 중산층 소비자들이다.

4) 관광 오락과 스크린 산업

스크린 산업은 대중매체와 부합하여 군중 동원의 효과에 의해 자금의 폭발적 흡인력을 갖고 있다. 특히 연예스타에 대한 군중심리가 관광 오락산업으로 가장 중요한 역할을 하고 있다.

스크린 산업 또한 스포츠 산업과 유사하게 몇몇 스타에게 모든 것이 집중되는 경향이 있다. 그렇기 때문에 자금의 불균형을 일으켜 빈부격차나 사회적 거품을 유발한다. 더욱이 이러한 스크린 산업은 많은 사람들에게 일확천금의 허황된 의식과 드라마틱한 허구적인 생활방식을 동경하게 한다. 그래서 건전한 사회의식을 해치는 경우가 많다.

성숙한 공작은 아름다운 꼬리를 펼쳐 암컷을 유혹한다. 그러나 화려한 꼬리는 정글의 호랑이 눈에 쉽게 띄어 사냥의 표적이 된다. 그리고 길고 아름다운 꼬리는 무게가 무거워 잘 날지 못한다. 그래서 다른 조류들보다도 포식자인 호랑이에게 많이 희생이 된다.

이렇듯 허황된 아름다움은 화를 불러온다. 그럼에도 불구하고 많은 젊은이들이 스크린의 화려함에 이끌려 그것을 동경하고 갈망한다.

5) 곡물, 석유 및 광물 자원 메이어

국제적 현물시장에는 미국의 유대자본을 중심으로 하는 곡물, 석유 및 광물 자원 메이어들이 있다. 이들은 현물시장에서 국내법으로는 제도적으로 금지되어 있는 매점매석(買占賣惜)을 통해 부의 축적을 하고 있다. 그러나 이러한 불법적인 행위가 국가 간 혹은 국제적으로는 통제되지 않고 있다. 더욱이 이런 선진 거대자본은 가격 조작 등의 방법으로 국제 물가를 조절하여 치부를 하고 있다.

특히 석유의 경우는 제한된 에너지 자원으로서 전 세계적으로 점차 고갈되어 가고 있어 국제적으로 미치는 영향이 더욱 크다. 아직까지 뚜렷한 대체에너지가 개발된 것도 아니다. 그렇다고 해서 에너지의 축적이 충분한 것도 아니기 때문에 결국에는 에너지 자원의 고갈위기는 반드시 오고야 말 것이다. 그래서 석유에너지의 장악은 세계를 위협하는 가장 좋은 수단이 될 것이다.

또한 곡물의 경우는 지금과 같이 급격한 지구환경 변화로 인해 식량 부족현상이 생긴다면 식량전쟁이 일어날 확률이 높다. 그런 경우 곡물 부족이 전 세계에 주는 파장은 엄청나게 크게 나타날 수 있다. 그렇기 때문에 그때가 되면 식량 자급자족을 등한시하는 국가들은 큰 문제에 봉착할 수 있다. 그때는 부족한 만큼의 더 비싼 구입자금이 요구되므로 곡물 메이어의 자금 흡인력은 현저하게 커질 수밖에 없을 것이다.

3.2.2. 자금의 발산

자금의 발산은 집중된 자금이 더 이상 흡인될 대상이나 필요성이 없을 때 생기는 현상으로 재분배의 개념을 갖는다.

우리 사회는 금융산업의 발달로 대다수의 중산층이 채무자로 되어가는 과정에 있다. 그래서 일부 계층으로의 자금 편중 현상이 생겨 사회적 괴리가 발생되고 빈부격차가 심화되어 가고 있다.

민주주의의 목표는 최대 다수의 최대 행복이다. 그러나 이것이 배금주의에 의한 자금 흡인현상으로 최대 다수의 최대 채무로 변질되고 있다. 그래서 결국에는 어느 누구도 채무의 덫에서 벗어날 수 없다. 그렇기 때문에 장차는 개인과 기업 그리고 국가 모두 채무 파산을 면치 못할 것이다.

이러한 전 방위적 채무 파산은 역으로 금융산업 자체도 망칠 수밖에 없다. 그로 인해 이제까지 금융산업에 집중된 자금은 갈 곳을 잃게 된다. 위기를 맞기 전에 자금의 임의적 재분배가 필요하며 이러한 현상을 자금의 발산이라 한다.

이러한 자금의 발산은 재분배를 통해 더 큰 이득이 되도록 자본 투자로서 존재하여야 한다. 그래서 고용을 확대하고 사회기반시설을 확충함으로써 보다 나은 미래 사회를 위한 경제 안정에 초석이 되어야 한다.

연어는 회귀성 어류이다. 민물에서 태어나 먼바다에서 성장한 후에 다시 민물로 돌아와 알을 낳고 그 생명을 다한다. 어떻게 보면 연어의 삶 자체가 단조로운 것 같다. 하지만 그들의 생애는 자연의 중요한 섭리를 담고 있다.

처음 강의 상류에서 태어나 바다로 나간다. 그리고 바다의 풍부한 영양을 섭취하고 크게 성장한다. 성장기를 거친 후에 다시 알을 낳기 위해서 원래 태어난 강물로 돌아온다. 이 돌아오는 여정이 쉽지 않다. 바다에서는 물개나 돌고래의 먹이가 되고 그것을 피하여 강물에 들어오면 곰이나 인간들의 낚시감이 된다. 이것을 피해 강 상류에 오르더라도 그들의 생명은 알을 수정할 때까지이다. 수정이 끝난 후에는 모두 죽음을 맞이한다. 그러나 그들은 자신의 몸에 먼바다의 영양을 지니고 육지로 돌아온다. 그리고 그들이 죽어서 자신이 지니고 온 영양분으로 땅을 기름지게 하는 중요한 역할을 한다.

1) 사회간접자본(SOC)

토지와 노동 그리고 자본이 생산을 위해 필요한 직접요소라고 할 때 산업이 보다 효율적으로 이루어지기 위해서는 여러 가지 보조 공공시설이 필요하다. 이때 이러한 공공시설을 포함하는 사회적 서비스를 사회간접자본이라 한다.

더욱이 생산 분야에서 다양한 산업활동을 수행함에 있어서 그것을 가능하게 하는 사회기반시설(Infra)과 국가기관의 서비스를 포함한 공공기관의 서비스 등이 사회간접자본이 된다.

이러한 사회간접자본에서 국가가 주도하는 도로 및 철도 등 교통체계와 통신, 에너지, 관개 수리 동력 등은 다른 재화나 서비스의 재생산을 가능하게 하는 또 다른 사회간접자본이다.

그리고 공공 보건, 위생과 상하수도 시설 등 공공서비스도 사회간접자본이 될 수 있다. 그래서 그 나라의 사회간접자본 수준을 통해 산업활동의 가능성을 판단한다. 그러나 사회간접자본 투자는 큰 규모와 대자본이 필요하며 규모가 크고 투입된 자본의 회수에 오랜 세월이 소요되는 단점이 있다.

이러한 사회간접자본은 국가재정에 의해 집행되고 공공성이 우선되기 때문에 자금의 발산에 대한 효율성이 극대화되어야 한다. 그리고 고용 및 경제의 안정을 위한 자본의 재분배에도 효과가 크다. 그래서 국가재정의 상당 부분이 사회간접자본을 조성하는 데 쓰인다. 다시 말해서 사회간접자본은 국가가 세금을 통해 흡인한 자금을 이용하여 국민에게 다시 발산시키는 것이다. 이렇게 함으로써 자금의 발산이 경제의 균형과 안정에 직접 도움이 될 수 있다.

습지의 비버는 댐이나 수로의 건설자이다. 특히 수로의 경우는 수백 미터에서 수 킬로미터까지 파 놓는다. 물론 이러한 수로는 그들의 필요에 의해 건설하는 것이다. 습지 주변에 자신들이 먹을 나무가 없을 때는 나무가 있는 곳까지 연결한다. 그래서 천적이 있는 지상으로 나가는 위험을 줄이기 위해 건설하는 것이다. 또한 이 수로를 이용해서 나뭇가지를 운반해 오기도 하고 겨울에 먹을 나무를 저장하기도 한다.

사회간접자본도 이와 같다. 시간을 두고 준비하면 그 결과는 국민들에게 두고두고 혜택이 되어 돌아올 것이다.

2) 기업의 시설투자

시설투자는 생산요소 중에서 자본을 직접 활용하여 설비 등의 생산시설을 보완하는 것이다. 그리고 더불어 생산의 효율성을 높이는 목적도 있다.

이러한 기업의 시설투자는 기업의 본질과 미래 성장을 확보하기 위한 중요한 기업활동이다. 특히 현대와 같이 과학기술 진보 속도가 빠르고 기업 경영환경이 급변하는 상황에서는 기업의 시설투자가 기업의 생존과 직결되어 있다 해도 지나친 말이 아니다.

그러나 시설투자라는 것은 투자 자체의 위험부담이 커서 기업들은 투자에 대한 결정을 쉽게 하지 못한다. 왜냐하면 실제로도 부적절한 시설투자로 인해 경영상 채무상태의 곤경에 빠진다거나 대규모 시설투자에 나섰다가 자금난에 몰려 부도가 난 기업들도 상당수 있기 때문이다.

이렇듯 기업의 시설투자는 일반적으로 경기와 밀접한 관계를 가지는데 주로 호황기에 투자가 증가하고 불황기에 위축되는 경향을 보이고 있다.

이러한 경기의 호, 불황은 시설투자의 방향을 결정하는 것 외에도 실물경제의 상황에도 영향을 미친다. 그래서 불황기에는 사회적 고용이 줄어들면서 소비가 위축되고 그 결과 생산까지 감소한다. 그리고 호황기에는 그 반대 현상이 나타난다.

또한 기업의 시설투자도 국가의 사회간접자본 투자와 유사한 경제적 행위로 기업자금의 발산을 통해 재분배가 이루어질 수 있다. 더욱이 경기와 상관없이 사회 전반적으로 자금의 융통을 통한 경제의 활성화를 기할 수 있기 때문에 가장 필요한 자본 분산 행위이다.

3) 연구 및 개발(R&D)

Research & Development(R&D)는 연구 및 개발을 뜻한다. 여기서 연구는 기업이 기초과학 분야와 응용 분야의 연구를 하는 것을 의미한다. 그리고 개발은 연구결과를 근간으로 하여 우리 사회에 필요한 새로운 상품을 개발하는 업무개발 단계를 의미한다.

그러나 일반적으로 기업에서는 연구 및 개발에 투자한 만큼의 성과를 얻을 수 있는 확률이 낮기 때문에 R&D를 추진하는 것에는 상당히 소극적이다. 그리고 때에 따라서는 개발 자체에 위험부담이 뒤따르기 때문에 대부분의 기업은 R&D를 등한시 하고 있다.

그러나 현대와 같이 과학기술 산업 사회에서 R&D는 필수적이다. 그래서 각 기업들이 수행하는 R&D는 이러한 위험요소를 각오하고라도 반드시 이루어져야 한다. 그리고 초기 투자에 대한 위험부담을 줄이기 위해서라도 여러 기업 간의 협력이 필요하다.

이것은 연구와 개발 과정에서 다양한 인력이 고용되고 그들을 통해 재분배되는 기업자금은 재생산을 위해 발산된다. 그러므로 기업의 R&D는 미래 지향적인 경제의 균형과 안정에 크게 기여한다.

백수의 왕인 사자가 초식동물인 코끼리의 배설물을 먹는다. 어떠한 이유인지는 몰라도 육식동물인 사자가 초식동물인 코끼리의 배설물을 먹고 환각상태에 빠진다는 동물 연구가의 관찰 보고가 있다. 그래서인지 사자들은 코끼리의 배설물을 보면 사족을 못 쓴다고 한다.

우리의 대기업들이 중소기업에서 어렵게 연구 개발한 자료들을 중간에서 편취하여 자신들의 것으로 유용한다는 것은 이것과 무엇이 다르겠는가.

3.2.3. 자금(돈)의 회전

우리가 사용하는 화폐를 돈이라고 한다. 이렇듯 화폐를 돈이라고 하는 것은 화폐의 역할이 사방으로 돌아다니면서 교환의 가치를 가져야 한다는 의미이다. 이것은 원초적으로 돈이 가지고 있는 의미가 화폐의 회전을 전제로 하기 때문이다. 다시 말해서 돈이 자신의 역할을 가장 잘 수행하는 것은 바로 시중에 돌아다니는 것이다. 그리고 자금이 되어 회전하면서 원만하게 흐름이 잘 이루어지도록 하는 것이 또한 돈의 역할이다.

이러한 자금의 회전은 금융기관을 중심으로 생산에서 소비에 이르기까지 경제체계의 각 분야에 유동되어 순환하는 것이다. 이것은 금융기관의 대출로 시작하여 다시 예금이나 이자를 통해 환수될 때까지의 일련의 과정이다.

1) 소득과 지출

경제체계에서 가장 중요한 것은 고용에 따른 소득과 삶을 영위할수 있도록 소비에 필요한 지출이다. 소득은 생산과 고용의 단계에서 이루어지며 지출은 생활을 유지하기 위한 가정경제의 기본 틀이다.

그래서 소득을 통해 벌어들인 돈은 소비를 위해 지출하여야 한다. 그리고 이 과정에서 자금의 회전이 이루어진다. 이렇듯 소비의 필요성에 의해 쓴 돈은 다시 생산을 자극하여 고용을 창출하고 소득을 얻어 재소비의 가능성을 만들어 주는 것이다.

이러한 돈의 회전은 경제체계의 원활한 흐름을 유도하여 경제의 균형과 안정을 기할 수 있게 한다.

2) 예금과 대출

자금의 회전에서 중요한 것은 금융기관에 의한 예금과 대출이다. 여기서 예금은 개인 혹은 기업이 보유한 정체 상태로 있는 잉여자금을 금융기관에 맡겨 보관하는 것으로 자금의 회전을 위해서는 절대적으로 필요한 과정이다.

이에 반해서 대출은 기업이나 개인가계에서 필요한 돈을 금융기관에서 일정한 이자를 주고 빌리는 행위이다. 이것은 기업이나 사업자에게 있어 생산을 위한 자본 확보에 절대적으로 필요한 제도이다. 그러나 단순 가계대출의 경우는 생산에 의한 부가가치 창출과는 거리가 먼 경우가 많다.

특히 금융기관은 예금과 대출 간의 차액으로 영업을 하고 있어 예대상계의 마진이 금융산업을 이루는 중요한 축이다.

예금을 통해 금융권으로 들어온 자금은 대출을 통해 자금이 필요한 곳에 재분배됨으로써 자금의 회전이 이루어지고 그 회전 가운데 새로운 부가가치가 창출되는 것이다. 이러한 일련의 과정이 자본의 순환을 이끌어 경제체계의 정상적인 균형과 안정을 가져오기 때문에 예금과 대출은 자금의 회전에 필수 불가결한 요소이다.

3) 금융통화위원회

금융통화위원회는 한국은행의 통화 신용정책에 대한 중요사항을 심의 의결하는 기구이다. 구성은 한국은행총재를 비롯한 7인의 위원으로 구성된다. 여기서 한은총재는 금통위 의장으로 임기는 4년이고 연임이 가능하다.

금통위의 운영은 한은총재가 의장으로 회의를 주재하고, 본회의는 의장이 필요하다고 판단할 때 또는 위원 2인 이상의 요구가 있을 때 소집된다. 본회의에 상정되는 안건을 심의 의결할 때는 5인 이상의 출석과 출석 과반수의 찬성에 의해 의결된다.

이러한 금통위는 시기에 따라 기준금리를 결정할 수 있는 권한을 가지고 있는데 이것은 심히 위험한 권한이다. 다시 말해서 불과 7명의 위원이 국민의 생활과 직결된 기준금리를 마음대로 결정할 수 있는 것은 관치금융의 전형이라고 볼 수 있다.

지금과 같이 국민의 부채가 눈덩이처럼 불어나고 있는데 금통위의 구성위원은 서민의 어려움을 전혀 모르는 인사들로 구성되어 있어 더 큰 문제이다.

특히 서민의 가계대출에 따른 이자 부담은 기준금리가 결정적인 역할을 하기 때문에 금통위의 금리 인상은 서민생활에 직접적 타격을 줄 수 있다. 그리고 시중의 유동성이 약화되면 자금의 회전에 문제가 생겨 경기 침체를 가속화할 수 있다.

또한 금리는 물가 상승과 인플레이션과 직접 관련되어 있어 그 결정은 신중하면서도 공정성이 요구된다.

그래서 금통위는 지금과 같이 일부 위원에 의해 편협한 결정이 되지 않도록 시민단체가 직접 참여를 할 수 있도록 위원 구성을 보완하여야 한다.

3.3. 정상 균형과 비정상 균형

경제의 균형과 안정은 서로 밀접한 관계에 있다. 균형이 잡힌 몸이 아름답고 건강해 보이는 것과 같이 경제 또한 균형이 잡혀야 안정되고 건실해 보인다.

이러한 경제적 균형은 정상 균형과 비정상 균형으로 구분할 수 있다. 여기서 정상 균형은 인간의 몸에 비유하면 균형 잡힌 건강한 상태에 있는 것을 뜻한다. 그리고 비정상 균형은 외형적으로는 건강해 보이나 몸의 균형이 깨진 비만 혹은 빈약한 체형에 비유할 수 있다.

몸이 비정상 균형 상태인 비만이나 빈약한 체질이라도 겉보기에는 건강해 보인다. 그러나 어느 순간에 비정상적인 몸은 신체의 균형이 깨져서 여러 가지 질병에 걸리기 쉽다. 그리고 이러한 질병은 때에 따라서 치명적인 것으로 나타나 생명에 위협이 되기도 한다.

경제체계에서 정상 균형이나 비정상 균형 모두 경제적으로는 안정되어 있는 것처럼 보인다. 그러나 비정상 균형은 결국 비만한 몸의 경우와 마찬가지로 경제적인 취약성으로 경제체계의 안정을 깨지게 한다. 그리고 그 폐해는 경제체계뿐만 아니라 사회의 전반에 미쳐 사회 격변의 요인이 된다. 이러한 점에서 비정상 균형은 그 심각성이 있는 것이다.

지금 우리가 처해 있는 경제의 상태가 아무리 안정되어 보여도 실상은 그렇지 못하다. 정상적인 자본주의에서 변질된 비정상적인 배금주의는 결국 경제, 사회 모두를 망치는 질병으로 변하여 큰 위기를 가져올 것이다.

북극의 얼음이 녹고 있다. 지구의 온난화 때문이다. 우리가 함부로 방출해 왔던 CO_2의 영향으로 지구가 온실효과를 일으켜 일어나는 현상이다.

얼음이 녹으면서 북극의 생태계는 큰 위기를 맞고 있다. 그동안 빙산을 터전 삼아 살아가던 바다물범이나 바다코끼리가 쉬고 먹이를 구할 수 있는 공간이 없어졌다. 그래서 그들은 유빙을 찾아 북극해를 떠돌게 되었다. 그와 더불어 그들을 잡아먹고 사는 북극곰도 먹이를 구하기 어렵게 되었다. 그 때문에 지금은 북극곰을 멸종 위기종으로 분류하고 있다.

이렇듯 인간이 만들어 놓은 지구 온난화는 북극 생태계를 비정상적으로 망쳐 놓았으며 이 때문에 북극의 환경은 다시 회복되기 어려운 상황으로 변해 가고 있다.

3.4. 권리와 의무의 균형

우리 사회에서의 재산권이나 기득권은 명백한 권리이다. 현대의 자본주의사회에서 사유재산권이 권리로 인정되는 것은 당연한 것이다. 그래서 많이 소유하는 것이 잘못된 것은 아니다. 그리고 소득에 대한 기득권도 법적으로 인정되어 소득이 많은 것은 잘못된 것이 아니다.

그러나 권리에는 의무가 따르는 법이다. 많은 재산을 소유한다는 것은 사회적 혜택을 그만큼 많이 받고 있다는 것이다. 그리고 소득이 많다는 것은 그만큼 기득권에 대한 법적 혜택을 많이 받고 있다는 의미이다.

다시 말해서 권리에 대한 혜택으로 많은 것을 소유하고 많은 소득을 얻는다면 그만큼의 사회적 의무를 가져야 한다는 말이다. 이러한 사회적 의무란 자신의 소유에 대한 권리를 주장할 수 있는 만큼이나 사회적 분배에 대한 의무를 가져야 한다는 것이다. 그래서 많은 것을 소유하는 것이 당연한 권리인 것처럼 고르게 나누어야 하는 것도 당연한 의무이다.

자신이 소유하는 것은 타인의 보호와 용인에 의해 보장된 것이라는 점을 간과해서는 안 된다. 그래서 사회적 자본의 균형은 권리와 의무의 공평한 조화에서 이루어지는 것이다.

4. 경제의 상대성 원리

경제의 상대성 원리는 물리학에서의 상대성 개념과 유사하다. 물리학은 자연의 규칙과 질서에 대한 학문이다. 그러나 경제학은 인간의 의도성과 이기심에 의해 만들어진 학문이므로 상생의 인간성이 배제되어 있다. 그래서 경제학은 인본주의에서 멀어질 수밖에 없다.

경제의 상대성은 내적 균형을 위한 계층적 상대성이 있고, 외적 균형을 위한 집단적 상대성이 있다.

방울뱀은 강력한 독을 가진 뱀으로 주로 설치류를 잡아먹고 산다. 그들이 잡아먹는 설치류 중에는 얼룩다람쥐가 있다. 그러나 얼룩다람쥐도 나름대로의 생존에 대한 상대적 방어술이 있다. 그것은 방울뱀의 먹이 추적 방법의 하나인 열 추적 방식에 대한 대비법이다. 방울뱀이 열 추적으로 먹이를 인식하는 것을 자연적인 학습을 통해 알고 대처하는 것이다. 얼룩다람쥐들은 방울뱀이 나타나면 긴 꼬리를 흔들어 꼬리에 혈액을 흘려보낸다. 그래서 꼬리의 체온을 높이고 그것으로 자신의 크기도 크게 보이게 하면서 목표물을 교란시키는 방법이다.

이러한 천적에 대한 상대적 대처법은 각각의 종이 진화하면서 서로 상대에 대한 견제 방법이 진화하면서 만들어지는 것이다.

경제의 상대성도 이와 같다. 각각의 계층적 상대성과 집단의 상대성은 내외적 균형을 이루면서 진화된다.

4.1. 계층적 상대성

사회 각 계층 간의 경제적인 격차가 상호 간에 비교될 때 서로 경제적인 수준이 유사하거나 동일한 계층에서 느낄 수 있는 상대성을 말한다. 그리고 상대적인 빈부의 격차 정도를 기준으로 상호 비교한다. 또한 아무리 자신의 소유 정도가 많다 하여도 주변의 소유 정도에 의해 상대적 박탈감을 느낄 수 있는 상대성을 말한다.

1) 빈부의 상대성

빈부격차의 정도는 주변과의 비교에 의해 결정된다.

한국의 국민소득이 필리핀이나 베트남 사람보다 많다. 그러나 미국이나 스위스에 비하면 적다. 그래서 필리핀과 비교하면 우리 스스로가 부유하다고 생각하나 미국과 비교하면 빈곤하다고 생각하게 된다.

이러한 것은 우리 사회 속 구성원 사이에도 존재한다. 본인이 아무리 많이 가지고 있어도 그 주변의 모든 사람이 조금이라도 더 가지고 있으면 상대적으로 가장 가난한 것이다.

이렇듯 빈부격차의 정도는 자신이 얼마나 많이 가지고 있느냐가 아니고 남들에 비해 얼마나 더 가지고 있느냐에 의해 결정되는 것이다.

이러한 빈부격차의 가장 큰 문제는 말 그대로의 빈부격차로만 남는 것이 아니다. 어떠한 상황에서는 이것이 사회의 격변을 일으키는 원인이 된다는 점이다. 과거의 소련 및 동구권의 공산주의가 무너질 때 일어난 시민혁명과 이슬람의 아랍권에서 일어난 시민혁명도 모두 비슷한 경우이다. 이러한 사건의 내면적인 것을 살펴보면 독재 권력자와 상위 일부 계층의 권력을 이용한 치부와 국민 대다수의 빈곤으로 인한 빈부격차가 갈등의 주원인이다.

다시 말하면 빈부격차는 단순히 빈부격차로 끝나지 않는다는 것이다. 이러한 격차가 커지면 커질수록 국가와 사회는 위기로 다가간다는 뜻이다. 위기는 사회적 혼란과 국민에게 또 다른 고통을 주기 때문에 사전예방이 필요하다. 그것이 바로 빈부격차의 감소가 필요한 이유이다.

우리 속담에 "뛰는 자 위에 나는 자가 있다"라는 말이 있다. 그러나 그 반대의 경우도 있다. 즉 "나는 자 위에 뛰는 자가 있다"는 말이다. 청명한 가을의 하늘에 잠자리가 날아다닌다. 그러나 그 아래 연못에서 개구리는 그것을 노린다. 기회가 오면 하늘로 도약하여 잠자리를 잡아먹는다.

개구리는 잠자리의 포식자이다. 그러나 개구리의 올챙이 시절은 그렇지 않다. 잠자리의 애벌레는 물속에서 가장 강력한 포식자이다. 그래서 잠자리 애벌레는 개구리 알이 부화한 올챙이를 잡아먹는다.

빈부의 상대성은 이와 같다. 사회적 변화 여하에 따라 언제든지 변화할 수 있는 것이 빈부의 상대성이다. 지금 당장 가진 것이 많다고 그것에 집착하면 언젠가는 그 반대의 경우가 생길 수 있음을 명심해야 한다.

2) 소비의 상대성

사람들이 삶을 영위하기 위해서는 반드시 소비가 필요하다. 또한 생산을 촉진시키기 위해서도 생산품이 소비되어야 한다. 과거의 대공황 같은 경제위기는 소비가 생산을 따라가지 못해 과잉재고로 인해 발생된 것이다.

과학기술의 발달로 대량 생산이 가능한 현대에 있어서는 너무 절약하는 것 또한 바람직하지 못한 경제 운용이 될 수 있다.

그러나 생산을 독려하기 위해 과소비를 한다는 것도 잘못된 생각이다. 과소비는 앞으로의 자원 고갈을 생각할 때 너무 무모한 경제활동이 될 수 있다. 그래서 적절하고 균형 잡힌 소비활동이 필요하다.

그러나 소비는 또 다른 생산이기 때문에 계층적 차이가 나타난다. 중산층의 소비성향과 상위계층의 소비성향이 다르다. 이렇듯 소비의 형태도 각각의 상대적 차이가 있어 소비계층 간의 상대성이 존재한다.

북아메리카의 사막과 초원에는 가지뿔영양이 살고 있다. 이 영양은 일부다처의 동물로 새끼는 주로 암컷이 키운다. 이러한 북아메리카 지역에서 인간의 늑대사냥으로 늑대가 줄어들었고, 상대적으로 코요테가 늘어났다. 그러나 코요테는 새끼 영양을 주로 잡아먹어 가지뿔영양의 개체 수는 급격히 줄어들었고 거의 멸종 상태에까지 이르게 되었다.

이는 인간이 자연의 상대성을 무시하고 한 행위가 결국에는 가지뿔영양의 멸종까지 이르게 한다는 것을 깨우치게 되었다. 그래서 다시 늑대를 풀어놓았다. 그 늑대들이 코요테들을 죽여서 영양의 새끼들을 살아갈 수 있게 하여 가지뿔영양의 개체 수는 다시 회복되었다.

소비는 단순히 인간의 욕망을 충족하기 위해 무분별하게 하는 것이 아니다. 생산과의 조화를 통해 이루어져야 한다. 그래서 소비의 상대성을 유지하여야 한다.

3) 부정부패의 상대성

부정부패는 해당 계층 간의 경제적 이권에 의해 발생된다. 이것은 권한을 가진 자가 그에 의해 이권이 결정되는 상대적 계층과의 사이에서 일어난다.

이러한 계층의 상대성은 권한을 가진 자가 상대방에 비해 빈곤하거나 부에 대한 욕망이 클 때 이루어진다. 또한 권한을 가진 자가 그 상대에 비해 금전적으로 박탈감을 가졌을 때는 더욱 심해진다. 그리고 그것에 의해 불공정한 관계가 형성되어 사회에 피해를 준다.

특히 부정부패는 정경유착과 같이 이권이 큰 집단 간에서 생겼을 때 더 큰 사회적 문제를 일으킨다. 이러한 주고받기식의 부정부패는 상대적으로 인과관계가 약한 집단이나 개인에게 큰 손해를 끼친다.

이로 인해 생긴 부정적인 현상은 사회적 신뢰도를 망친다. 그리고 배금주의와 함께 부정부패는 우리 사회의 경제적 균형과 안정을 해친다.

아프리카 초원에는 수많은 종류의 야생동물이 살고 있다. 초식동물에서 육식동물에 이르기까지 자연의 균형을 통해 조화를 이루어 살고 있다. 이러한 초원에서 가장 무서운 것은 사자나 하이에나가 아니고 수면병을 일으키는 체체파리이다.

그러나 이러한 수면병을 일으키는 체체파리는 야생동물에게는 큰 위험이 되지 않는다. 왜냐하면 초원의 야생동물들은 이미 체체파리의 수면병에 면역되어 있기 때문이다. 그러나 인간과 가축에게는 수면병에 대한 저항력이 없기 때문에 극히 위험하다. 그래서 체체파리가 서식하는 지역에는 인간이나 가축들이 살 수가 없어 생태계가 자연 상태로 잘 보존되어 있다.

이와 같이 인간이 자연을 거스르고 부정적으로 개입하여 망친 환경도 자연은 되살려 낸다. 다시 말해서 자연은 어떤 다른 규제요소로 인간활동을 억제하여 원래 자연의 균형을 되찾아 간다. 이것이 자연이 주는 인간의 부정적 행위에 대한 상대성이다.

4) 대출의 상대성

기업 간의 차이에 의해 금융대출 또한 격차가 있다. 대기업은 주식시장이나 기타 국가적 혜택에 의해 쉽게 금융대출이 가능하다. 또한 자금의 융통도 수월하다. 그에 반해 중소기업은 금융대출도 쉽지 않다. 그리고 때에 따라서는 담보대출 등 상대적으로 불평등한 대우를 받고 있다.

이러한 대출상의 차별은 계층 간의 상대성을 키워 중소기업의 자본 조달에 대한 균형과 안정을 이루기 어렵게 한다.

남아메리카의 아마존 강에 지구상에서 가장 큰 뱀인 아나콘다가 있다. 그 뱀의 주식은 설치류 중에 가장 큰 카피바라이다. 아나콘다는 카피바라가 수초를 먹을 때 물속으로 몰래 접근하여 몸을 휘감아 급습한다. 그러고는 카피바라가 숨을 내쉴 때마다 가슴을 조여 숨을 못 쉬게 한다. 결국 카피바라는 질식하게 되고 그 후에 천천히 집어삼켜진다.

중소기업에 금융대출이라는 것은 아나콘다에게 휘감긴 카피바라의 신세와 같다. 꼼짝 못하고 시키는 대로 끌려가다가 종당에는 금융기관의 손에 넘어가는 처지이다.

5) 유통체계의 상대성

우리 사회의 유통체계는 국가의 방임 아래 재벌과 대기업이 장악

하고 있다. 최근에 와서 금산분리의 의미가 희석되면서 생산과 금융을 거머쥔 대기업이 자신들의 이익을 극대화하기 위해 유통부문까지 차지하려 하고 있다.

대기업이 골목 상권까지 대단위의 유통체계로 통합하면서 중소형 점포가 설 자리가 없어지고 있다. 이것은 자본의 집중에 있어서나 경제의 균형 분배에 있어서도 대단히 위험한 현상이다.

우리가 튼튼하게 성을 쌓고자 할 때는 덩치가 큰 바위도 필요하지만 틈 사이의 공간을 채워 줄 작은 돌도 필요하다. 다시 말해서 큰 돌과 작은 돌의 조화로운 축조로 성을 튼튼하게 쌓을 수 있다는 뜻이다. 여기서 큰 돌은 성벽의 힘을 받아 주지만 작은 돌이 빠지면 틈이 생겨서 그 부분이 취약해져 쉽게 무너진다. 그래서 대기업이 자신의 이윤을 극대화하기 위해 대규모 유통체계로 전환하여 소규모 점포들의 설 자리를 없애는 것은 결국 전체 유통체계를 무너트리는 결과를 가져올 수 있다.

이것이 유통체계의 상대성이다. 따라서 대규모 유통기업이 상호 공존할 수 있는 방법을 찾지 못하고 자신의 이득에만 치우치면 정상적인 유통체계는 무너질 수 있다. 그러므로 유통체계의 상대성을 위해 국가의 적극적 규제가 필요하다.

4.2. 집단적 상대성

집단적 상대성은 국가와 기업 집단 간의 격차를 뜻한다. 이것은 상호 간의 경제력 차이가 커질수록 혹은 기업의 집중성이 심화될수록 나타난다.

그리고 국가 또는 기업 상호 간의 결합에서도 일어난다. 특히 집단적 상대성을 키우기 위해 다국적 기업과 정권의 실세가 결탁하는 경우는 정경유착으로 나타난다. 그래서 그들 간의 결합에 의해 국부를 착취당하는 경우도 생긴다.

케냐의 세렝게티에는 평원을 가로지르는 마라 강이 있다. 이 강은 양쪽이 초지로 들소들이 좋아하는 풀들이 자라고 있다. 그래서 초원의 한쪽에 풀이 다 없어지면 들소들은 강의 반대쪽으로 이동한다. 이때 반드시 마라 강을 건너야 한다. 그러나 마라 강에는 아프리카 악어 중에서도 가장 크고 힘이 센 나일 악어가 들소의 도강을 기다리고 있다.

선두의 대장 들소가 선택한 곳으로 강을 건널 때 악어들이 들소를 습격한다. 이때 어린 들소는 어미가 호위해 주면서 건너지만 어린 들소는 경험이 없어 위험에 처하게 된다. 그것을 막아 주려다 어미 들소가 희생된다. 각고 끝에 건너온 어린 들소는 어미가 없는 소가 되어 집단으로부터 따돌림을 당하고 결국 하이에나의 먹이가 된다.

자연의 잔혹한 일면이다. 그러나 이것이 바로 집단의 상대성이다.

1) 통합금융의 상대성

기업 집중의 한 부류로 통합적 금융지주회사를 들 수 있다. 이와 같이 부의 집중이 가능하도록 다수의 금융기관이 모여 한 개의 집단 형태를 갖는 것은 명백한 기업 집단이다. 또한 아무리 세계적인 추세에 맞추어 금융기관을 키운다고 해도 이러한 금융지주회사는 일종의 자본 집중이다. 그리고 이러한 금융지주회사가 금융에 대해 우월한 지위를 가질 수 있도록 혜택이 부여되는 것이 더 큰 문제다.

힘없는 중소기업은 트러스트나 카르텔이라고 하면서 법적으로 기업 연합이나 통합을 불가능하게 해 놓고 있다. 이와는 반대로 자본의 집중이 가능한 금융기관을 크게 키우는 것은 상대적으로 중소기업에 대한 역차별이다.

아프리카 초원의 제왕은 사자이다. 그중에서 수사자는 가장 강력한 힘을 가지고 있다. 그리고 그 힘으로 여러 마리의 암사자를 거느리고 있다. 그러나 사자 무리에서 사냥은 주로 암사자들이 한다. 왜냐하면 수사자는 사냥을 잘할 줄 모르기 때문이다.

어째서 가장 강력한 힘을 가지고 있는 수사자가 암사자보다 사냥에 있어서 무능한가. 그것은 수사자의 갈기와 체형에 있다. 수사자의 위용과 멋을 나타내는 갈기는 사냥할 때 사냥감에게 쉽게 들키는 단점이 있다. 그리고 체형에서는 암사자에 비해 월등히 큰 머리가 유연성과 지구력을 약하게 만들기 때문이다. 그래서 강력한 힘과 멋진 갈기의 위용에도 불구하고 수사자는 암사자가 잡아 놓은 먹이를 중간에 가로채곤 한다.

우리의 통합금융기관도 이러한 상태가 아니라고 말할 수 있는가. 경제위기에 처하면 그 대단한 위용도 버리고 국민의 혈세로 이루어진 공적 자금에 의존하여 살아난다. 그리고 금융산업이라는 사업의 주종은 국민을 대상으로 하는 소매금융이다. 그래서 주택담보대출이나 전세대출 그리고 금융 파생상품으로 이자 놀이나 하는 것이 겉보기만 좋은 무능한 수사자와 무엇이 다른가.

2) 다국적 기업의 상대성

다국적 기업은 동일 기업이 동일 명칭으로 여러 국가에 설치한 기업집단을 말한다. 이는 선진국 기업이 중, 후진국의 저렴한 물가와 임금 등 여러 가지 혜택을 받을 목적으로 만들어진 것이다. 이것은 국가를 초월해서 여러 국가에 만들어지기 때문에 초국적 기업이라고도 한다.

이때의 다국적 기업은 반드시 어느 한 나라를 근거지로 해서 본사를 만들고 최소한 하나 이상의 나라에 자회사를 설립하는 방식으로 이루어진다. 이 경우 다국적 기업의 본사는 자회사의 일정지분을 소유한 상태로 운영한다. 그리고 현지의 자회사들은 중앙의 본사에서 파견된 임원의 지시를 받아 총괄적으로 운영된다.

다국적 기업을 설립할 경우 경제적 측면에서 유리한 것은 생산규모의 확대로 생산비용이 절감된다. 그래서 다방면으로 규모의 확대에 따른 경제적 이득을 얻을 수 있다. 그리고 그 결과로 다자간 무역거래의 제한을 받지 않고 타국시장의 독점적인 지배력을 확보할 수도 있다.

또한 다국적 기업은 본사와 자회사 간의 연결성을 이용해 현실 적응력이 있는 전략 등을 세울 수 있다. 그리고 전문기술자와 숙련공 등을 통해 기술에 대한 노하우를 해당 국가 간에 쉽게 이전시킬 수 있어 유리하다. 그러나 이것은 다른 측면에서 경제적으로 또는 정치적으로 타국을 착취하는 수단이 된다.

특히 개발도상국의 경우는 국내의 취약한 경제적 토대로 인해 수출품이 대부분 중저가의 생산품 위주로 되어 있다. 그래서 수출이 제한된 범위 내에서 행해지기 때문에 보다 쉽게 다국적 기업의 지배 아래에 들어가게 된다.

이러한 거대한 외국자본의 투자대상국이 되면 독점적 관행의 영향을 받을 뿐 아니라 해당국의 기업은 여러 가지 형태의 상대적 역차별을 받게 된다.

곤충의 최대 포식자는 사마귀다. 날카로운 발톱과 강력한 턱은 어떠한 곤충도 붙잡히면 살아남지 못한다. 그러나 다라니말벌의 경우는 다르다. 여러 마리의 다라니말벌은 사마귀를 공격하여 벌침으로 꼼짝 못하게 마비시켜 버린다.

이렇게 마비가 된 사마귀는 다람쥐가 기다렸다가 재빨리 잡아먹는다. 다람쥐는 초식동물로 알려져 있으나 실제로는 도토리나 밤과 같은 견과류보다 메뚜기나 여치 등의 곤충을 더 선호한다.

다국적 기업은 다라니말벌과 같다. 그들의 개체는 약해 보일지 모르나 국가를 초월해 모여진 힘은 어느 국가기업보다 강하다.

3) 재벌기업의 상대성

재벌기업은 일종의 대기업 연합이다. 과거의 산업 발달 단계에서는 기업이 업무상 추진력과 기업 간의 효율성을 위해 단일 기업으로 통합되는 경우도 있었다. 그러다가 국가의 주도하에 국제적 경쟁력을 키운다는 명목으로 단일주주가 기업을 통합적으로 운영하는 방식으로 변화하였다. 이것이 재벌의 성립이다. 그러나 이러한 재벌은 지금까지 전근대적이고 독선적인 경영 형태를 그대로 유지하고 있다.

재벌이라는 것을 아무리 개별화시키려고 법적 제약을 가해도 분해가 쉽지 않다. 그리고 같은 범주의 재벌기업은 결국에는 한배를 탄 운명처럼 인식하게 된다. 그렇기 때문에 이러한 기업 연합은 중소기업 차원에서 볼 때 하나의 특혜이다. 더욱이 현재 중소기업에 가해진 법적 제약을 고려할 때 상대적 차별이 되므로 이제는 개선되어야 한다.

하늘의 최상의 포식자는 독수리다. 독수리는 높은 산 정상에 알을 낳고 새끼를 기른다. 일반적으로 독수리는 한 번에 두 알 정도의 알을 낳는다. 이 알들이 부화하여 독수리가 되는 것이다. 그러나 알들은 부화의 시기가 차이 난다. 그래서 먼저 부화한 알이 더 빨리 성장한다.

이렇게 빨리 성장한 새끼는 어미로부터 먹이를 먼저 차지해서 더욱더 크게 자란다. 그러다 보니 뒤늦게 부화한 새끼는 제대로 먹지 못해 성장이 더디다. 그러다가 욕심 많은 형제로부터 둥지에서 밀려나 굶어죽는 것이 다반사이다. 그러나 어미는 이것을 보고도 못 본 체한다.

지금 국가가 재벌과 중소기업을 대하는 상대적 관계가 이러하지 않은가.

4) 국제통화기금의 상대성

국제통화기금(IMF)은 여러 국가가 모은 협력자금을 통해 긴급자금이 필요한 국가에 재정지원을 해 주는 국제기구이다. 이 기구는 국제적인 통화협력을 바탕으로 각국의 환율을 안정시키고 국제적 유동성을 확대하는 것이 목적이다.

그리고 국제통화기금의 운영자금은 회원 각국의 무역규모, 국민소득, 외환 보유고 등에 따라 공동출자로 이루어진다. 그것으로 회원국의 국제무역수지 불균형이나 외환고갈 등에 따른 위기 때 일시적으로 자금을 변통하여 준다. 그래서 위기를 해결할 수 있도록 도움을 주고 있다. 우리나라도 과거 외환위기 때 IMF로부터 직접 도움을 받기도 했다. 물론 그로 인해 혹독한 시련도 겪어 보기도 했지만 말이다.

그러나 이것은 미국 주도 아래 만들어진 국제적인 기금이다. 그래서 국제적으로 서로 도움을 주는 선의적인 역할도 한다. 그 대신에 미국을 비롯한 세계 각국은 방만한 재정운영으로 잦은 외환위기를 자초하고 있다. 그리고 적자재정으로 이끌어 세계적인 거품경제를 일으키는 주요인이 되고 있다.

5) 신용평가의 상대성

세계적인 신용평가기관으로 미국에 있는 무디스와 S&P가 있다. 그들은 각국의 신용등급을 자신들의 기준에 따라 정하고 있다. 이러한 무소불위(無所不爲)의 권한은 미국의 국가적 위상에서 나오는 것이다. 그렇지만 일개 기업이 세계 각국을 상대로 신용등급을 정하는 것은 신용평가의 상대성을 보여 주는 좋은 예이다.

국가의 신용등급은 투자의 적격 여부를 기준으로 하는 것이다. 하지만 따지고 보면 투자하기 좋다는 의미는 그 나라의 부를 착취하기 쉽다는 의미도 된다. 누가 돈을 투자해서 손해를 보려고 할 것인가. 어떤 상황에서도 이익이 되기 때문에 투자하는 것이다. 그래서 투자 적격이란 그 국가에 돈을 집어넣으면 그에 상응하는 이득을 취할 수 있다는 뜻도 된다.

국가는 외국의 투자를 유치해야 한다고 한다. 그러나 이러한 투자는 거의가 투기성 자금이다. 단기간에 주식시장으로 들어왔다가 이익을 취하고 빠져나가는 돈이다. 이렇게 투기성으로 우리에게 접근하기 때문에 결국에는 국가의 자산만 손실을 입는 것이다.

물론 국가의 입장에서 선의의 투자는 필요하다. 그러나 이러한 선의의 투자는 생산기업에 직접투자가 되어야 한다.

생산과 고용 그리고 소비의 실물경제를 거쳐 우리의 산업활동도 키워 주고 고용도 확대해 주는 투자가 되어야 한다. 그러나 실제로 이러한 자금은 주식이라는 투기성 영역에만 들어오고 있다. 그리고 수익을 취해서 나가기 때문에 실물경제에는 전혀 도움이 되지 않는다. 여기에 신용평가의 허구성이 있다.

더욱이 과거의 미국발 서브프라임 모기지론 위기 때에도 미국의 신용평가사들은 전혀 예측도 못 했다. 이것은 신용평가가 자의적이며 아전인수(我田引水) 식이라는 반증이다. 신용등급의 설정이 실제로는 투기성에 치중하기 때문에 상황 판단을 제대로 못 한 것으로 여겨진다.

그래서 신용평가의 상대성이 제대로 자리매김하려면 실물경제를 기준으로 하여 투자의 적격 여부를 평가해야 한다.

6) 모라토리엄의 상대성

국가 간에 발생할 수 있는 상대성은 국가 간의 빈부격차와 같이 부자국가와 가난한 국가로 대별될 수 있다.

그러나 국가적 모라토리엄(Moratorium: 支拂猶豫)은 빈국에서만 발생하는 것이 아니다. 오히려 선진국에서 국가의 정책이나 운영 미숙으로 인해 자주 발생한다.

최근의 유럽국가들이 국가적 지불유예인 모라토리엄 상태까지 가곤 했는데 이들 국가는 선진국 대열에 있는 국가이다.

다시 말해서 모라토리엄은 빈국의 위치에서 발생하는 것이 아니고 적자재정을 통한 포퓰리즘 국가에서 주로 발생되었다는 것이다.

포퓰리즘으로 인한 거품경기로 국민의 씀씀이는 커졌다. 그러나 국가 경제는 따라오지 못하고 그래서 결국에는 국가채무에 대한 지불유예까지 선언하게 된다. 그렇게 하고는 스스로 해결하지 못하고 IMF에 손을 벌려 도움을 요청하는 국가가 되는 것이다.

이는 국가채무가 아무리 많아도 경제가 원활하면 무리 없이 해결된다. 하지만 경제가 불균형하거나 국가적 비상사태가 발생하면 국제적 신인도가 떨어지면서 일어난다. 이때 국가에 대한 채무추심이 진행될 경우 국내기업들은 도산으로 걷잡을 수 없는 상황에 빠지게 된다. 그래서 국가는 일시적으로 안정을 취하기 위해 긴급조치를 발동하게 되면서 모라토리엄 상태로 가는 것이다.

이러한 모라토리엄은 전형적인 경제의 불균형이다. 그래서 이것을 성급히 시행하는 경우 국제적 신인도가 떨어져 경제 상황이 쉽게 호전되기 어렵다. 그리고 정상상태로 복귀가 지연될 우려가 있으므로 가능한 한 실시하지 않는 것이 좋다.

5. 생태학적 경제체계

경제체계의 흐름이 여러 가지 측면에서 생태학적인 변화를 갖고 발전해 가고 있기 때문에 생태학적 경제라는 표현을 쓴다.

이러한 생태학적 변화는 경제체계가 생산, 고용, 소비, 유동성의 분류를 고려할 때 생산은 인간의 소화기관과 같고 고용은 기타 내장기관에 준하며 소비는 뼈 및 근육의 활동에 해당된다. 그리고 유동성은 혈액에 비견된다. 다시 말해서 실물경제는 인체의 모든 부분에 해당되며 유동성은 그것을 뒷받침해 주는 혈액과 혈관이 된다.

그래서 유동성은 경제의 가장 중요한 역할을 하고 있다. 그러나 현재의 자본주의에서는 이러한 유동성이 별개의 산업으로 독립하여 있다. 그리고 금융산업이라는 새로운 경제 영역을 만들어 발전해 가고 있다.

이것은 생태학적으로 보면 혈액이 인체 밖으로 빠져나와 별도로 존재한다는 의미이다. 그리고 금융산업이라는 것은 혈액으로 거래하여 소득을 얻는다는 뜻이다. 다시 바꾸어 말하면 피를 뽑아 매혈하고 그것으로 돈을 번다는 의미와 다를 것이 없다.

피는 우리에게 중요하다. 피가 부족할 때는 빈혈이 일어난다. 이것은 경제적으로 침체되거나 퇴보되는 것을 뜻한다.

그렇지만 경제적으로 침체되었다고 적자재정을 세워서는 안 된다. 이렇듯 외채로 해결하려는 것은 외부로부터 수혈받는 것과 다를 것이 없다. 그래서 유동성의 일탈은 경제적인 면에서 문제가 된다. 더불어 유동성이 자기 자리로 돌아오는 것이야말로 경제의 균형과 안정을 되찾는 것이다. 그것은 혈액이 제자리로 돌아와 우리의 몸이 균형을 잡고 건강해질 수 있는 것과 동일하다.

붉은 머리 오목눈이라는 참새목의 새가 있다. 이는 우리 주변에서 흔히 볼 수 있는 새이다. 그러나 이 붉은 머리 오목눈이는 자주 뻐꾸기에게 이용당한다. 자신의 둥지에 뻐꾸기가 몰래 알을 낳고 날아가 버리기 때문이다. 그러면 오목눈이는 그 사실을 모르고 자신의 알과 함께 뻐꾸기 알도 부화시킨다. 그러나 뻐꾸기 알이 먼저 부화되어 오목눈이 알을 모두 둥지 밖으로 밀어내 버린다. 그것도 모르는 오목눈이는 뻐꾸기 새끼를 자기 새끼인 줄 알고 먹이를 열심히 날라다 주어 잘 키운다. 그래서 결국 오목눈이는 자기 새끼는 제대로 못 키우고 뻐꾸기만 키워 주는 실수를 범한다.

우리의 경제도 그렇다. 국가의 중요한 역할이 자기 자식인 국민 중산층을 잘 먹여 잘 키워야 하는 것이다. 그런데도 엉뚱하게 국내외의 유동성을 실물경제와 분화시켜 돈놀이를 할 수 있도록 방조하였다. 그리고 금융 자유화와 이후 금융산업을 육성하여 외국자본이 우리 사회에 쉽게 둥지를 틀 수 있는 여건을 만들어 주었다. 그래서 그들이 주식 투기와 금융 대부업 등으로 잘 먹고 돈을 벌어 나가게 하는 것은 붉은 머리 오목눈이의 경우와 무엇이 다른가.

미국사회의 노년층은 우리보다 훨씬 여유 있게 살고 있으며 그것을 당연한 것으로 여긴다. 그러나 그들의 수익을 살펴보면 연금을 펀드 등에 투자하여 그 소득을 얻고 있는 것이다. 이러한 수익은 그 원천을 조사해 보면 헤지펀드가 주가 된다. 이렇게 모인 헤지펀드는 타국에 투기자금으로 보내져 그 국가의 부를 착취하는 형식을 취한다.

다시 말해서 미국의 노년층이 여유롭게 사는 것은 우리나라와 같이 헤지펀드의 투기 대상국가로부터 착취한 돈으로 이루어지는 것이다.

6. 경제의 재무장과 사회이념 재무장

6.1. 경제의 재무장

경제재무장이란 지금의 경제적인 폐해가 잘못된 자본주의에 있음을 인식하는 것에서 시작한다. 그리고 보다 합리적이며 살기 좋은 사회를 만들기 위해 잘못된 경제의 부분을 과감하게 고쳐 나가려는 활동이다.

경제재무장은 그 자체가 기득권을 가진 계층에게는 양보가 필요하며 기타에게는 보다 건전한 경제의식이 요구된다. 그래서 기존의 거품으로 인한 포퓰리즘이 제거되어야 하고 나눔을 통한 상생의 마음가짐이 전제되어야 비로소 경제재무장의 목적을 이룰 수 있다.

경제재무장은 가장 기본적인 경제체계를 되살려서 현재의 왜곡된 경제의 흐름을 바로잡는 것이다. 그리고 미래 지향적인 경제체계를 이루는 것이 가장 큰 목적이다.

이는 실물경제로부터 이탈한 유동성이 경제 전체를 전횡하고 있어 기존경제가 필연적으로 큰 파탄이 일어날 것으로 예고되기 때문이다.

그래서 이러한 미래의 위험요소를 제거하고 경제요소에 대한 역할을 재정립하여 자신의 본분을 다하도록 하는 것이 중요하다.

현대의 자본주의는 사회철학이 부재되어 있다. 그리고 잘못된 금전만능주의와 배급주의가 사회에 팽배해 있어 여러 가지 사회적 문제를 일으키고 있다. 지금은 외견상으로 풍요로워 보이지만 언제 꺼질지 모를 거품이 사회 전체를 지배하고 있다. 또한 풍요 속에 빈곤으로 더욱 심해지는 빈부격차 등이 사회의 불안전한 요소로 작용되어 계속 커져 가고 있다. 그래서 언제 터질지 모를 시한폭탄과 같은 위기의 시대에 우리는 살고 있는 것이다. 그 때문에 뒤늦은 감이 있지만 지금이라도 방만하고 방임적인 경제체계를 더 이상 방치하지 말고 바로잡아야 한다.

이러한 이유로 우리 사회는 자본주의의 경제철학을 바꾸어야 한다. 이제까지의 퍼주기식의 수정자본주의에서 경제 구성원 각자가 자기 책임을 다하여야 한다. 그래서 경제적 균형과 안정을 이루는 균형자본주의로 경제가 재무장되어야 한다.

6.2. 사회이념 재무장

자본주의는 모든 사람들에게 경제활동에 있어서 최선을 요구하는 사회이다. 그리고 이러한 최선의 경제활동에 대한 보상으로 돈이 주어지며 이것이 가치의 척도가 되고 있다. 또한 이러한 돈에 대한 최상의 평가가 배금주의를 만들었다. 그래서 이러한 배금주의를 통해 금전만능주의 사회의 기본적 틀을 형성했다. 그리고 우리 사회는 잘못된 교육 방법으로 자본주의 원칙과는 전혀 다른 배금주의 사상을 가르쳐 왔다.

현실적으로 볼 때 우리 사회는 단일목표로서 돈을 절대적 이념으로 삼고 있다. 이것은 잘못된 것이다. 왜냐하면 한정된 재화 속에서 모두가 돈에 대한 욕망을 갖는다면 상호 간에 극심한 경쟁 상태가 이루어질 수밖에 없다. 그래서 절대선으로서의 돈에 의해 모든 것이 결정되는 금전만능주의 사회는 변화되어야 한다. 만일 이러한 관점이 고쳐지지 않는다면 우리 사회의 미래는 없다.

그리고 또한 우리 사회에 팽배한 금전만능주의는 사회적으로 좋은 여러 가지 이념들을 등한시하는 피해를 주었다. 돈에 모든 가치가 집중되는 것은 좁은 문으로 많은 사람이 동시에 밀려드는 것과 다를 바 없다. 좁은 문으로 한꺼번에 통과하려면 상호 충돌로 제대로 통과하기도 어려울 뿐만 아니라 서로에게 피해를 주기 때문이다.

　이와 같이 모든 국민이 돈을 단일목표로 삼는다면 상호 갈등에 의해 사회적 손실이 크게 늘어날 수밖에 없다. 그리고 돈이 가진 빈익빈 부익부의 집중성으로 인해 빈부격차만 심화될 뿐이다.

　더욱이 이러한 빈부격차로 인해 적게 소유한 사람들은 상대적 박탈감을 갖고 반사회적으로 변하게 된다. 그러므로 우리 사회가 보다 나은 미래로 가기 위해서는 사회적 이념의 다원화가 필요하다. 그리고 각각의 이념에 대한 상호 존중이 요구된다. 이러한 다른 이념에 대한 상호 존중과 이상화는 교육과정에서 길러져야 할 것이다. 그래서 우리의 후세교육을 맡은 교육자의 역할이 대단히 중요하다.

　군인은 명예심과 국가관이 투철해야 한다. 그리고 명예심이 최고의 덕목이며 돈은 차선이라는 의식이 사회적으로 인정되어야 한다. 또한 명예심만으로도 살아갈 수 있도록 사회적으로 지원이 되어야 한다. 정치가는 남을 위해 봉사하는 정신을 갖고 행동해야 한다. 그것이 자신의 최선을 다하는 것이며 이때 돈은 절대적으로 배제되어야 한다. 그리고 사회에 봉사한다는 자긍심이 모든 것에 우선되어야 한다.

　또한 사업가는 사업을 통해 사회에 기여하여야 한다. 그리고 사회적 기여가 모든 것에 비해 우선이고 이것에 의해 자존감을 갖는 것이다. 공직자는 사회에 대한 봉사정신이 최선이고 부정부패에 의한 돈의 축재를 수치심으로 여겨야 한다.

더불어 종교인들의 선행심과 희생정신 등이 사회적으로 존중되어야 한다. 그리고 교육자는 청렴한 선비 정신이 자신들이 추구하는 최고의 선으로 여겨지는 사회가 되어야 한다. 또한 문화 예술가들은 돈을 목적으로 한 작품활동보다 창작의 보람이 우선되어야 한다. 이 외에 사회가 지향해야 할 여러 가지 이념들이 사회를 이끌어 가는 덕목으로서 자리매김되어야 한다. 그래서 사회적으로 이념의 계층 분할을 이루어 돈에 의한 단일이념을 다변화시켜야 한다.

현재와 같이 돈이 모든 가치기준의 척도가 되고 그 외의 모든 것이 계속 무시된다면 그 결과는 공멸 밖에 없다. 즉 만인에 의한 만인의 돈에 대한 투쟁으로 우리 사회는 공존의 역량을 잃게 될 것이다.

아직도 우리 사회 일각에서는 배금주의를 경원시하고 보다 나은 이념으로 세상을 사는 사람들도 많이 있다. 그러나 그 비율은 배금주의자에 비하면 극소수이다.

더불어 더욱 나쁜 것은 사회의 간접 교육과 여론을 주도하는 방송매체도 배금주의에 만연되어 있어 우리 사회의 이념을 더욱 왜곡시키고 있다. 어쩌면 배금주의로 일어나는 사회적 해악에 대한 책임의 상당 부분은 이러한 방송매체에 있다고 볼 수 있다. 우리의 인성이 키워지는 유, 초등 교육과정에서 인기 연예인의 선호는 그 바탕에 부모들의 배금주의와 교육자의 무신념이 그것들을 방조한 일면도 있겠다.

아프리카 세렝게티 초원에는 수백만 마리의 초식동물들이 살고 있다. 버펄로, 누, 얼룩말, 스프링 벅, 가젤영양, 흑멧돼지 등이다. 그러나 이들은 사이좋게 살고 있다. 그들이 단순한 초식동물로 온순해서가 아니다. 버펄로 같은 경우는 대단히 포악하고 위험한 동물이다. 그럼에도 불구하고 사이좋은 것은 그들의 먹이가 서로 동일하지 않기 때문이다. 다시 말해서 먹을 것 가지고 싸우지 않는다는 의미이다. 얼룩말은 풀 상부의 거친 부분을 먹고 버팔로와 누는 중간 부분의 부드러운 줄기와 대를 선호하며 스프링벅과 가젤영양은 하부의 연한 잎이나 싹을 좋아한다. 그래서 그들은 서로 먹을 것으로 싸워야 할 필요가 없다. 이것이 서로 상생하는 근본적 이유이다. 이에 반해서 육식동물인 사자와 하이에나는 서로 만나면 죽음을 각오하고 싸운다. 그리고 항상 서로 죽이려고 호시탐탐 노린다. 이것은 사자와 하이에나가 잡아먹는 것이 동일하기 때문이다. 그래서 서로 간에 양보가 없는 것이다.

여기서 우리는 금전만능주의 사회에서 보이는 추악한 일면을 다시 볼 수가 있다. 돈이라는 단일 목적으로 투쟁하며 사는 인간이나 서로를 죽이지 못해 안달하는 사자와 하이에나 간의 싸움이나 무엇이 다를 것인가.

이제 자본주의 사회는 진정한 자본주의로 되돌아가야 한다. 그리고 배금주의로 우리 사회가 더 이상 병들기 전에 사회이념의 다변화를 추진하여야 한다. 또한 이렇게 이루어진 사회이념들이 상호 존중되는 사회가 되어야 한다.

7. 토지의 공개념

토지 공개념은 자산으로서의 토지가 투기나 개발 등으로 가격이 변화하거나 지속적으로 상승하지 않도록 국가 차원에서 공유하는 것이다. 토지 가격의 변화는 경제적 안정에 악영향을 주기 때문에 토지

가격 안정을 위해서 소유를 제한함으로써 경제의 균형과 안정을 꾀하는 것이다. 그리고 토지 과다소유로 인한 불로소득을 막고 부동산 투기를 원천적으로 차단하기 위해 토지에 공적 규제를 가하는 것이 토지 공개념의 근본적 목적이다.

자본주의 사회에서 사유재산을 인정하고 개인적 재산에 대해서는 규제를 안 하는 것이 원칙이다. 그러나 토지의 경우는 소유와 개발이라는 차원에서 투기로 인한 불로소득의 가능성이 크다. 그렇기 때문에 소유에 대한 국가 차원의 규제가 당연한 것이다. 그래서 이러한 소유에 대한 일괄성을 주기 위해 공개념의 도입이 필요한 것이다.

이러한 토지 공개념을 시행하기 위해서는 기존 소유한 토지에 대해서는 이용권만을 인정해 주는 것이다. 더 적극적인 경우는 개인이 토지에 대한 권리를 갖더라도 소유는 국가가 하는 제도를 확립해야 한다. 다만 매매할 때에는 정해진 공시지가로 국가를 상대로만 매매할 수 있도록 하여야 한다. 그래서 토지에 대한 투기적 요소를 막아야 한다. 또한 농작물용 토지의 경우는 직접 경작자가 아니면 소유 자체를 불가능하도록 하는 것이 토지 공개념이다.

이는 토지 공개념을 통해서 부동산의 투기적 요소를 없애고 그것으로 인해 발생하는 사회적 문제점을 사전에 차단하고자 하는 것이다. 또한 토지를 이용한 투기와 불로소득으로 인해 경제와 물가에 주는 악영향을 줄이고자 함이다.

특히 지금까지의 토지 사유재산제 정책은 금융권의 부동산 대출과 융합하여 부동산의 가격 상승을 조장해 왔다. 그리고 이것은 물가를 상승시키는 직접적 요인이기도 하다. 더욱이 불로소득은 거품경기를 일으켜 경제의 균형과 안정을 해쳐 왔다. 그렇기 때문에 토지 공개념을 통해 부동산 가격의 안정을 도모하고 불로소득을 근원적으로 방지하려는 것이다.

우리의 대기업과 재벌기업의 부동산 소유는 더 큰 문제를 갖고 있다. 국공유지를 제외한 상당량의 토지를 기업주 개인 혹은 법인자산으로 보유하고 있으나 이것은 우리 사회의 부동산 투기의 시발점이 된다. 왜냐하면 법인이 보유한 토지가 많을수록 개발에 의한 땅값 상승의 가능성이 크기 때문에 투기꾼들이 부동산 투기에 적극적이게 된다. 그래서 상대적으로 땅값이 오르게 되고 그로 인해 투기로 인한 불로소득 계층이 늘어난다. 더불어 기업은 아무 노력 없이 토지 소유만으로 부의 축재가 가능하여 빈부격차만 키우는 현상을 가져온다.

이러한 땅값 상승은 건설에도 악영향을 미쳐 아파트의 분양단가를 상승시키고 더불어 주택가격을 높이는 역할을 한다. 그래서 결국 국민들은 높아진 분양가의 부족 부분만큼 또다시 금융대출에 의존하게 하게 된다. 다시 말해서 부동산 투기로 인해 일부 투기 계층은 놀고 먹고 대다수의 선량한 중산 서민층은 가계부채가 늘어나는 악순환을 가져오는 불공정한 사회가 만들어진다.

그래서 보다 적극적인 토지 공개념은 개인이 소유는 하되 개인적으로 매매는 못 하게 하는 것이다. 우리가 토지를 소유하는 정당한 이유는 그것을 적절하게 활용하기 위한 것이지 단순히 소유하기 위한 것은 아니다. 그래서 정당한 목적 없이 토지를 재산으로 소유하는 것을 허용해서는 안 된다. 여기서 활용한다는 의미는 직접 농사를 하거나 산업용 등으로 즉시 타당성 있게 사용하는 것을 말한다.

8. 금전만능주의의 폐해

자본주의의 변종인 자금주의가 인간의 이기심과 결합하여 새로운 형태의 사회이념을 만들었는데 그것이 바로 배금주의이다. 이렇게 탄생한 배금주의는 태생부터 돈과 관련되어 있다. 또한 돈을 최상의 이데아로 여기기 때문에 사회 여러 분야에 부정적인 영향을 끼쳐서 각종 사회적 병리현상을 만들었다.

이전까지는 사회철학에서 존중되던 여러 가지 이념들이 있었다. 그러나 이것이 돈에 의해서 재평가되고 가치가 결정됨에 따라 돈이 모든 것을 주재하는 금전만능의 사회가 되어 버렸다.

그리고 이러한 금전만능주의는 돈이면 안 될 것이 없다는 관점에서 시작했다. 그래서 부정부패, 투기, 과소비, 빈부격차의 심화 등 사회질서를 흩트리고 비정상적으로 나아가게 하는 주요인이 되었다.

8.1. 정치 · 경제 분야의 폐해

1) 정경유착

정경유착은 말 그대로 권력을 가진 자인 정치인과 재력을 가진 경제인 간의 결탁을 말한다. 다시 말해서 권력이 이권을 제공하고 그 혜택을 받은 기업은 돈을 주는 유착 관계에서 국가와 국민에게 피해를 주는 행위이다.

이러한 정경유착은 돈이 직접 개입됨으로써 배금주의적 사고방식을 키워 주고 있다. 더욱이 이것은 부정부패와 연결되어 우리 사회의 건전한 경제질서를 흩트리고 비정상적으로 나아가게 하는 요인이 되고 있다.

이보다 더 나쁜 것은 정경유착이 국외적으로 이루어지는 경우이다. 예를 들면 거대 다국적 기업이 정권과 야합하여 우리 기업을 싼값에 매입한 후 주가 거품을 일으켜 차익을 취해 빠져나가는 경우이다.

이 경우에는 국부의 유출뿐만 아니라 경제 종속 상태까지 우려되는 상황이 벌어진다.

이러한 정경유착은 사회의 상위계층에서 일어나는 행위이다. 그래서 어떠한 나쁜 결과가 드러나야 비로소 국민들이 알 수 있기 때문에 결과적으로 더욱 좋지 않은 사회적 병리현상이다.

2) 부정축재

사회계층상 상위계층이나 개인과 기업이 직접 접할 수 있는 공직자와의 이권교환 행위는 뇌물 공여 등의 부정한 돈거래이다. 이러한 부패한 돈거래로 공직자에게 부정축재를 하도록 종용하게 되는 원인은 배금주의 사상이다.

공직자에게 봉사정신과 명예심이 우선이라면 이러한 돈거래는 성립되지도 않았을 것이다. 금전만능주의의 풍토 속에서 돈의 중요성을 느끼고 살기 때문에 돈에 대한 유혹을 참아내기 어려운 것이다.

결국 부정축재는 부정부패에서 이루어지고 부정부패는 배금주의에서 잉태되는 것이다.

이러한 부정축재는 불로소득에 의한 재산 축적이다. 그래서 과소비와 같은 사회 병폐적인 현상과 더불어 나타나기 때문에 더욱 나쁜 결과를 가져온다.

3) 빈부격차

우리 사회는 경제개발 5개년 계획이 추진되던 1960년대 이후 비약적인 경제 성장을 해 왔다. 그러나 성장 과정에서 부의 분배가 공정하지 않아 부자와 가난한 자 간의 빈익빈 부익부 양극화 현상이 심화되었다. 더욱이 일부 재벌들은 정경유착 등의 부정적인 행위로 더욱 치부해 가면서 일반 국민과의 빈부격차가 더욱 심화되었다. 이러한 빈부격차는 배금주의와 더불어 돈의 집중성이 강조되면서 격차가 줄어들기는 고사하고 더욱 심해졌다.

특히 외환위기를 겪고 난 후에는 공적 자금의 횡령 등으로 이러한 격차가 줄어들지 않았다. 도리어 수습을 할 수 없을 정도로 크게 증가되었다.

그 이후에도 소득수준이 전반적으로 상승하는데도 불구하고 계층 간의 소득격차는 더욱 벌어졌다. 그럼으로써 소득에 따른 중산층의 상대적 박탈감만 커져 사회적 불만요소가 되고 있다.

지금의 미국사회는 계층 간의 빈부격차가 심각한 상태에 처해 있다. 주로 유대인으로 구성되어 있는 미국의 상위 0.1%가 국민 전체 소득의 10%를 점유하고 있어서 경제적 불균형이 심각하다. 이것은 극단적인 배금주의의 결과이다.

4) 포퓰리즘

우리는 정치적인 인기영합 행위를 포퓰리즘이라고 한다. 이러한 정치형태는 대중의 인기를 얻기 위해 돈에 의한 경제적 혜택을 전면에 내세우고 있다. 그리고 대중의 지지도를 높이기 위해 돈을 풀기 때문에 사회적 거품경기를 유발한다.

이러한 포퓰리즘에 의한 거품경기는 적자재정이나 외채를 통해 충족시키게 되므로 결국에는 사회적 해악이 될 수밖에 없다.

'마오탐'이라는 말이 있다. 이것은 인도지나 반도 북부 산악 지대에서 일어나는 대기근을 말한다. 이 지역에서는 약 40년마다 한 번씩 농작물이 망쳐져서 그곳 주민들이 굶주림으로 죽게 되는 일이 일어난다. 과학자들이 이런 현상의 원인을 조사해 보니 원인은 그 지역에 자생하고 있는 대나무에 있었다.

이 지역 대나무는 40년마다 한 번씩 열매가 열린다. 그리고 그 열매가 일시적으로 땅에 떨어진다. 이때 이 대나무 숲의 들쥐들은 열매가 떨어지는 시기에 맞추어서 그 수가 수백 배로 증가된다. 열매가 떨어지는 시기에는 들쥐들에게 충분한 먹이가 제공되어 큰 문제가 없이 지나간다. 그러나 대나무의 열매가 다 없어진 후에는 그동안 불어난 들쥐들이 먹을 것이 없어져 먹이를 찾아 인간의 농경지를 습격한다. 이 결과 농작물은 망쳐지고 주민들은 굶주리며 심지어는 굶어 죽게 되는 것이다.

우리 사회의 포퓰리즘도 마오탐의 대나무 열매와 같다. 혜택이 주어질 때는 좋지만 그 시기가 지나면 더욱 큰 고통으로 되돌아올 수 있음을 알아야 한다.

5) 도덕적 해이

과거 외환위기 때 우리는 위기를 해결하기 위해 외평채를 발행하여 외채를 빌려 왔다. 그리고 그것으로 공적 자금을 만들어 금융기관에 투입하고 외환위기에서 벗어났다.

그러나 공적 자금을 투여받은 금융기관의 도덕적 해이(Moral Hazard)로 국가가 빌린 외채가 국민의 부담으로 남게 되었다. 이렇듯 도덕적 해이는 금융기관이 자신의 잘못에 대한 정당한 리스크를 자신이 떠맡는 것이 아니다. 오히려 정부를 통해 국민에게 떠맡기는 무책임한 행위이다.

이것은 정상적인 경제구조를 해치고 도덕적·윤리적·경제적·사회적 책임을 회피함으로써 자본주의의 원칙을 무시하는 배금주의 사고방식에서 나온 것이다.

또한 도덕적 해이의 다른 예로는 기업이 금융대출을 크게 키워 놓으면 기업이 도산할 때 그로 인해 생길 경제적 파장 때문에 어쩔 수 없이 정부가 개입하는 것이다.

이 경우에도 기업은 모든 것을 정부에 맡겨 처리하기 때문에 손해 볼 것이 없다. 그래서 기업주는 자신의 것을 챙겨 가고 국민에게 큰 손해를 떠맡긴다.

8.2. 사회·문화 분야의 폐해

1) 낭비와 과소비

배금주의의 사회적인 폐해의 하나는 불로소득에 의한 소득을 함부로 쓰는 행위이다. 돈을 노력 없이 벌었기 때문에 돈의 가치에 대하여 소홀할 수밖에 없다. 그래서 돈의 쓰임새 또한 절제가 없이 함부로 쓰게 된다. 그래서 낭비로 흐를 수밖에 없다. 겉치장에 치중하고 낭비가 되다 보니까 알맞은 소비보다는 과소비가 될 수밖에 없는 것이다.

그래서 불로소득에 의해 벌어들인 돈은 낭비와 과소비의 원인이 되어 사회적 병폐현상을 일으킨다.

우리의 바다에 해파리가 넘쳐 난다. 어부들의 그물에는 물고기가 없고 태반이 해파리이다. 그물에 해파리가 넘칠수록 어부들의 근심은 늘어만 간다. 언제부터 바다가 이렇게 변했을까.

해파리는 처음부터 2미터 가까이 크게 태어나지 않는다. 처음 태어날 때는 플립이라는 손톱 정도의 크기이다.

생태학적으로 해파리가 성장할 때까지는 상당 시간이 걸린다. 그리고 바다의 해파리가 성체가 되기까진 거의 대부분이 물고기의 먹이가 되고 일부분만 살아남는다. 그러면 바다에 해파리가 넘쳐 나는 것은 물고기가 해파리를 잡아먹지 않는 것 때문인가. 그것은 아니다. 바다에 플립상태의 해파리를 잡아먹을 물고기가 없다는 것이다. 사람들이 바다의 물고기를 너무 잡아들여 바다의 생태계가 교란되었다는 이야기이다.

고도로 과학 기술화된 장비로 물고기를 탐지하고 현대화된 그물로 싹쓸이를 하니 바다에 어떤 물고기가 남아날 수 있겠는가. 배금주의 사고에 심취한 사회에서 많이 잡힌 물고기는 바로 돈인데 누가 그것을 포기할 것인가. 이렇게 물고기를 마구 잡아들인 덕분에 우리의 식단은 풍부해졌다. 그러나 그것으로 인해 바다는 점차 먹지 못할 해파리로 넘쳐 나는 것이다. 통계에 의하면 지난 10여 년 동안에 우리 식단에 해산물의 비율이 2배로 늘어났으나 어획량은 절반으로 줄었다고 한다. 이것이 무엇을 말하는 것인가.

2) 투기와 도박

돈의 사회적 역할은 풍요로운 삶의 가치를 이루도록 도와주는 것이다. 그래서 사람들은 많은 돈을 소유하고 그것을 향유하며 살아가고 싶어 한다. 그러나 상당수의 사람들은 자신의 노력에 의해 돈을 벌려 하지 않는다. 그리고 기회만 있으면 쉽게 노력 없이 부자가 되길 원한다.

이러한 마음가짐으로 쉽게 돈을 벌 수 있는 방법을 선택하게 된다. 그리고 그것을 위해 부동산이나 주식이나 펀드 등에 투자라는 명목으로 투기를 한다. 그러나 돈으로 돈을 버는 것은 아무리 법적으로 정당하다고 해도 그것은 명백한 투기이다. 이 사회 속에 존재하는 돈은 반드시 누군가의 돈이다. 그래서 별 노력 없이 돈을 번다는 것은 그 누군가의 돈을 갈취해 가는 것과 마찬가지이다.

그리고 도박 또한 이러한 투기와 별반 다를 것이 없다. 아무리 합법적으로 로또가 인정되고 강원랜드에서 도박을 할 수 있어도 이것 또한 배금주의에서 나온 사회 부적격 행위일 뿐이다.

3) 허영과 기만

균형 있고 건실한 사회에서 가장 큰 해악은 허영에 의한 경제 운영이다. 허영심에 차서 낭비와 과소비를 일삼게 되면 사회계층 간의 불만이 생긴다. 그리고 계층 간의 불만은 빈부에 대한 적대감을 심화시켜 사회 불안요소가 된다.

이러한 허영의 대표적인 것은 방송광고 분야이다. 광고는 될 수 있는 한 화려하게 꾸미고 허황된 포장을 많이 한다. 그렇게 해서 많은 사람의 관심을 끌기 위해 애쓰며 이 과정에서 허영이 겉으로 표출된다. 또한 방송 연예 분야는 그 특성상 허위와 기만적인 요소로 꽉 차 있다. 그래서 그것을 시청하는 사람들도 자기도 모르게 허위와 기만에 길들여진다.

픽션으로 꾸며진 드라마, 영화 그리고 각종 프로그램 등이 시청자들을 허영과 기만 속으로 끌어들인다. 그래서 허영과 기만은 배금주의의 전령사와 같다. 배금주의 속에 팽배해 있는 돈에 대한 존경심이 방송 연예인과 몇몇 스타들에 의해 표출되어 우리 사회를 허황된 세계로 이끌어 가고 있다.

또한 우리 사회에서 일어나는 경제 범죄나 기타의 강·절도 그리고 사기 등은 거의 대부분이 배금주의의 사고방식에서 만들어진 것이다.

4) 도덕과 이념의 부재

우리 사회를 보다 나은 미래로 이끌어 가는 중요한 행위의 하나가 사회교육의 정립이다. 수많은 동서양의 성인과 철학자들이 우리 사회를 위하여 많은 이념과 교훈을 남겼다. 그러나 지금은 이러한 교훈과 삶의 이념들이 배금주의에 의해 사라져 버렸고 무조건 돈의 가치가 최우선되는 이상한 사회로 변질되었다.

우리의 다음 세대를 위한 교육과정에서도 이러한 것이 반영되어 있다. 즉 돈을 버는 것에 별 도움이 안 되는 도덕이나 윤리, 철학에 대한 교육적 비중은 적어지고 있다. 그리고 직접 돈이 되는 학문만을 선호하게 된 것도 배금주의에 의한 직접적 폐해의 하나이다. 더욱이 후손들에게 금전만능주의 사고를 심어 주는 것은 우리의 미래 사회를 위해서는 크게 잘못하는 일이다.

8.3. 노동·교육 분야의 폐해

1) 사교육과 고액과외

자유민주주의와 자본주의 사회에서는 모든 사람에게 기회가 균등하다. 그러나 이러한 기회균등도 돈에 의해 결정된다는 것은 잘못된 것이다. 또한 소위 학벌로 지칭되는 교육기관 간의 격차에 의해 불평등하게 된다는 것은 더욱 큰 문제이다. 그러나 현재의 실정은 교육기관 간의 격차에 의해 각자에게 기회가 주어진다.

그래서 많은 사람들이 교육을 통해 신분 상승을 꾀하려는 목적으로 남보다도 유리한 학벌을 갖고자 한다. 때에 따라서 그것이 여의치 않을 경우 돈을 이용한다. 그 때문에 고액과외나 사교육에 치중하는 것이다.

특히 기존의 기득권층은 자신의 자식들이 교육적 단계에서 다른 사람에게 뒤처지는 것을 싫어한다. 그래서 뒤떨어지는 것을 막기 위해 사교육에 돈을 써서 교육적 차별을 주고 있다. 이 때문에 교육과정에서도 돈이 개입되어 신성한 교육풍토를 흐리고 있다. 그래서 고액과외를 선택하게 된다. 이러한 고액과외는 빈부격차를 고착화시키는 요인이 되기도 한다.

그래서 교육에 돈이 관련되는 것은 금전만능주의의 또 다른 극단적 행태이다.

초원에 풀이 무성하게 자라면 가젤영양은 일제히 새끼를 낳는다. 포식자로부터 새끼를 보호하기 위한 하나의 방편이다. 그러나 불행히도 그중에서 몇몇 새끼들은 치타에게 바로 발견되어 붙잡힌다. 그러면 치타는 그 즉시 잡아먹지 않고 자기 새끼들에게 사냥 연습용으로 놔 준다. 그러면 치타 새끼들은 가젤영양 새끼를 이용해 사냥 연습을 한다. 그러나 결국 치타 어미는 가젤 새끼를 잡아먹는다. 이것은 잔인한 동물의 세계 이야기지만 금전만능주의 우리 사회에서도 동일하다. 사교육을 통한 교육이라는 것도 이와 다를 바 없다. 결국에는 돈이 없어 제대로 교육을 받지 못하는 계층은 가젤 새끼가 되어 치타 새끼의 희생양이 될 뿐이다.

2) 교육자 간의 격차

교육자 간의 격차는 초등, 중등, 고등교육을 담당하는 교육자의 의식 차이에 대한 차이를 뜻한다. 지금의 초등학교는 가면 갈수록 교사들이 여성화되고 있다. 이러한 이유는 초등학교 교사에 대한 사회적 차별 의식에 기인한다. 그래서 남성들이 기피하기 때문이다.

여성의 경우는 부부간 맞벌이의 하나로 초등학교 교사를 선택하여 가계의 별도 수입을 벌기 위한 수단으로 인식된다. 그러나 남성의 경우는 가장으로서 혼자 벌어들인다는 이미지가 강하다. 이러한 점이 남성교사가 여성교사에 비해 직업으로서는 열악하다는 것으로 여겨진다. 그래서 남성들은 배금주의의 관점에서 자연스럽게 초등교사직을 기피하게 되는 것이다.

3) 연구 용역비와 촌지

연구 용역비란 대학이나 고등 교육기관들이 국가나 기업으로부터 일정한 용역을 수주받아 연구를 수행하기 위한 비용이다. 현재 전국의 각 대학에서는 상당수의 교수들이 국가나 기업으로부터 상당한 비용을 받고 우리 사회에 필요한 여러 가지 연구를 수행하고 있다. 그리고 그 성과도 좋다.

그러나 그것에 반해 다수의 교수들이 월급 외의 부수입 정도로 생각하고 있다. 그래서 자의적으로 연구비를 사용해 사회적 물의를 빚고 있다. 이것은 교수라는 명예직을 선비로서의 자긍심보다 돈벌이의 수단으로 인식하는 배금주의 발상에서 나온 행위이다.

더욱이 각급 기관의 자문이나 심의 등에 참여하여 사회적 기여를 하는 교수들이 있는 반면에 그 지위를 이용하여 이권에 관여하는 교수들이 있다. 이 또한 명예를 벗 삼아 살아갈 교수들이 배금주의에 빠져 자신의 본분을 망각한 것이다.

또한 교사들의 촌지도 일종의 학부모가 주는 뇌물이다. 촌지라는 뜻은 약간의 성의 표시라고 한다. 그렇지만 학부모는 그것을 통해 자식에게 유리한 무엇을 얻고자 하는 뜻이 담겨 있다. 이와 같이 교육자 차원에서 연구용역비의 횡령이나 이권 관여 그리고 촌지 수수는 우리 사회를 부패의 수렁으로 모는 행위이다. 그리고 교육자들의 숭

고한 사명감을 없애는 배금주의의 산물이다.

고양이 침 속에는 사랑의 묘약이 있다고 한다. 그래서 많은 여성들이 고양이를 보면 사족을 못 쓰고 좋아하는가 보다. 심지어는 고양이 침을 쥐에게 실험한 결과 쥐들도 마찬가지였다고 한다. 자신의 천적인 고양이를 무서워하지 않고 접근했다고 한다. 고양이에게 멋모르고 접근한 쥐는 어떻게 되었을까.

멋모르고 좋아하는 돈은 사랑의 묘약이 아니다. 오히려 독약이 될 수 있다.

4) 3D 업종 기피

3D 업종이란 어렵고 힘들고 더러운 직종의 직업을 뜻한다. 우리는 이것을 기피하고 있다. 그리고 후진국의 외국인 근로자를 불러들여 우리 대신 일을 하게 한다. 물론 아무리 어렵고 힘들어도 누군가가 반드시 해야 할 일이 있다. 그러나 우리의 경우는 우리 스스로가 해야 할 일을 남에게 떠맡기고 있는 것이다.

거대한 로마는 자신들에 의해 고용된 게르만 용병에게 멸망했다. 자신들이 직접 해야 할 국가방위조차도 남에게 맡기다가 결국 멸망을 자초한 것이다. 이렇듯 역사는 나태함으로 인해 자신의 일을 남에게 떠맡기는 행위를 용서하지 않는다.

우리의 3D 업종 또한 마찬가지이다. 우리는 배금주의 사고에 빠져서 산업생산을 등한시하고 있다. 우리 산업이 우리 손에 의해 지켜지고 유지되어야 하는데도 불구하고 돈이 되는 쉬운 일만 선택해서 하고 있다. 그렇게 하다가는 결국 우리는 이제까지 잘 지켜 왔던 산업의 모든 것을 잃게 될지도 모른다.

5) 잠재 실업과 백수

잠재 실업이란 직장을 구할 수 있는데도 잠재적으로 직업을 갖지 않는 실업상태를 말한다. 우리 사회에서 이러한 잠재실업은 청년실업에서 잘 나타나 있다. 중소기업의 일자리는 남아도는데 사회 초년생인 청년들은 쉽고 편한 자리 그리고 보수가 많은 자리만을 찾기 때문에 실업상태가 유지되는 것이다.

이것은 배금주의의 사고방식에서 나온 사회적 병폐현상이다. 아직 취업도 해보지 못한 청년들에게 좋은 직장을 강요하고 높은 보수를 주는 직장만을 찾도록 하는 사회의식이 그들을 실업상태로 몰아가는 것이다.

중소기업이나 소규모 직장에 취업하면 마치 사회에서 뒤처진 사람처럼 대하는 사회의식도 금전만능주의의 산물이다. 그래서 어쩔 수 없이 좋은 직장이 나올 때까지 잠재 실업상태에 있게 되므로 청년 백수가 되는 것이다.

6) 이익단체와 집단이기

우리 사회에서 배금주의 의식이 가장 잘 드러나는 행위 중의 하나가 이익단체에 의한 집단이기적 행동이다. 의약 분업 시행 시 의사와 약사 간의 힘겨루기나 한의약 문제가 있을 때 이해 당사자 간의 타협 없는 투쟁 그리고 법학 대학원과 사법시험 합격자 간의 집단행동 등 이루 말할 수 없다. 이러한 사회 각 분야에서 이익단체 간의 밥그릇 싸움은 남이야 어떻든 자신만 살고 보자는 생각에서 나온 행동이다. 이것은 아전인수 식의 배금주의 사고방식의 발현이다. 그래서 이익단체 간의 싸움은 타협이란 없으며 항상 극단적으로 치달린다.

또 하나의 집단이기심의 발현은 님비(NIMBY: Not in my back yard) 현상이다. 이것은 자신에게 불리한 여러 가지 사회간접자본을 자신의 주변에 설치하지 못하게 하는 집단행동이다. 그러나 자신에게 불리한 시설은 남에게도 좋을 리가 없다. 내가 피해받지 않는다면 어떠한 곳도 상관없다는 식의 발상은 잘못된 이기심이다. 이러한 이기심은 배금주의 사고에 의해 남에게 조금도 손해 볼 수 없다는 생각에서 만들어진 것이다.

우리가 잘 아는 우화 이야기를 해 보자. 의좋은 형제가 있었다. 가을 추수가 끝난 후 형은 동생 걱정으로 쌀 한 가마를 지고 동생 집으로 향했다. 그때 동생도 형님에게 같은 마음으로 쌀 한 가마를 보내드리려고 지고 나섰다. 그러다 두 형제는 도중에 만났으며 서로에게 쌀을 보내려고 하는 것을 알게 되었다. 그러고는 형은 동생 집에, 동생은 형 집에 쌀을 전해 주었다. 결국 형과 동생은 '제로섬(zero sum)'이다. 그러나 두 형제에게는 서로 간의 형제애와 신뢰감이 남았다.

자신이 잘났다고 생각하는 두 마리의 염소가 있었다. 어느 날 두 염소는 외나무다리에서 만났다. 그러나 서로 양보하기가 싫었다. 그래서 둘은 서로 마주 싸워 같이 물에 빠졌다. 결국에는 둘 다 털이 물에 젖었고 그들 사이에는 불신과 증오심만 남았다.

이것은 이타심과 이기심이 주는 서로 다른 결과에 대한 이야기이다.

9. 경제정의란 무엇인가

9.1. 정의(justice)의 의미

정의(正義)는 우리 사회의 구성원들이 사회를 바르게 유지하고 보다 나은 상태로 나아가기 위해 추구하는 가치이다. 여기서 정(正)은 바르다는 의미이며 이것은 외형적으로 드러나는 상황에 대한 표현이다. 다시 말해서 정은 기본원칙에서 시작하여 법칙을 바로 세운다는 의미이다.

그리고 의(義)는 옳다는 의미이다. 이것은 내재적 이념이나 사상의 흐름이 옳은 방향으로 나아가고 있다는 뜻이다.

그러나 정의는 사회를 이끌어 가는 불변의 개념이 아니고 시대와 역사적 상황에 따라 변하는 것이다. 여기서 바를 정은 정당성, 정직성, 정확성과 같이 가치기준의 바로(正) 세움을 의미하지만 옳을 의는 보는 관점에 따라 전혀 다른 결과가 나기도 한다. 예를 들면 안중근 의사(義士)의 경우는 우리에게는 올바른(義) 일을 한 독립투사이지만 동시대 일본인들에게는 반대로 인식되는 것과 같다.

이렇듯이 정의는 그 시대 또는 처한 상황에 따라 전혀 다른 의미를 가지고 있어서 어떤 획일화된 가치기준에 짜 맞추어 판단해서는 안 된다.

갈라파고스 제도에는 이구아나라는 파충류가 살고 있다. 이들은 바다이구아나와 육지이구아나로 확연히 구분되는데 원인은 그들의 먹이에 따른 것이다. 바다이구아나는 해조류를 먹도록 진화했고 육지이구아나는 선인장을 먹도록 진화했다. 그래서 그들의 외형은 비슷해도 입과 발가락 그리고 물속에서의 생존능력 등이 전혀 다르게 되어 있다.

육지이구아나는 입이 뾰족해서 선인장 열매를 먹기 쉽게 되어 있는 반면에 바다이구아나는 입이 뭉툭하고 발가락이 길어 물속에서 해초를 먹을 수 있고 오랫동안 바위를 잡고 있을 수 있게 되어 있다.

그러나 최근에 와서는 육지이구아나가 바다이구아나의 특징을 동시에 가진 변종들이 생겨나고 있다고 한다. 이것은 육지의 선인장이 줄어들어 먹이가 줄어들었기 때문으로 여겨진다.

우리 사회의 정의의 개념도 이와 같다. 그 시대와 처한 상황에 가장 걸맞은 변화야말로 진정한 정의를 찾는 길이 될 것이다. 변화 없이는 희망이 없다. 과거에 얽매여 구태의연(舊態依然)한 상태로 기득권을 고집하면 희망 없는 갈등의 미래로 갈 수밖에 없다.

9.2. 사회정의

사회적 정의는 인류의 역사적 흐름에서 살펴볼 수 있다. 원시사회에서는 식량 부족이 생명과 직결되어 있기 때문에 먹을 것을 확보하기 위해서는 필사적이었다. 식량이 부족할 때는 인접한 이웃종족과 전쟁도 불사하였다. 그리고 이웃종족을 죽이거나 노예로 삼아 자신들을 위해 일을 하게 하는 것도 아무 죄의식 없이 행해졌다. 또한 그렇게 하는 것이 당연하고 정당한 행위로 여겨졌으며 전쟁에 이기도록 한 사람은 영웅으로, 의로운 사람으로 대접을 받았다. 바로 이것이 그 시대의 정의였다.

그리고 왕이 모든 것을 지배하는 왕조 시대에는 왕의 뜻이 정당하고 바른 것이었으며 유교적 이념에서 왕에게 충성을 다하는 것이 의로운 일로 여겨졌다. 유럽의 중세시대 또한 마찬가지이다. 종교가 모든 것에 최우선이 되어 종교적 교리가 모든 것의 기준이 되고 원칙이 되며 법이 되었다. 그리고 신앙이나 종교적 이념에 맞추어 사는 것이 의로운 일로 여겨졌다.

근대에 와서는 독일의 나치즘이나 이탈리아의 파시즘도 마찬가지이다. 독재자 히틀러의 뜻에 동조한 독일 국민의 대다수는 전체가 하나 되어 제2차 세계대전을 일으켰다. 당시의 독일 국민들은 전체주의 국가를 정당화하고 그 뜻에 따라 의롭게 전쟁에 참여했다고 한다. 그러나 전쟁에서 졌기 때문에 결국에는 불의고 악의적인 것이 되었다. 만일 독일이 전쟁에 이겨 지금의 유럽을 지배하고 있다면 그 전쟁은 독일과 유럽사회에서 정의로운 것이 되었을 것이다.

현재의 공산주의도 이것과 같다. 공산이라는 의미는 공동 생산한다는 의미이다. 그래서 공동으로 분배하는 것을 원칙으로 삼고 그에 정당성을 부여하고 있다. 그리고 공산국가는 공동생산과 공동분배를 통해 빈부격차를 없앤다는 대의명분을 가지고 있다. 그러나 실제로는 일당 독재로 국민을 핍박하는 체제로 변질되어 있지만 그들에게는 그것이 공산주의의 정의인 것이다.

이렇듯이 정의란 그 시대와 상황에 따라 달라져 왔다. 그래서 우리는 항상 변화의 가능성이 큰 정의를 모두가 공감하고 그 타당성을 인정할 수 있는 것으로 만들기 위해 노력하고 있다.

지금 우리는 인본주의에 입각한 민주주의 시대에 살고 있다. 앞으로 더 좋은 이념과 정치체제가 나온다면 모르지만 현재까지는 가장 좋은 체제로 보인다. 이러한 민주주의에서는 그 기본원칙이 국민이 모든 것의 주인이라는 의미이며 이렇게 된 경우에만 정당하다고 할 수 있다. 그리고 최대 다수의 최대 행복이라는 이념적 목표를 가지고 있다. 그래서 경제적인 목표로 최대 다수의 최대 행복을 추구하는 것이 민주주의의 대의에 맞는 것이다.

다시 말해서 민주주의에서의 정의는 국민이 진정한 국가의 주인이 되고 최대 다수의 최대 행복을 이루는 것이다.

또한 인본주의에서의 정의도 마찬가지이다. 인본에서와 같이 인간이 모든 것의 기준이라는 것이다. 그리고 인간을 위하는 것이 바를 정이며 그에 따라 근본을 되찾자는 것이 옳을 의이다. 그래서 지금과 같이 돈이 모든 것의 근본이 되는 배금주의 사회는 사회적 정의를 벗어나 있다는 의미가 된다. 그러므로 인본주의의 정의를 되찾으려면 배금주의에 의한 금전만능의 풍조를 벗어나야 한다.

9.3. 경제정의

경제정의는 또 다른 사회적 정의이다. 여기서 바름을 의미하는 정은 경제원칙에 따라 법적인 조건을 세우는 것이라고 말할 수 있다. 이것은 정당함과 정직함 그리고 정확함이 보장되어야 하는 경제행위의 공정성과 법적인 형평성을 이야기한다.

그리고 옳음을 의미하는 의는 국가와 구성원 간의 관계를 뜻한다. 즉 조화로운 경제사회를 이루도록 국가의 올바른 조절이 필요하고 그것으로부터 미래 사회를 위한 공의로운 화합이 이루어져야 한다.

이렇듯이 경제정의란 공평과 조화의 바탕에서 상생을 위한 길로 나아가는 것이다.

또한 경제정의를 바로 세우려면 경제원칙에 있어서는 경제체계의 근본으로 돌아가서 유동성을 통제하여야 한다. 그리고 배금주의화한 자본을 직접 생산과 연계하여 각자의 역할을 되찾도록 하는 것이다.

이러한 경제정의 실현을 위해서는 다음과 같은 사항들을 시행할 필요가 있다.

① 반부패 운동 추진
② 물가 상승의 통제
③ 부당한 고용제도 개선
④ 정확한 경제지표 설정
⑤ 금융 증권 감독 기능 분화
⑥ 공정거래 풍토 조성
⑦ 최저임금의 현실화
⑧ 문화적 과소비의 절제
⑨ 경제적 기부 활성화
⑩ 건전한 사유재산 육성
⑪ 금융통화관리의 재정립
⑫ 대기업 독과점을 규제

1) 반부패 운동을 추진하자

우리 사회의 경제정의를 바로 하기 위해서는 반부패 운동이 활성화되어야 한다. 여기서 반부패 운동이라는 것은 공직자의 부정부패와 직권 남용 등에 대한 사회적 저항 운동이다.

우리 사회에서 공직자의 위치는 대단히 중요하다. 국가를 운용하고 국가 발전을 위한 각종 경제계획을 입안, 집행하기 때문에 그들의 손에 국가의 미래가 달려 있다고 해도 과언이 아니다. 그래서 공직자의 정직성과 공정성은 반드시 필요하다.

그러나 우리 사회는 배금주의에 물들어 있다. 그래서 돈을 위해서라면 무엇이든 할 수 있다는 관념이 팽배해 있어서 공정해야 할 공직자들이 부정을 일삼는다. 더욱이 공직자의 부정행위는 일방적인 혜택으로 나타나 선의의 피해자가 생기기 쉽다. 그렇기 때문에 공직자의 부정부패를 철저하게 막아야 한다.

특히 정경유착에 의한 부정부패는 피해의 범위가 전 국민에 미칠 수 있기 때문에 더욱 주의하여야 한다.

반부패 운동은 국가나 국가기관이 주도해서는 안 된다. 왜냐하면 반부패의 대상이 공무원이기 때문에 용두사미(龍頭蛇尾)로 끝날 확률이 높다. 그래서 시민단체와 국민이 직접 참여하는 반부패위원회를 구성하여 운영해야 한다.

그것을 통해 우리 사회가 경제정의를 이루고 미래의 보다 나은 사회로 나아가는 반부패 운동이 활성화되어야 한다.

2) 물가 상승을 통제하자

물가는 중산층과 서민경제에 가장 중요한 요소이다. 아무리 소득이 증가하여도 물가가 그보다 더 빨리 상승하면 그것은 소득이 감소되는 것과 동일하다. 겉으로는 국가경제가 성장하여 국민소득이 향상되어도 물가가 급격하게 상승하면 생활에 대한 어려움만 키워진다는 의미이다. 그래서 물가는 경제정의의 실현에 있어서 반드시 해결해야 할 과제이다.

우리 사회에서 물가의 상승은 여러 가지 이유가 있다. 우선 첫째는 원자재가격의 상승이다. 이것은 국제정세나 국내의 자재수급 여건 그리고 외환 변동에 의해 영향을 받는다. 둘째는 인건비의 상승이다. 인건비는 국민의 소득과 관계가 되어 있어 임금이 상승하면 인건비도 자연적으로 상승하게 되는 동반상승의 관계에 있다. 셋째는 전기, 에너지 등 공공요금의 상승이다. 공공요금은 국가의 통제에 의해 조절이 가능한 부분으로 물가 상승에서 완충 역할을 해 주고 있다. 넷째는 생산자 이익이다. 그리고 다섯째는 세금이다. 세금의 경우는 법으로 그 비율이 정해지며 앞서의 생산비가 오르면 자동적으로 그 비율에 의해 세금이 증가되기 때문에 이것도 물가를 오르게 하는 요인이 된다. 이러한 여러 가지 조건들이 물가를 형성하고 물가를 상승하게 하는 것이다.

그래서 국가가 물가 상승을 억제하여 국민의 생활에 도움을 주려면 우선 원자재의 수급이 원활하도록 정책적 배려와 국가 간의 자재협약 및 자재 확보에 총력을 기울여야 한다. 그리고 공공요금을 통제하여 생산 경비를 줄일 수 있도록 해야 하며 생산자의 이익을 적정 수준으로 낮추고 국가의 세금을 조절하여 물가 상승을 철저하게 통제하여야 한다.

이렇듯 물가는 결정요인의 어느 하나라도 소홀히 하거나 방심을 하면 통제가 불가능하다. 그러므로 중산층과 서민이 잘살 수 있도록 경제정의의 실현을 위해서는 철저한 물가 통제가 필요하다.

더불어 적정물가에 대한 시민단체의 지속적 조사가 이루어져야 하며 그에 대한 권한을 국가가 위임하여야 한다. 그리고 정부와 시민과 기업이 직접 참여하는 물가통제위원회를 설립하여 운영할 필요가 있다.

3) 부당한 고용제도 개선하자

우리 사회에는 사업주의 편의에 따라 설정한 여러 가지 고용형태가 존재한다. 정규직과 계약직 그리고 임시직, 일용직, 위촉직, 파견직까지 그 종류는 정하기 여하에 따라 십여 가지로 분류할 수 있다. 그러나 이러한 고용형태는 정규직을 제외하고는 모두 비정규직으로 부당한 고용 방식이다. 다시 말해서 법적인 보호를 받지 못하고 사업주의 뜻에 따라 언제든지 해고가 가능하도록 되어 있다.

정규직이 적법한 고용이라면 비정규직은 탈법적 고용일 수밖에 없다. 그래서 경제정의를 위해서 이러한 탈법적인 고용형태는 개선되어야 하며 고용형태를 개선하기 위한 사회적 비용은 국가 주도하에 사업주와 법적 혜택을 받고 있는 정규직 고용자들이 공동으로 부담하여야 한다.

그리고 종국적으로 우리 사회에 만연되고 있는 탈법적인 비정규직의 고용형태는 없어져야 한다.

4) 정확한 경제지표 설정하자

우리 사회에서 미래 경제에 대한 예측과 발전계획은 국가가 수립하는 각종 경제지표에 의해 결정된다. 그만큼 경제지표는 중요하다는 이야기이다. 그러나 국가기관에서 발표되는 각종 경제지표는 그 정확성과 신뢰성이 부족하다. 왜냐하면 국가가 정책적 실적을 늘리기 위해 경제지표를 조작하여 국민을 호도하기 때문이다. 그래서 각종 경제지표를 과장하거나 부풀려 발표하고 그것으로 경제 발전 계획을 세우므로 정책적인 결과는 명확하지 못하다.

그러므로 경제정의를 실현하기 위해서는 정확한 경제지표를 세워야 한다. 그리고 국가의 통계에 대한 신뢰성을 키우기 위해 민간 차원에서 관리 감독할 수 있는 민관의 협력기관을 설립할 필요가 있다.

5) 금융, 증권, 보험 감독 기능을 분화하자

국가에서 금융이나 증권, 보험 등을 관리 감독하기 위한 국가기관으로 금융감독원이 설립되어 있다. 그러나 감독기관 출신들이 퇴직 후에 금융이나 증권 보험 등의 관련 기관으로 취업하여 실제적인 감독기능을 무력화하고 있다. 이것은 명백한 불공정행위이다. 금융 등의 기관을 감독하는 것은 그들을 방치함으로써 생기는 경제적·사회적 폐해를 막기 위함이다. 그런데도 불구하고 해당 기관 소속의 공직자들이 본분을 망각하고 감독해야 할 기관의 임원이 된다는 것은 경제정의의 차원에서 보면 부당한 처사이다. 나중에 자신이 근무해야 할 감독대상 기관을 누가 철저하게 감독할 것이며 후일을 위해 불성실한 감독을 할 것은 필연적이다.

그래서 우리 사회의 경제정의를 바로 세우기 위해서는 감독기관 출신은 감독대상 기관에 절대 취업이 불가능하도록 법제화해야 한다. 그래야 국가의 관리 감독기능이 강화될 수 있으며 금융 부조리로 인한 국민의 피해를 줄일 수 있다.

또한 금융감독원이 과거의 증권이나 보험의 감독기능까지 독점하고 있어 금융 분야의 무소불위(無所不爲)의 권력기관으로 군림하고 있다.

이것은 권력이 집중되면 부패하는 속성을 감안할 때 반드시 분리되어야 경제정의를 실현할 수 있다.

6) 공정거래 풍토 조성하자

공정한 거래의 원칙은 공정성이다. 국가 차원의 감독기관인 공정거래위원회가 설립되어 있다. 그러나 우리 사회가 더욱 복잡 다변화하면서 기존의 공정거래위원회로는 관리 감독이 부족할 수밖에 없다. 그래서 공정거래에 대한 기능 확대를 위하여 민간 주도의 공정거래 관리기관의 설립이 필요하다.

특히 공정거래는 경제정의 실천에 절대적으로 필요한 사항이므로 사회 전체로 공정한 거래 분위기가 확산될 수 있는 국가적 추진이 필요하다.

불공정거래는 대기업과 중소기업 간에 자주 일어나고 있다. 그러나 이러한 기업 간의 거래가 공정하지 못한 것으로 밝혀지는 것은 모든 것이 잘못 진행된 후이다. 그래서 불공정거래에 대한 조처는 사후약방문(死後藥方文)처럼 처리될 수밖에 없다. 그리고 피해자는 국민 다수인데 결과적 처리는 국고 환수의 벌금으로 처리된다. 그러므로 공정거래를 진취적으로 수행하고 경제정의를 올바르게 세우려면 국가 주도형의 공정거래에 대한 법적 권한을 소비자 단체에 일임하여 불공정거래를 사전에 예방하도록 해야 한다.

7) 최저임금을 현실화하자

최저임금은 국가 차원에서 해마다 설정한다. 그러나 최저임금을 지불해야 할 회사들은 모두 중소기업이다. 금전적으로 넉넉한 대기업은 이러한 걱정을 할 필요가 없다. 왜냐하면 그들에게 부여된 사회적 혜택이 최저임금을 지불해야 할 정도가 아니기 때문이다.

그래서 최저임금은 중소기업만의 문제임에도 불구하고 국가는 구체적 대안 없이 최저임금을 강요하고 있다. 그러나 이것은 중소기업의 어려움을 더욱 가중시키는 일이다.

최저임금은 국민의 복지와 합리적 생활을 위해서는 필요하다. 그러나 지불 능력이 없는 중소기업에 강요하는 것은 경제정의에 옳지 않다. 이것을 원만하게 추진하려면 대기업이 가지고 있는 초과 이득에 대한 사회적 기여를 할 수 있도록 대기업의 이득을 분할할 수 있는 정책적 바탕 위에서 최저임금제가 추진되어야 한다. 우리 사회의 대기업은 과학기술화로 고용인원에 대비하여 이득이 너무 크다. 이것은 어떻게 보면 대기업이 독점적으로 사회적 혜택을 받고 있음에도 불구하고 기득권으로 치부하려는 데서 빚어지는 현상이다. 받은 만큼 사회에 돌려주어야 한다. 자신의 이득을 위해서 고용을 줄였으면 그 고용을 대신 떠맡은 중소기업에 이득을 나누어야 옳다. 이것이 경제정의다.

그렇기 때문에 최소임금에 대한 책임은 대기업이 나누어야 한다.

8) 문화적 과소비를 줄이자

우리 사회에 만연되어 있는 거품경기는 국가적 포퓰리즘에 의해 일어나는 현상이다. 특히 방송언론 매체에 의한 문화, 스포츠, 연예의 활성화는 사회적 과소비로 나타나고 있다. 이러한 과소비는 불로소득과 맞물려서 배금주의의 사고를 키우고 있다.

방송언론 매체는 우리 사회를 이끌어 가는 가장 중요한 역할을 하고 있다. 그러나 지금의 방송언론 매체는 자신의 본분을 다하지 못하고 있는 것 같다. 사회적 거품은 그것을 향유할 때는 즐겁고 편하고 좋다. 그러나 거품이 꺼질 때는 고통이 따르는 법이다.

우리 사회에 경제정의는 적절하고 합리적인 소비와 절약을 통해 미래의 안정되고 풍요로운 사회를 이룩하는 것이다. 그래서 지금과 같은 무조건적인 과소비는 절제되어야 한다.

9) 경제적 기부 활성화하자

경제적 기부는 상대적으로 사회적 혜택을 많이 받고 있는 대기업의 경영자와 전문직 고소득자 그리고 상위계층의 재산가들이 행해야할 경제정의이다. 이들이 남들보다 잘살 수 있는 것은 명백히 우리 사회가 그들에게 기득권으로 준 사회적 혜택 덕분이다.

우리 사회는 사유재산을 인정하고 법으로 정한 세금을 내면 소득에 대한 제한을 주고 있지 않다. 그러나 이러한 무제한적 소득의 허용은 금전만능주의의 풍조를 키울 뿐만 아니라 구성원 간의 사회적 격차에 의한 빈부격차만 심화시키기 때문에 가난의 대물림을 막을 수 없다.

인간은 평등하다고 한다. 이것은 어떠한 조건에서도 형평성이 유지되어야 한다는 의미이다. 사회 구성원 개개인은 그 사회가 벌어들이는 전체 총소득에서 구성원 수로 나눈 비율만큼의 분배를 받을 무형의 권한이 있다. 그러나 외부로 드러난 유형의 권한은 그렇지 못하다.

사회적 기득권에 의해 소득이 결정되고 그것을 당연시하는 배금주의 사회에서는 소득격차가 오히려 자연스러운 것처럼 여겨지고 있다. 그러나 이것은 명백히 공평과 조화의 경제정의에 어긋나는 것이다.

우리가 미래의 공평하고 조화로운 사회를 이룩하기 위해서는 사회로부터 받은 기득권만큼 사회적 소외계층에 기여해야 한다.

이러한 기여는 자신의 초과 이득을 의무적으로 기부하는 것으로 이루어진다. 그렇게 함으로써 빈부격차를 줄이고 나눔의 상생하는 미래 사회를 만들 수 있다.

10) 건전한 사유재산을 육성하자

우리 사회가 인정하는 사유재산제는 배금주의 사회의식에 의해 변질되어 가고 있다. 특히 돈을 이용하여 돈을 벌어들이는 행위 속에 불로소득과 손쉽게 치부하려는 마음이 싹트는 것이다. 그래서 무제한적인 사유재산제는 자금의 집중성 때문에 재산이 많을수록 재산을 불리기 쉬우며 치부하기가 유리하다. 이러한 점이 결과적으로 가진 자의 투기를 유발하고 불공평한 조건으로 경쟁하게 만들어 건전한 경제체계에 해악을 끼치는 것이다.

우리가 공평하고 조화로운 사회를 이룩하려면 재산을 가지고 재산을 증식할 수 있는 길을 막아야 한다. 그리고 투기와 불로소득에 의한 재산 증식은 철저하게 환수하여 불공정한 분배구조를 고쳐 나가야 한다.

그래서 사유재산의 증식은 일과 사업을 통해 벌어들이는 건전한
소득에 의해 이루어지도록 유도하여야 한다.

국가는 경제정의의 실현을 위해 건전한 사유재산을 육성시키고 기타
불건전하게 증식한 재산은 환수하여 공정한 재분배를 추진해야 한다.

11) 금융통화관리를 재정립하자

금융통화 정책에 대해서는 한국은행에서 통제하고 있다. 그러나
이것은 몇몇 위원에 의해 정해지고 국민들은 어쩔 수 없이 따라가는
상황이기에 문제가 크다. 그들이 결정하는 금리의 변동이나 기타 통
화에 대한 대책은 국민의 생활에 직접 영향을 주고 있다. 그렇기 때
문에 몇몇 전문위원에 의해 일방적으로 결정된다는 것은 경제정의
차원에서 문제가 아닐 수 없다.

더욱이 국가적 차원에서 통화관리 문제도 한국은행이 통제 못 하
는 음성자금이 너무 많다. 그래서 현재의 통화관리로는 경제정의 실
현이 불가능하다. 다시 말해서 정치인과 재벌의 숨겨진 돈과 외부로
드러나지 않은 기업의 음성자금에 대한 정확한 파악 없이 겉으로 드
러난 통화만으로 통화정책이 세워진다는 것이 문제이다.

금융통화관리는 한국은행의 고유업무이지만 금리변동과 통화관리
잘못으로 오는 피해를 국민이 직접 받기 때문에 이제는 국민이 직접
참여하는 통화관리체제가 필요하다.

더욱이 현재는 금통위에서 분기별로 상황에 따라 기준금리를 조정
하고 있다. 이것은 변동금리라는 고정되지 않은 금리제도에 의해 물
가나 통화를 조절하려는 것이다. 그러나 기준금리의 변동은 물가의

통제기능은 약하고 통화의 변동성만 주기 때문에 국민의 생활에 불안한 요소로 작용된다. 그래서 기준금리는 조정기간을 분기에서 1년 단위로 늘려야 한다.

이제까지 금통위가 기준금리를 열심히 조절해도 물가가 제대로 조절이 안 되는 것은 금통위의 금리 조정이 문제가 있다는 의미이다. 그러므로 우리 사회의 경제정의의 실현을 위해서는 금융통화관리가 금융기관을 위한 대책이 아니고 국민을 위한 대책이 될 수 있도록 전환되어야 한다.

12) 대기업의 실제적 독과점을 막자

현재 우리 사회의 대기업은 전자, 자동차, 석유화학, 통신 등 분야를 거의 독과점하고 있다. 외형적으로 나타나는 것은 여러 대기업이 서로 경쟁하는 것처럼 보이나 실제적으로는 담합과 상호 가격 규제를 통해 독점하고 있는 것이다.

특히 석유화학 분야에 있어서는 더하다. 겉으로는 여러 정유사가 서로 경쟁하는 것처럼 보이나 실제로는 각각의 정유사가 자신의 상호를 갖고 있는 대리점이나 직영점을 운영하고 있어 자신들의 뜻대로 가격 통제를 하고 있다. 이 때문에 국민들은 그들이 멋대로 정한 유류 값을 지불하고 기름을 쓸 수밖에 없다. 이것은 경제정의를 위해서도 반드시 고쳐져야 한다. 다시 말해서 정유사가 직영하거나 대리점을 운영하지 못 하게 하여야 한다. 그리고 통합(무콜) 주유소를 만들어야 한다. 더불어 유가 연동에 대한 가격 변화를 국가가 직접 통제하여야 한다.

자동차나 기타 가전제품, 이동통신 또한 마찬가지이다. 그들은 대리점 혹은 직영점이라는 허울 좋은 명목 속에서 각자의 독점적 권한을 유지하고 있다. 그래서 자신들에게 유리하게 유통체계를 구성해서 가격을 통제하기 쉽도록 만들어 놓았다. 그 때문에 국민들은 그들 멋대로 정한 가격으로 사거나 이용할 수밖에 없으며 그로 인한 물가 상승의 피해를 그대로 받고 있다.

이와 같은 독과점은 대기업이 스스로 통제할 수 있는 대리점 혹은 직영점의 영업형태에서 이루어지기 때문에 대기업이 유통과정에 직간접으로 참여하거나 관여할 수 없도록 규제하여야 한다.

더불어 대기업의 독과점을 규제해야 할 근본적인 이유는 유통과정에서 물건 가격을 자신들에게 유리하게 부풀린다는 점이다. 그리고 그것을 통해 국민을 대상으로 과도한 이익을 취하고 있는 것이 문제이다. 이렇게 벌어들인 대기업의 과도한 이익은 물가를 지속적으로 상승하게 하고 있으며 중소기업과의 임금격차를 크게 만든다. 특히 대기업과 중소기업 간의 임금격차는 사회적 빈부격차와 청년실업을 유발하기 때문에 경제정의의 실현에 해가 되고 있다.

제2장 균형자본주의의 논리

    현대 사회의 자본주의 논리는 변증법적 단계를 거쳐 전개된다. 이러한 변증법적 단계는 정, 반, 합의 순서에 의해 각 단계를 거치게 된다.

    여기서 정(正)은 초기의 자본주의를 일컬으며 진행과정에서 근대 자본주의가 형성되었으나 이 또한 심각한 부작용이 생겨 그에 대한 반(反)작용으로 수정자본주의가 생겨났다. 이러한 수정자본주의는 또다시 금전만능주의와 빈부격차의 심화 등의 경제정의를 해치고 사회문제를 야기했다. 그래서 합(合)의 단계의 새로운 자본주의가 필요하게 되었으며 그것이 균형자본주의이다.

1. 초기 자본주의

초기 자본주의는 중세 봉건주의가 몰락하면서 절대왕조시대로 들어오면서 시작했다. 이 시기는 상업자본의 형성과 함께 중상주의가 발달되는 시대이다. 또한 이때는 역사적으로 지리상의 발견을 통한 식민주의의 팽창기로 생산품의 소비를 위한 판로 개척에 힘쓴 시대이다. 그리고 금융산업의 발달이 시작된 시기이기도 하다.

초기 자본주의는 통상적으로 15세기 중반에서 18세기 중반까지의 기간으로 본다. 또한 이것은 초기 수공업적 경제체계에서 근대 자본주의로 넘어가는 과도기적 경제체계이다. 이 시기는 수공업으로 생산이 진행되었기 때문에 더 많은 노동력이 필요했으며 생산과 고용의 확대가 일어나 자본의 생산에 미치는 영향은 지대했다. 그러나 초기 자본가들의 극심한 노동 착취로 인해 또 다른 사회문제를 일으켰다.

2. 근대 자본주의

18세기 중반 이후 영국에서 일어난 산업혁명으로 경제 및 사회에 급격한 변화가 일어났다. 이러한 산업혁명 이후에는 초기 자본주의의 단계가 끝나고 본격적인 산업화가 이루어졌다. 그리고 산업화 사회가 되어 가는 과정에서 본격적으로 산업자본이라는 개념이 형성되었다. 이때의 자본주의는 산업자본을 생산에 직접 투입하여 생산을 촉진하고 고용과 소비를 연쇄적으로 일으켜 세우는 체계였다.

그리고 그러한 과정을 통해 실물경제의 흐름을 원활하게 하였다.

또한 그렇게 해서 벌어들인 이익은 노동자에게 일부 분배를 하고 소비가 되도록 유도했다. 그러나 실제적으로 노동자는 산업자본의 횡포에 의해 노동 착취만을 당했으며 오히려 더 나쁜 삶을 영위하게 되었다.

그 이후에도 노동자는 산업이 점차 더 과학화되고 기계화되는 과정 속에서 그나마의 일자리조차 잃게 되는 악순환 속에서 살아왔다.

더욱이 산업자본의 횡포는 극심한 빈부격차와 사회 양극화 현상을 가져왔다. 그 결과로 근대 자본주의는 사회적 도전을 받고 공산주의나 사회주의 체계를 요구하는 민중 혁명의 도화선이 되었다.

3. 현대의 수정자본주의

현대의 자본주의는 수정자본주의로 국가가 개입하여 빈부격차 등의 사회적 폐해를 줄이고자 노력하였다. 그리고 근대 자본주의의 단점을 보완하여 일방적 자본논리를 지양하였다. 또한 상대적 약자에게 수혜가 가능하도록 복지라는 개념을 도입하여 분배를 개선한 것이다. 그래서 자본가들의 부의 집중을 막고 사회의 구성원들이 고르게 혜택이 갈 수 있도록 노력하였다.

그러나 이것 또한 보수 기득권층의 반발과 이기심으로 더 이상의 진척이 어려워졌다. 그리고 정부의 개입이 여러 가지 법적·제도적 한계로 인해 자유방임적 상태로 변하게 되었다. 그래서 현재의 수정자본주의로는 우리 사회를 공평하고 조화로운 자본주의 사회로 이끌어 가는 데 한계에 도달했다.

지금 우리 사회구조는 최대 다수의 최대 행복을 목표로 한 민주주의이며 인본주의이다. 그러나 일부 계층의 부의 집중으로 대다수의 국민이 상대적 박탈감을 갖게 되었다. 그리고 그로 인해 대부분 국민이 불행을 느끼게 되는 민종주의(民從主義)로 변하였다. 더욱이 성실하고 근면한 사회의 철학을 바탕으로한 인본주의를 졸부들의 금전만능주의로 뒤바꾸어 놓았다.

1) 민주주의와 민종주의

민종주의(民從主義)란 말 그대로 민주주의의 상반되는 개념이다. 이것은 민주주의처럼 백성이 나라의 주인이 되는 것이 아니다. 사회의 어느 일정 계층 혹은 지배 권력기능에 의해 국민이 종속적으로 끌려가는 정치체제를 말한다.

민종주의의 주체로는 여러 가지 권력형태가 있을 수 있다. 그중의 하나가 금전만능의 금권이다. 다시 말해서 금전만능주의와 같은 돈의 힘에 의해 국민이 종속되는 것 또한 민종주의이다.

현재의 수정자본주의와 자유방임적 민주주의가 결합하여 금전만능주의를 만들었다. 그리고 이 금전만능주의가 역으로 민주주의를 민종주의 사회체제로 변형시켜 버렸다. 그렇기 때문에 자유방임 상태의 자본주의는 민주주의 체제 자체를 부정해 버리는 꼴이 된 것이다.

이러한 자유방임적 자본주의는 일부 계층에게 부를 집중케 하는 경향을 가지고 있다. 그래서 국가가 수출이나 과학 발전 등으로 부를 아무리 축적해도 상위계층으로 그 부가 집중될 수밖에 없다. 이 때문에 대다수의 국민이 계층 간의 빈부격차로 상대적 박탈감을 가질 수밖에 없다. 그래서 국민은 정치적 주체로서의 능력을 상실하게 되어 결국에는 종속적 위치로 전락하게 된 것이다. 다시 말해서 국민주권이라는 국가권력의 주체가 아닌 보조자로 전락한 것이다. 이러한 이유 때문에 자유방임적 수정자본주의는 민주주의를 해치는 자본주의일 수밖에 없다.

2) 인본주의와 금전만능주의

자본주의의 경제를 구성하는 요소는 생산과 고용 그리고 소비이다. 특히 그중에 생산의 3요소는 자본, 노동, 토지이다. 여기서 자본은 자금과 설비 등의 생산에 필요한 자산을 말한다.

그러나 현재에 와서는 자본의 일부 요소인 자금이 유동성을 빙자하여 생산의 요소에서 이탈하였다. 그러고는 경제체계의 하나로 자리잡아 발전해 가고 있다. 다시 말하면 자금이 생산, 고용, 소비와는 아무 상관없이 독립적으로 운영되고 있는 것이다. 그렇기 때문에 결국에는 금융산업에 의한 돈놀이가 합리화되었다. 그리고 그것으로 쉽게 치부할 수 있게 되어 빈익빈 부익부의 빈부격차만 더욱 커지게 된 것이다.

또 자금의 극단화된 운용은 아무 노력 없이 치부할 수 있는 불로소득의 일반화를 가져왔다. 그래서 건전한 사회철학을 망가트리고 수치심을 모르는 배금주의를 만연시켰다. 이것이 결국에는 자본주의 사회를 금전만능주의 사회로 만들어 놓은 것이다.

돈이면 안 되는 것이 없다든지 유전무죄 무전유죄의 사회적 병리현상은 모두 금전만능주의에서 나온 것이다. 그래서 금전만능주의를 뜯어고치기 전에는 이러한 사회병리 현상을 고치기가 불가능하다. 그리고 금전만능주의가 팽배해지는 그 원천을 살펴보면 자유방임적 자본주의가 주요한 원인임을 알 수 있다.

그래서 빈부격차나 금전만능주의의 폐해를 막기 위해서는 현재의 자유방임적 수정자본주의를 균형자본주의로 개선하여야 한다.

3) 투기와 투자

투자는 유동성을 가진 산업자본을 생산에 부여하여 고용을 창출하고 건전한 소비로 유도하여 균형 있는 경제체계를 유지시키는 것을 말한다. 그리고 투기란 앞서의 경제체계의 자연스러운 흐름을 무시하고 단지 유동성을 이용하여 돈으로 돈을 벌어들이는 불로소득 행위를 말한다.

투기의 근본은 불로소득을 얻도록 노력하는 데 있다. 그러나 투자는 생산에서 소비까지 이르는 경제행위를 통해 이득을 얻고자 하는 행위이다. 이것은 경제체계의 전반적인 흐름을 건전하고 균형 잡힌 방향으로 이끌고 나아가는 것을 말한다.

자유방임적 자본주의는 자유방임이라는 자본 이용의 경제행위 때문에 투자보다는 투기에 자금을 유용하게 된다. 그리고 그 결과에 따른 불로소득에 의한 부의 취득을 허용하는 것이다. 이렇게 명백하게 투기와 투자가 분류됨에도 불구하고 현재의 자유방임적 자본논리는 투기를 마치 투자처럼 포장하고 있다. 그리고 투기가 마치 정당한 행위인 것처럼 알려 주고 인식시켜 경제체계를 왜곡시키고 있다.

현재의 증권 및 펀드에 의한 투자와 부동산 투자라는 것은 도박이나 불로소득에 의한 투기와 같은 명백한 투기이다. 그럼에도 불구하고 투자라고 고집하여 국민들을 속이고 있다. 그리고 그러한 투기를 이용해 치부하기 때문에 경제의 정상적인 흐름이 손상되고 있다.

4) 근로소득과 불로소득

근로소득이란 말 그대로 고용에 의한 근로를 통해 얻어지는 실질적 소득을 말한다. 그리고 불로소득이란 돈을 이용해 별반 노력 없이 얻어지는 소득을 말한다. 이렇듯 근로소득과 불로소득의 구분이 명백함에도 불구하고 우리 사회는 구분을 못 하거나 하지 않고 있다. 왜냐하면 건전한 근로소득으로 부를 이룩하기에는 너무 많은 시간이 걸리고 많은 노력이 가해져야 하기 때문이다. 그래서 오히려 쉽고 노력 없이 이룰 수 있는 불로소득 쪽으로 치중하게 되는 것이다.

그러나 불로소득은 투기에 밀접하게 연결되어 있어 건전하고 균형 잡힌 경제체계를 손상시키고 있다. 그리고 결국에는 아무도 노력하지 않고 혜택만을 바라는 무능한 사회를 만들고 있다.

치타는 시속 110Km로 지상 동물 중에 가장 **빠르다**. 치타가 빨라야 하는 이유는 가장 좋아하는 먹이인 톰슨가젤이 시속 90Km로 대단히 **빠르게** 달리기 때문이다. 그래서 그것을 따라잡기 위해 더 **빠른** 속력이 요구된 탓이다.

이러한 치열한 속도전 속에 치타의 먹이 잡는 확률은 보통 20%에 불과하다. 다시 말해서 다섯 번에 한 번꼴로 먹이를 잡는다는 뜻이다.

사바나 하늘에는 늘 대머리 독수리들이 떠돈다. 이 대머리 독수리는 치타와 같은 육식동물이 초식동물을 잡는 것을 기다린다. 그리고는 수많은 독수리들이 치타에 접근하여 잡은 동물을 빼앗아 먹는다.

숫자에 밀린 치타는 할 수 없이 먹이를 포기하고 새로운 먹이를 찾아 나선다.

근로소득과 불로소득의 차이는 이와 같다. 불로소득은 반드시 누군가의 노력을 중간에서 착취하는 비열한 행위인 것이다.

5) 사유재산과 공유재산

민주주의와 자본주의의 근본원리는 사유재산을 인정하고 그에 대한 자산화를 허용하는 데 있다. 이러한 사유재산은 경제를 구성하는 중요한 틀이다. 사유재산제를 통해 자신의 재산을 소유한다는 욕망에 의해 더욱 열심히 일할 수 있다. 그리고 그것을 이용해 부를 축적하여 풍요롭게 살 수 있는 기틀을 만들어 가기 때문이다.

소유란 것은 자신이 지켜야 할 것을 가지고 있다는 의미이다. 그렇기 때문에 사유재산을 통해 자본주의의 근원적 발달을 추구하는 것이다. 그러나 사유재산에 대한 소유욕이 강할수록 많은 사람들은 공유하는 공유재산을 쉽게 등한시한다. 그래서 공유재산을 함부로 취급하기 일쑤이다.

사회간접자본과 공공시설물은 국가 차원에서 유지 관리되는 자산이다. 그리고 이것을 근간으로 하여 산업 생산의 바탕이 되는 것이다.

그러나 공유재산에 대한 잘못된 의식 때문에 생산의 바탕이 되는 공공시설물이 소홀히 다루어지고 있다.

모든 동물은 물이 필요하다. 그래서 물을 먹기 위해 강가를 찾는다. 이 강물은 날짐승과 들짐승 모두에게 소중한 자산이다.

악어는 물속에서 30분 이상 숨을 참을 수 있다. 그래서 강가 가까이 물속에서 조용히 숨을 죽이고 기다린다. 그러다가 물을 먹느라고 방심한 동물을 급습하여 물속으로 끌어들인다. 그러고는 익사시켜 잡아먹는다. 이렇게 악어는 좋은 위치만 차지하여 큰 노력 없이 먹이를 얻는다. 그러나 이러한 악어의 행위는 생존의 문제이므로 모든 것이 정당하다.

이제 빌딩 임대를 사유재산 측면에서 생각해 보자. 빌딩 자체가 사유재산이므로 소유주가 어떻게 처리하든 자유이다. 그러나 빌딩의 특성상 많은 사람이 임대를 하고 있기 때문에 공용시설물의 특성이 강하다. 특히 임의로 결정되는 임대료는 물가에 직접 영향을 주기 때문에 문제가 된다.

예를 들면 음식점이 임대될 때 음식값에 빌딩 임대료가 당연히 포함된다. 그래서 임대료가 비싼 지역은 음식 값이 비싸다. 이것을 우리는 마치 당연하다는 식으로 생각하고 있으나 크게 잘못된 생각이다. 왜냐하면 임대료는 불로소득 성격이 강하기 때문이다. 더욱이 이러한 불로소득을 보장해 주기 위해 사유재산제가 남용되는 것은 자본주의의 원칙에도 맞지 않는다. 그래서 임대료에 대한 규제 없이 자유방임 상태로 놔두어 서민의 생활에 직접 영향을 주는 물가가 지속적으로 상승되도록 방치하는 것은 잘못된 것이다.

6) 부의 집중과 정경유착

부의 집중은 과도한 소유와 잘못된 세금정책에 있다. 부의 집중을 통제 못 하고 세정마저 부실하다면 결국에는 부익부 빈익빈으로 모든 경제가 움직여 갈 수밖에 없다. 더욱이 부를 소유한 계층은 자신들에게 법을 유리하게 만들기 위해 노력한다. 즉 자신의 이익을 지키기 위해 금력을 이용하여 정치적 로비를 할 수 있다. 그렇기 때문에 결과적으로 더 나쁜 세금체계가 형성될 수밖에 없다. 다시 말하면 부의 집중이 되면 될수록 자신의 부를 유지하기 위해 권력기관과의 결탁이 요구된다. 그리고 그것을 위해 정경유착은 필연적으로 생겨날 수밖에 없는 것이다.

진딧물은 화초의 줄기에 기생하면서 수액을 빨아먹고 산다. 그래서 진딧물이 극성하면 화초는 말라죽는다. 자연은 이들 화초를 보호하기 위해 진딧물의 천적을 두었다. 그것이 칠점무당벌레이다. 그래서 이러한 무당벌레가 진딧물을 잡아먹음으로써 화초를 보호할 수 있었다.

그러나 개미와 진딧물 간의 공생관계가 이루어지면서 이러한 균형은 깨지게 되었다. 즉 진딧물이 개미에게 항문으로 단물을 제공하고 그 대가로 무당벌레로부터 보호를 받는다. 이렇게 되면서 진딧물은 더욱 증가하고 화초는 말라죽게 되었다.

정경유착도 이와 같다. 그들 간의 공생이 최종적으로 국민에게 피해로 남는 것이다.

7) 적자재정과 복지

수정자본주의 국가의 가장 중요한 특징은 복지이다. 다시 말해서 무능하거나 일을 하지 않아도 먹고살 수 있는 길이 열려 있다는 말이다. 복지란 힘든 노력을 하지 않고도 살아갈 수 있도록 국가가 최소한의 생활을 보장해 주는 제도이다. 이것이 수정자본주의의 핵심이라고 보아도 좋다.

그러나 복지라는 것은 그것에 필요한 예산을 확보할 필요가 있다. 그렇게 하기 위해 누군가 대신하여 더 많은 일을 해야 하고 세금을 더 내야 한다. 그렇지 않은 경우에는 복지에 쓰일 재정이 어딘가에서 보충되어야 한다.

최근에는 각 국가 지도자들이 국민의 환심을 사기 위해 외국으로부터 돈을 마구 빌려 온다. 그리고 적자재정을 운영하여 마치 세금을 덜 걷는 좋은 국정 운영을 하는 것처럼 위장하고 있다.

국가재정은 기업의 재정과는 다르다. 국가재정은 마치 가정의 가계와 같아서 들어온 수입만큼만 지출이 되도록 균형재정이 되어야 한다. 다시 말해서 수지타산이 맞는 국가재정이 운영되어야 한다는 이야기다. 그런데 정부는 무조건 쓰고 보자는 식의 분에 넘치는 예산을 편성해 놓는다. 그리고는 타국으로부터 마구잡이로 외채를 들여다 쓰고 있다.

빚은 언젠가는 갚아야 한다. 내가 지금 흥청망청 지은 빚을 우리 후손의 땀과 고통으로 갚아야 한다. 어느 막돼먹은 부모가 자신이 흥청대며 쓰기 위해 자식에게 빚을 넘겨주는가. 지금 우리는 균형을 벗어난 적자재정으로 그러한 짓을 하고 있는 것이다.

적자재정은 마치 빌린 돈이면 소도 잡아먹듯 하기 때문에 우선 쓰기 좋도록 많은 예산을 편성한다. 그리고 마구잡이 집행을 하고는 누구도 책임을 지지 않기 때문에 함부로 낭비하게 된다. 그 과정에서 불필요한 예산 집행이라든지 횡령이라든지 각종 비리가 만연하게 된다. 이것이 사회적으로 큰 피해를 준다. 그뿐만 아니라 멋모르고 부화뇌동(附和雷同)하는 국민에 의해 과소비와 거품을 일으켜 경제를 파탄

나게 한다.

개구리는 뜨거운 물에 절대 들어가지 않는다. 그러나 개구리를 삶을 때는 미지근한 물에 넣어 서서히 온도를 상승시키면 자신도 모르게 서서히 삶아진다. 처음에는 미지근하여 견디기 수월하기 때문에 조금씩 뜨거워지는 것을 느끼지 못하고 있다가 결국 펄펄 끓어야 알게 되는 개구리와 같다. 그러나 그때는 이미 늦다.

우리의 적자재정도 이와 같이 되지 말란 법이 없다. 적자재정을 통한 과소비와 거품을 본격적으로 느낄 때는 이미 늦은 것이다.

8) 자유무역과 보호무역

FTA는 각 국가 간의 자유무역 협정을 말한다. 이것은 과거의 관세장벽을 통해 이루어져 왔던 보호무역의 한계를 뛰어넘기 위해 국가간 협정에 의해 만들어진 것이다. 과거의 국제무역은 보호무역을 통해 자국의 산업을 육성하고 살리려는 국가 이기주의적 목적이 우선이었다. 그래서 보호무역으로 자국에게 유리한 산업을 활성화시켜 왔다.

이러한 점에서 자유무역은 보호무역보다 국가 간의 무역 갈등도 해소하고 균형자본주의를 이루는 데는 유리하다. 그렇지만 현재의 자유무역은 그 목적이 변질되어 있다. 일부 선도국가의 금융산업과 증권, 펀드 등을 이용한 돈놀이를 보다 쉽게 하려는 목적이 담겨 있다. 그리고 자유화를 빙자하여 중·하위권 국가의 착취도구로 이용하고 있다.

꿀벌의 천적은 말벌이다. 꿀벌은 꽃을 수정해 주고 그 대가로 꿀을 채취하여 먹고 저장한다. 그러나 말벌은 육식성이며 꿀벌의 애벌레를 잡아먹는다. 그래서 말벌은 꿀벌 집을 습격한다. 습격의 방법은 우선 정찰말벌 한 마리가 꿀벌 집을 찾아낸다. 그런 후에 정찰말벌은 자신의 페르몬을 이용해서 다른 말벌을 불러 모은다. 이렇게 모인 말벌은 강력한 집게 턱으로 꿀벌을 모두 죽이고 애벌레와 꿀을 모두 가져간다.

그렇다고 꿀벌이 항상 당하지만은 않는다. 말벌이 몰려오면 절대 살아날 수 없다는 것을 잘 알기에 정찰말벌을 죽이는 방법을 쓴다. 그러나 정찰말벌도 꿀벌보다 강력한 힘을 지녔기 때문에 힘으로는 제압이 불가능하다. 그래서 수십 마리의 꿀벌이 말벌을 감싸서 체온 상승으로 죽게 한다. 이렇게 함으로써 다른 말벌들이 찾아오지 못하게 하는 방법을 사용한다. 우리가 추진하는 자유무역도 이와 같다. 우리의 상대는 대부분 강력한 힘을 가진 말벌이다. 그들은 꿀벌이 아니다.

9) 고정환율과 변동환율

고정환율은 해당 국가의 화폐를 달러와 같은 기준 화폐와 비교하여 그 가치를 일정비율로 정하는 것이다. 이러한 고정환율은 화폐의 가치가 일정하기 때문에 국가 간 무역 거래 시에 발생할 수 있는 환 리스크를 줄일 수 있다.

이에 반해 유동환율은 미국의 달러 실정과의 비교에 따라 변화한다. 이러한 환율은 외면적으로는 시장의 원리에 따라 변화된다고 한다. 그렇지만 내면적으로는 미국이 자신에게 유리하도록 조절하고 있다. 즉 다른 나라의 화폐가치를 마음대로 조정하는 것이다. 그리고 그러한 점을 이용하여 돈놀이를 하기 쉽도록 환율을 변화시켜 왔다.

실제로는 세계 각국이 고정환율에서 유동환율로 바뀌면서 한 번씩 외환위기라는 어려움을 겪었다. 특히 우리나라는 외환위기라는 전대미문의 국가적 위기를 당하기도 했으며 결국 미국이 주도하는 IMF에 구제금융을 신청하게 되는 봉변도 당했다.

당시 우리나라에서 발생한 외환위기가 겉으로는 동남아의 바트화 문제에서 시작했다고 한다. 그러나 실제로는 환차익을 노리는 미국 등 선진국 헤지펀드 및 투기세력에 의해 일어난 것이 명백하다. 그리고 그 주요한 원인 중의 하나는 변동환율이다. 다시 말해서 변동환율이 환투기를 하기 쉬운 제도이기 때문이다.

변동환율은 마치 빵을 채 위에 올려놓고 흔드는 것과 같다. 채 위에 올려진 빵은 흔드는 과정에서 가루가 떨어진다. 그리고 투기세력은 그것을 노리는 것이다. 빵의 외형은 거의 변화하지 않고 가루만 취할 수 있으니 더 이상 좋은 것이 없다는 논리이다.

그러나 이 세상의 모든 물질은 질량 불변이다. 누가 빵에서 가루를 취했다면 반듯이 그 빵은 착취된 가루만큼의 질량이 변했다는 의미이다. 아무 변화 없이 그냥 부가가치가 발생한 것처럼 보이나 그 내면에는 손실이 있는 것이다.

다시 말하면 변동환율이라는 것은 빵을 채 위에 올려놓고 흔들 수 있도록 만든 제도이다. 환율의 변동에 따라 생기는 떡고물을 취하기 위해 만들어진 제도일 뿐이다. 이에 반해서 고정환율은 빵을 가만히 채 위에 올려놓고 조심스럽게 다루어서 가루가 생기지 않도록 하는 환율제도이다.

최근에 중국을 대상으로 자꾸 환율제도를 고치라고 강요하는 것도 결과적으로 증권 펀드 등을 이용한 증시 차익과 환투기로 쉽게 환차익을 얻을 수 있도록 하기 위함이다. 이토록 변동환율제는 원초적으로 자본주의의 착취구조를 만들어 놓고 불로소득을 취하려는 의도가 숨어 있는 제도이다.

이렇게 따졌을 때 우리에게 실시되고 있는 변동환율제와 고정환율제 중에 어느 것이 좋은가는 자명하다.

10) 포퓰리즘과 거품경제

민주주의의 꽃은 선거이다. 선거를 통해 당선자를 뽑기 때문에 선거에 이기고 선출이 되려면 우선 국민의 마음에 쉽게 드는 정책과 공약을 제시해야 한다. 그러나 국민들에게 좋은 정책이란 국민 개개인의 욕망을 충족시키는 정책일 수밖에 없다. 그리고 그러한 정책은 별 노력 없이 편하게 잘살 수 있는 방법을 제시하는 것이다.

이 세상에 쉽고 편하게 자기 식성에 맞도록 이루어지는 일은 없다. 이 때문에 선거를 통해 뽑힐 지도자는 인기 영합에 치중할 수밖에 없다. 그래서 누구라도 어려움 없이 국민의 마음을 끌어들이고 정권을 유지하기 위해 가장 쉽게 선택되는 것이 포퓰리즘이다.

이것은 손쉽게 노력 없이 편안히 먹고살려는 대다수 국민의 마음과 합치된다. 그래서 적자재정으로 외채를 끌어들이고 그것으로 경제의 거품을 일으킨다. 그리고 자신이 집권하는 동안 무리 없이 적당히 넘기는 수단으로 이용하고 있다. 이러한 포퓰리즘으로 인해 차기 지도자들은 계속 가중되는 부담을 떠맡는다. 그로 인해 우리 사회는 언제 터질지 모르는 시한폭탄과 같은 위기의 경제구조를 유지하고 있는 것이다.

자신이 이 세상에서 가장 크고 잘났다고 생각하는 어리석은 개구리가 있었다. 어느 날 인접 농장에서 소를 보고 온 동료 개구리가 이 야기를 하였다. "너보다 훨씬 큰 짐승이 있더라." 그 소리를 들은 잘 난 개구리는 배에다 힘을 주며 말했다. "이만하냐". 그러자 동료 개구 리는 "그보다 더 크다"고 했다. 배에다 더 힘주어 큰 풍선만 해졌다. "그럼 이만하냐"고 하자 "더 크다"고 했다. 그래서 결국에는 배가 터 져 죽었다.

포퓰리즘은 누가 책임지는 것이 아니다. 그 결과는 부메랑처럼 반 드시 우리에게 돌아온다.

4. 균형자본주의

민주주의의 기본원칙은 최대 다수의 최대 행복이다. 이러한 원칙 이 이행됨으로써 다수의 행복을 위해 사회적 빈부격차나 불평등요소 를 최소화하여야 한다. 또한 계층 간의 갈등과 반목을 줄여 사회 발 전에 더 큰 원동력을 얻도록 하여야 한다.

그러나 현재의 자본주의는 자유방임적 수정자본주의이다. 그래서 자금이 많을수록 부의 축적도 쉽게 되어 있다. 그 때문에 빈부격차와 자본 분화가 갈수록 심해져 사회적 부조화를 불러오고 있다.

이렇게 된 원인 중의 하나는 경제학의 고전인 아담 스미스의 『국 부론』의 영향에 의한 것이다. 그리고 그 영향이 현대 경제논리로 계 속 이어져 왔기 때문이다. 이것은 경제 운영의 원칙이 '보이지 않는 손'인 시장경제의 자율에 맡겨야 한다는 방임적 논리가 자본시장을 점유해 왔기 때문이다. 이로 인해 현재의 자본주의는 사회적 불공평 및 한쪽으로 집중되는 부의 편재가 일반화되었다. 그래서 현재 민주주의 원칙을 버리고 사회적 부조화가 생기는 심각한 딜레마에 빠져 있는 것이다.

자유방임적 수정자본주의는 국가의 조절기능이 약화되고 독선적 자본논리가 우선되는 사회를 만들었다. 또한 사회적 격차를 더욱 심각하게 하여 극소수의 부를 가진 자를 제외하고 대다수의 사람을 빈곤한 서민으로 전락시켰다. 그리고 대부분의 국민을 빈부격차에 따른 상대적 박탈감을 갖게 하였다. 그래서 민주주의의 대원칙인 최대 다수의 최대 행복에 어긋나는 방향으로 우리 사회를 이끌어 가고 있다.

우리 사회는 이러한 자유방임적 자본주의 논리에서 벗어나야 한다. 그리고 민주주의의 목표인 최대 다수의 최대 행복으로 나아가려면 경제정의에 입각한 새로운 경제 패러다임이 만들어져야 한다. 그것이 바로 균형자본주의일 것이다.

균형자본주의란 말 그대로 균형이 잘 잡힌 자본주의를 이루자는 말이다. 다시 말해서 기존 자본주의에서 보여 준 일방적 시장원리를 탈피하고 국가의 조절기능을 활성화시켜 경제적 균형을 이루는 것이다. 그래서 자유방임적 자본주의 체제를 벗어나 빈부격차도 줄이고 사회적 소외자도 감소시킬 수 있도록 하자는 것이다. 그렇기 때문에 국가 조절기능을 통해 경제체계의 순리를 되찾아야 한다.

자본주의 체제가 균형을 이루려면 경제적으로 공평해야 한다. 그리고 사회적으로 조화를 이루어야 한다. 더욱이 경제적으로 공평성을 갖추려면 소득과 분배 등 경제행위에서 공정해야 한다. 또한 법적인 평등성이 보장되어야 한다. 더불어 사회적으로 조화가 되려면 다양한 계층의 요구사항이나 방임적 시장경제를 국가가 적절히 통제하고 조절해야 한다. 그리고 사회적으로 상생을 위해 화합이 되어야 한다. 그렇게 하기 위해서는 우선 공평의 원칙에 의한 공정과 평등 논리에 대하여 정확히 규명하고 그 원칙에 따라 사회적 기준을 다시 재정립해야 한다. 그리고 조화의 원칙에 의해 조절과 화합의 논리를 바로 세워야 한다.

여기서 공평과 조화는 공정과 평등 그리고 조절과 화합을 의미한다. 공정은 공정한 경제 운용 및 사회적 조건을 뜻하며 평등은 법의 적용에 있어서 모든 조건이 평등해야 한다는 의미이다. 또한 조절은 균형자본주의가 공평한 상태를 유지하도록 국가의 적절한 조정과 조율을 활성화하는 것이다. 그리고 그 결과가 상생을 위한 화합을 이루도록 하는 것이다.

우리는 균형자본주의를 통해서 금전만능주의의 폐해를 줄일 수 있다. 그리고 여러 분야의 사회적 이데아를 창출하고 존중하여 경제정의를 이루고 최대 다수의 최대 행복이라는 민주주의의 목표에 도달하는 새로운 사회를 만들 수 있다.

4.1. 균형의 원칙

균형자본주의는 잘 지은 건축물과 같다. 잘 지은 건축물은 자신을 떠받치고 있는 하부구조인 기초가 튼튼하고 상부로 갈수록 유연성이 있는 구조로 되어 있다. 그래서 지진이나 강풍 등의 어떠한 외적 어려움에도 잘 견디어 낼 수 있다. 그리고 전체 건물은 구조적으로 균형이 잡혀 수천 년 동안 유지되는 것이다. 우리가 그러한 건축물을 지어 훌륭하게 보존하는 것과 같이 경제의 균형자본주의를 이루어 현대 사회의 경제체제를 어떤 외적 변화에 대해서도 잘 견디고 유지가 되도록 안정시키자는 것이다.

이에 따라 우리가 찾고자 하는 균형의 원칙은 경제의 어느 쪽에도 치우침이 없고 모자라지도 과하지도 않은 상태를 말한다. 또한 이러한 균형은 그 상태에 따라 두 가지로 분류된다. 다시 말해서 계속 변화하는 자본의 흐름인 동적 균형과 부동적 자산의 정적 균형으로 나눈다.

균형자본주의의 안정은 경제체계의 생산과 고용 그리고 소비의 삼각 구조에 자금의 유동성이 윤활유 역할을 하여 균형과 안정을 이루는 것이다.

자연은 먹이사슬을 통해 균형을 이루고 있다. 최하위 단계인 미생물과 박테리아가 식물의 성장을 돕고 식물은 초식동물의 먹이가 된다. 또한 초식동물은 육식동물에 의해 희생된다. 그리고 먹이사슬 최상부의 육식동물도 죽게 되면 다시 최하위 단계인 미생물이나 박테리아에 의해 분해되는 먹이 연쇄가 자연이 이루어지는 균형 원칙이다.

지구상의 인구는 40년 전만 해도 약 30억 명이었다. 그러나 지금은 그때의 2배인 60억 명이 넘는다. 어떻게 사람의 수가 늘어날 수 있을까. 물론 많이 낳기 때문이다. 그러나 많이 낳는다는 것만으로 인구가 늘어나는 것이 원인이라고 단정할 수는 없다. 자연계에서는 균형의 원칙에 따라 어느 한 쪽이 늘어나면 대신 어느 한 쪽이 줄어들게 되어 있다. 다시 말해서 인구가 느는 것은 그 대신 육지의 동물이나 식물 혹은 바닷속의 물고기가 줄어들었다는 것을 의미한다. 즉 인구의 증가를 위해 수많은 동식물이 인간의 먹이가 되어 멸종되거나 없어졌다는 뜻이다. 그래서 자연의 균형은 깨지고 지금은 자연 스스로의 회복이 불가능해지고 있는 것이다.

이것을 보면 인구의 증가가 자연의 균형을 해치고 있는 것이다. 이렇듯 현재와 같이 경제체계를 일탈한 이기적 유동성의 확대가 경제의 균형을 망치고 있다는 것을 미루어 짐작할 수 있다.

1) 동적(외적) 균형

균형의 원칙 중에서 외적으로 움직이는 상태의 자본이 균형을 이루고 있으면 그것을 동적 균형 상태에 있다고 한다. 이것은 움직이는 엘리베이터 속이나 달리는 자동차 안에서 몸의 균형을 잡는 것과 마찬가지이다. 스스로 움직임에 순응하여 균형을 잡는 것이며 관성 균형이라고 한다.

자본 또한 동적인 상태에 있는 것이 있다. 다시 말해서 동산 혹은 금융자산, 증권, 펀드 등의 유동성을 갖고 있는 자본들을 모두 지칭한다. 그리고 이러한 것들은 항상 움직이거나 유동적이기 때문에 균형을 이루기 위해서는 관성의 법칙을 적용하여야 한다.

관성의 법칙이란 과거에서 현재까지의 움직임으로 보아 장차 어떠한 움직임을 보일 것인가를 예측하는 것이다. 그리고 또한 그 예측의 정도에서 크게 벗어나지 않는 상태의 자본의 흐름을 말한다.

이러한 동적 균형은 그 움직임에 따라 상승, 하강, 보합의 과정을 거쳐 안정된다. 그리고 이러한 과정이 연속적으로 나타난다.

동적 균형의 주 대상은 주식과 펀드, 외환과 금리이다.

여기서 주식과 펀드는 외환과 동시에 동적으로 변화하는 분야이다. 그리고 외환의 경우는 환율과 외환 보유고가 별개로 동적 작용을 한다.

특히 환율이 변동환율제로 전환된 뒤부터는 그 영향을 증시에 직접 미치고 있다. 그래서 증시로 들어온 외국 투기자본은 주식으로 큰 이득을 얻고 상승된 주식 가격을 환치기라는 수법으로 빠져나가고 있다. 그리고 그들은 이러한 방법을 이용하여 계속적으로 국가의 부를 축내고 있다. 그럼에도 불구하고 국가는 증시의 부양에만 힘쓰고 있다. 이것이 누구를 위한 증시 부양이며 무엇을 위한 정책인지를 재검토해 봐야 한다.

동적 균형의 실천은 증시에 투기적인 방법으로 접근하여 불로소득을 얻지 못하도록 경제 운영을 하는 것이다. 즉 동적 균형을 통해 투기를 배제하고 주식의 근본목적인 생산자본의 균형과 안정으로 되돌려 놓는 것이다.

그러기 위해서는 일차적으로 증시의 거품을 제거하고 이차적으로는 고정환율제로 되돌아가야 하며 삼차적으로 증시의 동적 균형을 위해서 국가의 개입을 소극적으로 해야 한다.

(1) 상승 균형

상승 균형이란 자본의 흐름이 산업경제의 발전에 따라 동반 상승하면서 그에 따라 균형이 잡혀가는 것을 말한다.

특히 증시에서 나타나는 상승 균형은 주가의 상승이라는 점에 있어서 좋은 것으로 인식되지만 실제로는 주가의 상승이 회사의 경영과는 별 상관이 없다. 또한 평범한 주가가 의도적인 작전에 의해서도 상승되는 것을 보면 주가는 일종의 경제적 거품이다.

주가가 상승하는 것이 회사의 자산을 증가시켜 준다는 좋은 점도 있다. 하지만 회사의 자본 투자라는 점에서는 직접적 투자보다 간접

투자를 선호하기 때문에 결코 회사의 직접적 발전에는 기여하지 못한다. 그래서 주식 부자는 있어도 부자 회사는 없는 것이다. 또한 주가의 상승은 일부 계층에 부의 집중이 되어 사회적 빈부격차를 심화시키는 요인이 되기도 한다.

그리고 또 하나의 상승 균형을 하는 것이 채무이다. 특히 국가, 기업, 개인의 채무는 거품경제의 영향으로 계속 상승하고 있다. 이러한 상승 균형은 장차 우리에게 큰 시련으로 나타날 수 있다.

(2) 하강 균형

하강 균형이란 경기가 침체되어 가면서 동반하여 하향 상태로 균형이 잡혀가는 것을 말한다.

그러나 하강 균형이 되어도 좋은 것이 있다. 그것은 물가이다. 경제적 거품이나 인플레이션은 물가를 상승시킨다. 그리고 소득이 그것을 못 따라가는 경우에는 생산과 소비를 위축시켜 또 다른 경제위기를 맞이하게 한다.

(3) 보합 균형

경기가 답보 상태에 있으면서 발전도 퇴보도 없는 상태이다. 이것은 경제가 큰 변화 없이 진행되어 가며 균형을 잡아 가는 것을 말한다.

임금과 물가는 서로 상관관계가 있다. 즉 임금이 오르면 물가도 상승한다. 즉 외견상 보기에는 임금이 상승하면 생활이 윤택해지는 것처럼 느껴지나 물가도 동반 상승하여 결국에는 보합상태로 균형이 이루어진다.

2) 정적(내적) 균형

균형의 원칙에서 또 다른 균형은 정적인 상태에서의 자본의 균형을 말한다. 이것은 토지 등의 부동산 또는 공장설비 등의 부동적인 자본의 흐름에서 나타나는 균형을 말한다.

정적 균형은 내적 안정을 기준으로 그 변화의 정도를 일정 비율로 놓고 균형을 찾는 것이다. 이것은 자산을 고정해 놓고 미래의 부동적인 자산의 변화를 예측하는 것이다.

이러한 정적 자산은 유동성과 관계하여 결정된다. 즉 정적 균형은 자금이 외적 유입에 따라 직접 영향을 받는다. 다시 말해서 어떤 분야에 은행대출이 증가하면 자동적으로 그 분야의 가격이 상승하게 된다. 그러면 해당 분야의 가격이 혼란을 가져오기 때문에 정적 균형을 이루려면 외부의 불필요한 유입자금이 생기지 않도록 통제해야 한다. 예를 들면 부동산 분야에 은행대출이 증가하면 부동산 시장에 불필요한 자금이 증가하여 내적 균형을 해친다. 그리고 유입자금으로 인해 부동산 가격이 폭등하는 현상이 일어난다. 또한 이것으로 인해 토지가 상승과 임대료 증가가 된다. 이러한 땅값과 임대료는 생산원가에 직접 반영되어 물가가 자동적으로 상승하게 된다.

그래서 자본의 정적 균형을 통해 경제적 안정을 이루려면 유동성의 불필요한 유입을 최대한 막아야 한다.

(1) 긴축 균형

긴축 균형은 말 그대로 불필요한 자본의 흐름을 억제하고 외적 자금의 유입을 차단하여 건실한 경제구조를 만드는 것이다.

또한 소비경기에 과도한 거품이 진행될 때도 산업의 안정을 위해 국가 차원에서 긴축재정 등으로 내적 조절을 하는 것이다. 그리고 필요하다면 과소비를 절제하도록 정책을 세워 집행하는 것이다.

특히 유동성이 불안정한 경우에는 산업자본의 투자를 줄이고 긴축을 통해 리스크를 적게 할 필요가 있다.

(2) 부양 균형

장기적으로 경기 침체가 예측될 때 경기의 활성화를 위하여 취하는 균형이다. 이것은 일정한 정도의 거품경기를 유도하여 경기 침체를 타개하고자 하는 것이다. 그래서 경기 부양 정책으로 방향을 잡아서 추진해야 한다. 이때에는 산업자본의 유동성을 키우기 위해 설비투자를 활성화할 필요가 있다.

또한 통화의 양적 완화도 일종의 경기 부양정책이다. 이러한 양적 완화는 인플레이션의 위험을 내포하고 있기 때문에 부양균형을 이루고자 할 때는 통화량에 대한 철저한 모니터링이 필요하다.

더불어 부양 균형은 과소비나 거품경기를 만들 수 있기 때문에 항상 포퓰리즘의 가능성에 대비해야 한다.

(3) 정상 균형

경제의 흐름이 정상적으로 발전될 가능성이 있을 때 혹은 부양이나 긴축 등의 심한 내적 변화가 요구되지 않을 때 스스로 균형이 이루어지는 경우이다.

이는 가장 바람직한 상태로 자본의 균형이 이루어지기 때문에 지속적 발전 가능성을 가지고 균형 잡힌 산업자본주의를 추구할 수 있다.

4.2. 안정의 원칙

민주주의의 기본원칙은 최대 다수의 최대 행복이다. 우리는 이것을 이상으로 해서 사회적 빈부격차나 불평등요소를 최소화한다. 그래서 사회적 갈등과 반목을 줄여 경제적 안정을 추구하고 있다.

그러나 현재의 자본주의 경제논리는 시장의 흐름에 맡긴다는 자유방임적 사고에 근거를 두고 있다. 그리고 실제적으로는 기득권과 금권에 의한 자본논리를 그대로 인정하고 있기 때문에 금권 자본주의로 변질되어 있다. 그래서 자본이 많을수록 부의 축적도 쉽게 되어 있어 빈부에 따른 자본격차가 심해질 수밖에 없다.

이러한 자본격차와 더불어 현재의 자본주의는 사회적 불공평 및 한쪽으로 치중되는 부의 편재 등으로 심각한 딜레마에 빠져 있는 것이다.

경제구조주의의 안정론은 국가의 조절기능을 키우고 독선적 자본논리에 대항하여 사회적 격차를 줄이는 것이다. 그리고 그것을 통해 국가 전체의 경제적 안정을 취하도록 하는 데 목적이 있다.

비정상적인 시장경제논리는 극소수의 부를 가진 자를 제외하고 대다수의 사람을 빈곤한 중산층과 서민으로 전락시킨다. 그래서 우리는 경제의 안정을 추구하고 빈부격차를 감소시켜 그에 따른 상대적 박탈감을 줄이려는 것이다. 그것만이 민주주의의 대원칙인 최대 다수의 최대 행복에 근접하는 방향으로 우리 사회를 나아가게 하는 것이다.

우리 사회가 안정적 경제 성장을 이루고 미래 지향적 발전을 하려면 지금까지의 편협한 자본주의 논리 아래서 벗어나야 한다. 그리고 민주주의의 목표에 부합되는 새로운 경제논리를 만들어야 한다. 그것이 바로 균형자본주의적 구조 안정론일 것이다.

경제의 구조안정주의란 말 그대로 이제와 같이 일방적 시장원리에 맡겨지는 원칙 없는 경제구조를 탈피하고 균형과 안정을 통해 잘 세워진 집과 같이 바꾸자는 것이다. 말하자면 밑뿌리에서부터 튼튼하게 조성하여 경제구조를 아래부터 차곡차곡 쌓아 올려 안정한 체계로 만드는 것이다.

기존 자본주의 경제체제가 안정을 이루려면 그 체계는 잘 세워진 높은 건물과 같아야 한다. 건물의 기초와 기둥 벽이 자신의 역할을 다할 수 있도록 적절한 크기와 내력을 갖고 버텨 주어야 한다. 또한 각층의 바닥과 같이 사회의 각 계층이 적절한 경제력을 갖고 자신의 역할을 할 수 있도록 체계를 만들어야 한다. 그리고 그 주도적 역할은 국가와 사회가 합심하여 이루어야 한다.

더욱이 우리 사회가 경제적으로 안정성을 갖추려면 하후상박의 구조가 이루어져 상층부로 경제력이 집중되어서는 안 된다. 아래보다 위가 큰 가분수적인 경제구조는 위쪽만 튼튼하고 기초가 부실한 건물과 같다. 이러한 건물이 비바람에 쉽게 무너지듯 안정이 안 된 경제는 가벼운 외적 영향에 쉽게 무너진다.

우리는 과거에 IMF와 미국 발 경제위기를 겪어 왔다. 그리고 앞으로도 그러한 위기는 계속될 것이다. 이러한 이유는 위기의 시작이 모두 비만화되고 집단이기주의화된 경제 상층구조의 부실에 의한 것이기 때문이다. 더욱이 위기가 발생하였을 때에는 자신들만이 살아남기 위해 무슨 짓이라도 한다. 그래서 억지 명분을 만들어 공적 자금이라는 무책임한 돈을 조성해 위기를 타개하고 필요에 따라 횡령까지 한다. 이러한 도덕적 해이가 경제구조를 흔들어 놓고, 아무 죄 없는 하부구조의 중산층 서민들에게 피해를 전가시키고 있는 것이다.

우리 경제의 상부구조와 하부구조가 구조적으로 균형 잡힌 상태를 유지하고 있다면 위기가 와도 큰 문제가 없다. 다시 말해서 상부가 흔들려도 하부가 굳건하게 지켜 주기 때문에 국가의 전체적 경제체계는 구조적으로 안정된 상태를 유지할 수 있다.

빈부격차가 크다는 것은 결국 경제구조의 상·하부구조가 불균형 상태에 있다는 것이다. 이것은 경제력의 집중이 상층부로 몰리는 것을 뜻한다. 다시 말하면 하층부에 분배가 되어야 할 경제력이 상부로 모여 가분수 상태를 이루고 있는 것이다. 이렇게 되면 경제위기가 왔을 때는 상부가 무거운 추와 같아서 쉽게 넘어지는 것이다. 그러나 이럴 때도 상층부는 법적 경제적 기득권을 가지고 있어 자신들이 저질러 놓은 경제위기에 대하여 무책임하게 처신한다. 그리고 자신들이 살아나갈 길을 먼저 찾아낸다. 또한 국가는 위기에 대한 근본적 해결 없이 임기응변 식의 정책을 이끌어 간다.

지금까지 우리에게 닥쳐왔던 위기는 마치 잘 해결된 것처럼 보인다. 그러나 실제로는 미봉책으로 인해 만성화되어 잠복된 것이다. 언젠가는 다시 재발될 수밖에 없는 잠재성 경제위기로 남아 있다. 그래서 우리가 위기의 근원을 찾아 해결하지 않는다면 다음에 올 위기는 지금보다도 훨씬 강도가 커질 것이다. 그리고 그 상황은 더 잔혹해질 것이다.

위기가 닥치면 전가보도(傳家寶刀)처럼 공적 자금이 논의된다. 우선 급한 불부터 끄고 보자는 식이다. 그러나 불은 누가 내고 뒷감당은 누가 하는가.

특히 국민의 혈세로 메워야 할 공적 자금은 집행과정에서 사방으로 빠져나가 도덕적 해이에 빠진 엉뚱한 사람의 주머니를 채워 주고 있다. 그러고는 어느 결에 누구도 책임지지 않는 쌈짓돈이 되어 버린다.

이것은 마치 고층 건물의 상층부에 금이 갔다고 호들갑 떨며 엄청난 자금을 들여 상층만 보수하는 것과 무엇이 다른가. 건물구조에서 실제적으로 전체 붕괴를 일으키는 것은 상층부 부실보다 하층구조가 부실할 경우가 많다. 그렇기 때문에 경제구조 측면에서도 상층부 부실을 해결하기 위해 공적 자금 투입이라는 보강책을 쓴다는 것이 어불성설(語不成說)이다.

1) 빈부격차 해소

국가의 총자산을 고려할 때 각 국가마다 한계가 있는데 그것을 총액자산 한계상태라 한다. 이것은 총자산을 한 개의 떡으로 비교할 수 있다. 어느 일부 계층이 떡의 대부분을 차지하면 대다수의 사람은 나머지 떡으로 나누어야 하므로 각자는 아주 적은 것을 차지할 수밖에 없다.

이러한 이유로 한정된 국가 총자산도 어느 일부 계층이 많이 소유하면 기타 계층이 나머지로 나누어야 한다. 그래서 기타 계층은 적게 소유할 수밖에 없다. 이것 때문에 소유가 한곳으로 집중되면 계층 간 격차가 커질 수밖에 없다. 이것이 결국 빈부격차를 만드는 것이다.

사회적 소유의 차이로 발생된 빈부격차를 감소시키는 방법은 국가 총자산에 대한 균형 있는 분배를 통해서만 이룰 수 있다. 이에 대한 해결책으로는 첫째는 고용 확대 및 기업 간 임금격차를 감소시켜야 한다.

둘째는 물가 안정 및 적절한 통제가 이루어져야 한다.

셋째는 세금을 감소하여 서민의 부담을 줄여야 한다.

넷째는 소유와 소득에 맞는 세금을 부과하여 사회적 형평을 이루어야 한다.

다섯째는 균형 분배에 의한 자산의 집중을 막고 고르게 분산시켜야 한다.

어느 산골짜기에 겨울철에 눈이 내리지 않아 가뭄이 들었다. 그러자 그 이듬해 가을에는 도토리 열매가 맺지 못했다. 그 때문에 굶주린 사슴과 멧돼지가 산을 떠났다. 사슴과 멧돼지가 사라지자 잡아먹을 것이 없어진 호랑이가 굶어 죽었다.

우리 사회의 빈부격차로 인한 어려움은 최하위층에서부터 시작한다. 그리고 중산층이 사라지면 결국에는 상위층도 자신들만 호의호식하고 살아갈 수 없게 된다. 이것은 자연이 우리에게 가르쳐 주는 교훈이다.

그래서 우리는 우리 사회에서 계속되는 빈부격차를 해소하지 못하면 공멸할 수밖에 없는 것이다.

2) 거품경제 해소

경제의 안정과 미래 지속적인 발전을 위해서는 포퓰리즘에 의한 거품경제를 해소해야 한다. 이것을 위해서는 우선

첫째는 국가의 전형적인 포퓰리즘의 원인인 적자재정을 균형재정으로 전환시켜야 하며 국가의 부채나 공기업의 부채를 축소시켜야

한다.

둘째는 거품경제 조장으로 인한 과소비를 억제하고 건전한 소비를 유도하여 생산과 소비의 균형을 이루도록 한다.

셋째는 은행대출과 카드 사용을 정책적으로 규제하여 중산층 서민의 부채를 감소시키고 생활 안정을 꾀하도록 한다.

이렇게 국가적 차원에서의 의도적 거품경기의 해소가 진행되어야 경제적 균형과 안정을 얻을 수 있다.

3) 금전만능주의 사회풍토의 억제

경제의 균형과 안정을 깨는 가장 큰 요소는 금전만능주의이다. 돈으로 안 되는 것이 없다는 사회풍조는 건전한 도덕관념이나 사회철학을 병들게 한다. 그리고 그러한 풍조가 만연되면서 각종 사회문제를 일으킨다. 더불어 수단과 방법을 가리지 않고 돈을 벌려는 것을 일반화하여 인간의 본성을 해치는 사회구조를 만들어 간다.

수단과 방법을 가리지 않는 풍조가 계속되면 노력 없이 사는 것을 부끄러워하지 않게 된다. 그렇게 되면 강도짓에 가까운 불로소득 행위도 마치 떳떳한 것으로 여기게 하는 이상한 사회가 된다.

이러한 사회풍조를 불식시키기 위해서는 우선 개발에 편승한 불로소득을 원천적으로 봉쇄하고 그에 따른 이익에 대해서는 국가 환수가 필요하다. 그리고 증권 및 부동산에 대한 올바른 사회의식을 고취시켜 투기를 억제해야 한다. 또한 도박과 사행성 부분의 건전성을 확보하기 위한 도덕재무장 운동이 필요하다. 이러한 사회 건전성 회복에는 인본주의적 사회철학을 재정립시켜야 한다. 그리고 금전만능주의로 인한 피해를 없애야 건전한 경제적 안정을 얻을 수 있다.

4.3. 공평과 조화의 원칙

균형자본주의의 경제원칙은 공평과 조화이다. 그리고 그 최종목표
는 전체 국민의 행복과 경제적 안정이다.

여기서 공평은 사회와 그 구성원을 대상으로 공정성과 평등의 원
칙을 근간으로 하고 있다. 그리고 조화는 국가와 국민이 조절과 화합
할 수 있도록 하는 것에 그 근원을 두고 있다.

국가권력은 공정의 원칙을 적용하여 국가와 사회를 공명정대(公明
正大)한 바탕 위에 세워야 한다. 그리고 각종 제도 및 법은 평등의 원
칙에 의거하여 제정과 집행이 되어야 하며 그에 맞는 권리와 의무를
부여하여야 한다. 또한 국가는 조절의 원칙에 입각하여 불평불만의
요소를 없애야 하고 사회는 화합의 원칙에 순응하여 미래 발전 지향
적인 변화를 가져야 한다.

이러한 원칙에 따라 그 각각의 세부적 내용을 분류해 보면 다음과
같다.

1) 공정의 원칙

균형 잡힌 공정한 자본주의 사회를 이룩하려면 국가권력이 먼저
공정의 바탕 위에 바로 서야 한다. 그리고 공정성을 통해 경제에 대
한 권력의 행사가 공명정대(公明正大)해야 한다. 이러한 조건을 만족
하려면 다음과 같이 7가지의 조건에 부합되어야 한다.

(1) 투명성

투명의 의미는 매사의 모든 일이 외부에 밝게 비쳐 가림이 없어야 한다. 그리고 공명정대한 바탕 위에 일의 흐름이 명확해야 한다는 의미이다. 투명하려면 자본의 흐름이나 국가의 재정 집행 및 모든 분야의 경제체계가 명확히 드러나 보여야 한다. 그래서 한 점의 의혹도 생기지 않도록 처리되어야 한다.

예를 들면 핀란드는 국민 개개인의 소득에 대하여 투명성이 철저하게 유지되어 국민 누구도 세금에 대하여 불만을 가진 사람이 없다. 고소득자는 고소득에 맞추어서 합당한 세금을 내고 낮은 소득자는 그에 맞추어서 세금을 내기 때문에 공정성이 유지되는 것이다.

또한 우리 사회에서 투명해야 할 것은 은밀히 거래가 이루어지는 미술품, 골동품, 공예품 등 기타 각종 유가자산에 대한 투명성이다. 이 분야에 대해서는 음성적 거래를 막기 위한 철저한 조처가 필요하다.

(2) 정당성

공정해지려면 모든 조건에서 정당해야 한다. 정당하다는 것은 그 일의 결과가 어느 곳에 내놓아도 떳떳하다는 의미이다.

대규모 유통기업이 서민생활 속에 파고들어 동내의 소규모 점포와 가격 경쟁을 하는 것은 정당하지 못하다. 왜냐하면 이는 마치 대포와 총과의 싸움과 같아서 자본이나 운송 시설 등의 능력 차이가 가격을 결정하기 때문에 서로 상대가 되지 않는다.

그래서 이들 상호 간에는 어떠한 경우에도 경쟁의 정당성을 가지고 있다고 말할 수 없다. 그리고 공정성 또한 성립되지 않는다. 이러한 상태에서도 유통의 다윗과 골리앗의 싸움을 국가가 방임적으로 방치하는 것은 자신의 공정성 직무를 태만히 하는 것이다.

현재의 자유방임적 자본주의에서 돈을 가지고 돈을 버는 것은 정당한 것처럼 경제학에서 꾸며지고 있다. 그러나 이것은 정당하지 못하다. 세계의 경제를 주도하고 있는 미국의 유대인들이 돈놀이를 마치 정당한 부가가치 창출인 것처럼 하고 있는 것도 자본의 정당성을 훼손하고 있는 것이다.

정당하다는 것은 그것을 추구하는 수단이나 방법뿐만 아니라 목적도 사심이 없이 올바른 것이어야 한다.

(3) 정확성

공정하려면 일의 처리 과정에서 하나하나 가치기준에 어긋나지 않게 정확해야 한다. 그러나 현재의 자본주의 논리는 상황에 따라 그때그때 다른 불확정성(不確定性) 논리를 가지고 있어 경제이론의 공정성은 신뢰하기 어렵다.

특히 국가의 경제정책에 있어서의 정확성은 계획 단계에서 실시 단계에 이르기까지 국민 누구라도 예측이 가능해야 하므로 공정성을 확보하는 데 있어 절대적으로 필요한 것이다.

정확성이 결여되면 매사를 적당히 어물쩍하게 넘기려 하기 때문에 신뢰가 되지 않는다. 다시 말해서 그때마다 시기와 상황에 따라 변화하는 정책은 신뢰를 주지 못한다. 그리고 신뢰를 주지 못하면 공정성을 설득할 수 없다. 정책이 아무리 좋은 결과를 가져온다고 설득을 해도 정확성이 없으면 공정성을 보장할 수 없다. 그리고 이러한 불공정성이 국민생활의 균형을 깨고 불안정을 키운다.

(4) 타당성

경제의 균형과 안정에 공정성이 인정되려면 대부분의 사람에게 그 타당함이 확인되어야 한다. 전반적으로 보편타당하지 않고 일부에게 만 유리하거나 편협한 것은 타당하다고 할 수 없다. 시기에 따라 변화하는 것은 타당성을 가질 수 없으며 공정성이 결여된 것이다.

고위 공무원 임용에는 청문회라는 것을 연다. 임용후보자가 그 자리에 앉게 해도 되는지에 대한 타당성을 알아보려는 자리이다. 그러나 임용후보자가 여러 가지 경우에 있어서 임용조건에 적합하여도 그 자리가 차지하는 사회적 위치 때문에 신중을 기하지 않을 수 없다. 그렇기 때문에 청문회를 여는 것이다. 그래서 청문회 과정에서 타당성에 대한 질문과 논박이 이루어지는 것이다.

일례를 들어 부동산 투기 의혹이 있다고 하자. 이것은 고위 공직자로서 공적인 행위보다 자신의 이기심이 먼저라는 증표이다. 그래서 임용후보자가 공직자 자격이 없음을 알 수 있다. 또한 음성적으로 알아낸 정보를 이용하여 재산을 증식했다면 그것은 공정성에 정면으로 위배되는 행위이다.

그래서 그가 부동산을 사들였다 되팔아 이익을 내는 경우는 그것이 아무리 법적으로 문제가 없어도 공정성에 있어서 타당하다고 볼 수 없다. 왜냐하면 부동산 투기는 의도 여부와 관계없이 그 사람의 사고방식이 공적인 것보다 자신의 이기심이 앞선다는 뜻이 된다. 더욱이 이익을 보고 되팔았다면 투기의 목적이 있는 것으로 보는 것이 타당하기 때문이다.

(5) 입증성

공정성을 갖추려면 어떠한 사실이 사회적으로 검증되어야 한다. 그리고 공정하다는 것이 입증되어야 한다. 논리적으로만 검증되고 실제적으로 입증되지 않으면 그 공정성을 확인할 수 없기 때문에 입증에는 시간이 필요하다.

아무리 명백한 사실도 그것이 공정하다는 것을 정확히 입증할 수 없으면 공정성이 인정되지 않는다.

이때 입증의 원칙은 입증해야 할 내용이 자본주의 경제의 규칙이나 제도에 적법해야 하며 공리적이어야 한다.

사자가 풀을 먹는다고 가정하자. 대부분의 사람들은 아니라고 한다. 왜냐하면 사자는 육식동물이기 때문에 초식동물을 잡아먹는다는 것이다. 그래서 초식동물처럼 풀을 못 먹는다고 생각한다. 그러나 때에 따라서 수사자는 풀을 먹는다. 굶주림과 허기진 배를 채우기 위해서 하는 행동이다.

이것은 많은 동물학자들에게 관찰된 내용이다. 다시 말해서 관찰에 의해 입증된 사실이라는 의미이다.

(6) 일관성

공정한 처리는 어떠한 조건에서도 처음부터 끝까지 일관성이 유지되어야 한다. 일관성이 없는 것은 대다수의 사람들에게 설득되지 않는다. 상황에 따라 쉽게 일관성을 잃으면 신뢰하기 어렵다.

예를 들면 어떤 재판 과정에서 그때 처한 국가적 상황과 분위기에 따라 서로 다른 판결이 나오면 그것은 법의 일관성을 잃은 것이다. 또한 그로 인해 사법부의 권위와 공정성을 의심받게 된다.

더불어 경제적인 측면에서의 일관성 또한 공정성을 확보하기 위한 필수 불가결한 요소이다.

(7) 단순성

공정하려면 전체적인 흐름이 단순해야 한다. 복잡한 것은 번거로운 가운데 조작이나 불공정성이 내포되므로 일목요연하게 시작과 끝이 단순해야 한다.

운동경기의 룰은 단순하다. 왜냐하면 경기의 룰을 복잡하게 하면 심판의 자의적 판단이 끼어들 수 있는 소지가 늘어나게 되기 때문이다. 그러므로 룰이 복잡하면 경기의 공정성이 확보되기 어려운 경우가 많이 생기게 된다.

이렇듯 공정성을 얻기 위해서는 경기의 규칙이나 룰이 단순해야 한다. 같은 맥락에서 경제의 공정성을 확보하기 위해서는 균형과 안정의 원칙도 단순해야 한다.

2) 평등(형평)의 원칙

균형자본주의 사회에서 평등한 조건은 제도와 법 그리고 국가정책의 수립 및 집행에서 찾아볼 수 있다. 이는 입헌주의 국가에서 법과 제도가 경제의 체계를 유지하는 데 있어서 절대적인 역할을 하기 때문이다.

일례를 들면 핀란드의 벌금체계는 법규 위반에 따른 과태료를 매길 때 그 사람의 연봉에 따라 달라진다. 같은 잘못을 했어도 연봉이 많은 사람은 같은 비율의 벌금제도에 따라 엄청나게 큰 벌금을 물고 있다. 즉 소득에 대한 노블리스 오블리제(nobless oblige)의 원칙에 따라 평등성을 강조하고 있다.

이러한 점에서 균형자본주의 사회에서 평등한 조건을 이루려면 다음의 5가지 조건에 합치해야 한다.

(1) 상호 비교성

상호 비교를 하여도 동등한 상태이어야 한다. 대기업과 중소기업이 서로 경쟁할 때 자본이 상대적으로 큰 대기업이 무엇에든 유리하다. 그래서 이러한 격차를 줄이기 위한 제도적 장치의 마련이 필요하다.

예를 들면 유통산업 분야에서 대기업이 지역 유통업에 참여할 수 없도록 법제화하는 것이다.

상호 비교성은 기업 간의 격차를 인정하고 서로 상생할 수 있도록 그에 맞는 적절한 수준의 경쟁이 가능하게 하는 것이다.

이것은 때에 따라 대기업의 역차별도 가능하다는 것이다. 예를 들면 어떤 소규모의 사업으로 가능한 분야는 대자본이 참여할 수 없도록 하는 것이 이에 해당된다.

(2) 기회 균등성

모든 분야에 기회를 균등하게 주어야 한다. 기업 간의 격차가 고용의 질을 결정한다. 그렇기 때문에 균형자본주의의 기본원칙을 살리려면 모든 기업이 형평에 맞도록 기회가 주어져야 한다.

대기업에 비해 급료나 작업조건이 열악한 중소기업의 경우 상대적으로 직원을 채용하기 어려운 경우가 많다. 이럴 때는 국가 차원에서 취업에 대한 법적 제한을 만들어야 한다. 다시 말해서 모든 사람이 최초 몇 년간은 의무적으로 반드시 중소기업에 취업하게 한다. 그 후에 대기업이나 대우 좋은 직장으로 옮겨 갈 수 있도록 법적 제약을 하는 것도 일종의 기회 균등을 주는 것이 된다.

(3) 차별 배제성

어떠한 조건에서도 차별이 배제되어야 한다. 우리 사회에서 팽배해진 무전유죄 유전무죄는 전형적인 불평등의 사례이다. 이러한 불평등 행위는 기득권이나 권력을 잡고 있는 계층에서 법을 이용하여 행사하는 경우가 많다.

또한 이것은 우리 사회의 배금주의 논리와 금전만능주의에 의해 인간적 차별로 가해진다. 그래서 차별이 배제되는 평등성이 중요한 것이다.

균형자본주의는 최대한 많은 사람이 형평에 맞는 대우를 받도록 하는 것이다. 그리고 그에 따라 차별 없는 경제행위가 가능하도록 하는 것이 최상의 목표이다.

(4) 보편타당성

균형과 안정을 위한 평등의 원칙에는 어떠한 경우에도 보편타당성이 보장되어야 한다. 보편적 정책이 사회 모든 분야에 골고루 전해질 때 비로소 형평에 맞는 경쟁원칙이 지켜질 수 있다. 또한 보편적 정책이 정당한 법과 제도에 의해 시행될 때만이 균형이 잡히고 안정된 자본주의 경제가 가능하다.

예를 들면 복지문제에 있어서도 복지의 수혜자가 정당해야 한다. 또한 정당하다는 것은 누구에게도 인정될 수 있는 보편타당성을 가지고 있어야 한다. 그래야 다른 사람들이 납득할 수 있다.

(5) 기득권 규제

형평에 맞으려면 기득권에 대한 혜택을 최소화해야 한다. 기득권이 너무 강하게 작용되면 보수적이 될 수밖에 없다. 그리고 보수적인 것은 부패하기 쉽기 때문에 기득권에 대한 철저한 사회적 규제가 필요하다. 특히 이러한 기득권의 피해는 법의 집행에 있어서 잘 나타나 있다. 다시 말해서 법조계에서 만연된 전관예우가 그 대표적인 것이다.

사회적으로 납득이 안 되는 연봉을 받거나 보수를 받는 경우 기득권에 해당된다. 그리고 기득권에 대한 부당성뿐만 아니라 이면적 거래에 대한 투명성이 결여되어 있는 것으로 보아야 한다. 그래서 기득권에 대한 처우는 명백하고 보편타당해야 한다.

또한 법조계의 전관예우는 균형자본주의의 형평성에 절대 맞지 않는다. 그들 간에 전관예우는 금전만능주의에서 발현되는 부패구조의 하나일 뿐이지 정당한 대우나 공정한 처사가 아니다.

그래서 경제의 균형과 안정을 위해서는 반드시 기득권에 대한 규제가 선행되어야 한다.

아마존 강둑의 나무 위에는 학들이 둥지를 튼다. 그러나 홍수가 나면 강물이 범람하여 대부분의 나무들이 물에 잠긴다. 그리고 강에서 가장 무서운 물고기인 식인 피라냐가 범람한 강물 전체로 퍼진다.

이때는 나무 위에서 새끼 학들이 상당수가 부화하여 나무 위를 위태롭게 다니다가 물에 떨어진다. 그러면 밑에 있던 피라냐가 달려들어 학들을 잡아먹는다. 이러한 어려운 환경을 겪고 학들은 성장한다. 그런 시기가 지나면 건기가 찾아와 강물도 줄어들어 피라냐가 얕은 물에 갇히게 되고 결국에는 학들의 먹이가 된다.

기득권은 이와 같다. 지금은 자신에게 유리하지만 언젠가는 새옹지마(塞翁之馬)처럼 자신을 베는 칼날이 될 수 있다.

3) 조절의 원칙

균형자본주의에서 국가가 해야 하는 가장 큰 역할은 조절이다. 국가가 정부기관이나 국민 혹은 그 각각에서 발생한 갈등과 분쟁을 해결하고 균형 잡힌 경제체계를 유지하기 위해서 하는 공적 행위는 조절이다. 이러한 조절을 통해 경제적 균형과 안정을 이루려면 다음의 7가지 조건에 맞아야 한다.

(1) 효과성

국가의 공적 행위 후에는 반드시 그에 상응한 효과가 있어야 한다. 국가의 조절기능은 균형자본주의의 가장 중요한 행위 중의 하나이다. 그래서 조절의 효과가 직접 나타나야 하며 경제적으로도 안정을 이루어야 한다.

조절의 결과는 효과성과 더불어 효율적이어야 한다. 비효율적인 조절이나 재정의 집행은 낭비를 낳게 되고 불필요한 예산 소모가 되므로 그만큼 국민 부담은 더 커지게 된다. 그래서 국가의 조절 원칙의 최우선은 균형 잡힌 경제와 사회적 안정을 기준으로 효과성을 추구해야 한다.

특히 사회간접자본을 조성하기 위한 인프라(INFRA) 구축 시 국가는 자본 조절행위를 하는 차원에서 효과를 극대화하여야 한다.

(2) 공익성

조절의 근본원칙은 공익성에 근간을 두어야 한다. 일방적 조정이
나 한쪽에 치우친 경제정책은 편협한 결과를 낳게 된다. 그래서 일방
조절은 공익성을 해칠 우려가 있으므로 사회 각 분야의 의견 수렴 등
을 통해 공익성 검증이 필요하다.

사회 각 분야의 의견 수렴은 거버넌스(governance)에 따른다. 그러므
로 해당 분야의 이해관계와 요구조건에 대한 해결로 국가의 조절과
중재를 통해 공익성이 표출되어야 한다.

(3) 합리성

국가가 균형자본주의의 경제적 균형과 안정을 위해서 직접 개입하
는 경우는 그 조절이 합리적으로 이루어져야 한다. 이러한 합리적인
조절을 통해 실물경제와 유동성의 역할을 명확하게 구분하는 것이
경제의 순리를 되찾을 수 있는 하나의 방편이다.

특히 현재의 자본주의는 자금주의로 변질되어 금융산업만의 독자적
경제 운용이 가능하게 되어 있다. 그 때문에 돈에 대한 합리성의 개념
자체가 변질되어 있다. 그래서 이것을 바로잡는 것 또한 국가의 몫이다.

(4) 명분성

국가의 공적 조절행위에는 분명한 대의명분이 있어야 한다. 명분
은 때에 따라서 실익에 우선할 수도 있다. 그래서 경제정책의 입안에
서도 반드시 고려해야 한다.

이제까지 기존 자본주의에서 자본의 역할이 변질될 수 있는 명분
은 유동성이다. 그리고 돈에 의한 돈의 부가가치 창출이 가능하다는

것이다. 그러나 균형자본주의의 경제원칙에서 명분은 이와는 다르다. 다시 말해서 균형자본주의의 명분은 경제의 근본원칙으로 돌아가서 자신의 역할을 되찾자는 것이다. 유동성은 유동성의 역할을 되찾고 실물경제는 실물경제로서의 자신의 소임을 충실히 하도록 하는 것이 가장 큰 명분이다.

(5) 권위성

국가가 권위를 가지고 모든 조절을 행해야 한다. 이러한 권위는 법이 뒷받침되어야 하며 국가 스스로가 자의적 판단에 의해 편법적인 행위를 용인하거나 방조해서는 안 된다.

이제까지 알게 모르게 국가기관이나 공무원들 속에 법을 집행하는 과정에서 편법과 탈법을 조장하거나 방조하는 경우가 많이 있었다. 이것은 배금주의 사고에 의해 생긴 관점이다. 적당히 뇌물이 오가고 그에 대한 보답으로 잘못된 행위를 눈감아 주었다. 그리고 일방적으로 편이 되어 국가의 권위를 스스로 실추시키는 것이 다반사였다. 그러나 균형자본주의에서는 이러한 부정부패에 대한 사회적 의식을 고쳐야 한다. 더불어 국가는 조절자로서의 자신의 본분을 다할 수 있는 새로운 경제이념을 가져야 한다.

(6) 상호성

국가의 균형 잡힌 조절이 이루어지려면 상호성이 전제되어야 한다. 그리고 국가의 조절 결과는 상호 간에 어느 쪽에도 인정되어야 한다.

특히 노동 쟁이나 경제적 이해관계가 있는 쌍방 간의 조절은 어느 일방이 유리하게 중재되어서는 안 된다. 또한 공권력에 의한 직접 개입도 자제되어야 한다.

이러한 상호성을 갖는 분쟁은 해결에 시간을 두고 처리해야 한다. 그리고 인내를 갖고 진행해야 하며 국가가 잘못 개입하면 그 역작용으로 경제의 균형과 안정에도 지대한 영향을 미칠 수 있다.

(7) 복지성

국가는 사회적 격차를 완화시키기 위해 사회적 약자나 소외계층을 대상으로 적절한 혜택을 주도록 경제적 조절을 해야 한다. 이것을 우리는 복지라고 하며 경제의 균형과 안정을 해치지 않는 범위 내에서 적절하게 시행되어야 한다.

때에 따라서 이러한 복지는 국민의 세금 혹은 포퓰리즘에 의한 적자재정으로 메워야 하기 때문에 국민적 부담이 된다. 그리고 반복된 혜택으로 무능한 사회계층을 만들 수 있어 국가의 조절능력을 약화시킨다. 또한 이에 대한 사회적 비용을 동시대에 해결하지 못하면 후손에게 짐을 지우는 상황을 면하지 못한다. 그렇기 때문에 균형자본주의에서는 될 수 있는 한 최소의 복지가 원칙이다.

4) 화합의 원칙

균형자본주의의 화합은 사회 각 계층 간의 서로에 대한 이해를 바탕으로 한다. 그리고 각각의 양보와 참여를 통해 상생의 길을 모색하는 것을 원칙으로 한다.

(1) 상생성

화합은 대화와 설득을 통한 상생의 차원에서 이루어진다. 노사 간에 상생을 이루려면 파업이나 직장 폐쇄와 같은 극단적 방법이 선택되어서는 안 된다. 상생의 차원에서 노동자는 노동자대로 사용자는 사용자대로 서로 양보하여 갈등으로 인한 불필요한 소모를 줄여야 한다. 그래서 서로 윈윈(Win Win)할 수 있는 노사 풍토를 만드는 것이 필요하다.

(2) 참여성

화합을 위해서는 이해 당사자가 모두 참여해서 적절한 대책을 세워야 한다. 특히 자본주의 논리에서 이해 당사자가 참여하는 이유는 경제의 모든 부분을 고르게 균형 잡기 위함이다. 그리고 그것을 통해 전체적인 화합을 모색한다.

또한 참여는 서로 다른 분야의 서로 다른 의견을 조율하고 공통의 목표를 위해 의견을 한데 모으는 과정이다. 그리고 그 결과를 모두의 동의 아래 집행하는 일련의 과정이 포함되어야 한다. 그래서 새로운 패러다임으로서 균형자본주의 사회로 변화하려면 참여성은 가장 중요한 덕목이다.

(3) 양보성

화합을 위해서는 해당 당사자 서로 간의 양보가 필요하다. 이러한 양보는 경제의 미래 지향적 발전과 균형자본주의의 자리매김에 절대적으로 필요하다. 그리고 상생을 위한 사회 융합에도 양보성이 요구된다.

더욱이 양보는 자기희생의 마음 자세가 포함되어 있어 사회적 이념의 재정립에도 중요한 역할을 한다.

(4) 명백성

상생을 위해서는 서로 간에 이해가 필요하다. 그리고 서로 이해를 하려면 사안이 명백해야 한다. 명백하지 않으면 서로에게 의심이 생길 수 있으며 의심은 신뢰를 해친다. 그래서 경제의 균형과 안정을 위해서는 모든 사회적 이념과 경제적 행위가 명명백백하게 드러나야 한다. 그리고 모두에게 한 점의 의혹도 없어야 한다.

(5) 이해성

균형자본주의가 추구하는 상생의 길은 상호 이해를 바탕으로 경제적 균형과 화합이 어우러져야 비로소 이루어진다.

균형 경제논리에 대한 이해를 위해서는 배금주의와 금전만능주의에 사로잡힌 현재의 자본주의 논리를 배척해야 한다. 그리고 계층 간에 위화감이나 빈부격차의 사회적 괴리감을 줄일 수 있어야 한다. 그래야 새로운 패러다임으로서의 균형자본주의를 접할 수 있게 된다.

4.4. 절제의 원칙

1) 균형과 절제

균형은 자연 속에서도 우리에게 무엇이 필요한가를 잘 보여 주고 있다. 자연이 잘 균형 잡혀 있는 것은 먹이사슬이 서로 적절하게 균형이 잡혀 있는 것과 같다. 그래서 어떠한 상황에도 상호 간의 관계나 질서가 흐트러지지 않고 잘 유지되고 있어야 한다. 먹이사슬이 균형 잡혀 있다는 말은 초원의 풀에서부터 최상층의 포식자에 이르기까지 자연스럽게 그 수가 유지되고 상호의 관계가 유기적인 상태에 있다는 것이다.

만일 인간이 자연에 개입하여 육식동물을 죽인다면 초원의 초식동물의 수는 급격하게 늘어나고, 그 결과 초원의 풀은 급격하게 소비되어 황폐해지고 말 것이다. 그 결과는 초식동물에게도 치명적이 될 것이다.

과거 미국은 옐로우스톤에서 그 지역의 포식자인 늑대를 닥치는 대로 사냥하여 절멸시킨 적이 있다. 그 결과 초식동물이 급격하게 늘어나 초지와 산림이 황폐해지고만 경우가 있다. 그래서 결국에는 캐나다에서 늑대를 들여와 다시 풀어 주었다. 그 후부터 옐로우스톤의 자연은 균형을 잡아 가고 있다. 이렇듯 인간이 자연의 먹이사슬에 개입하여 그 균형을 깨트림으로써 결국에는 아무것도 살지 못하는 곳으로 만들어 놓는 경우가 비일비재(非一非再)하다.

경제에서도 마찬가지이다. 경제의 기본적 흐름은 생산과 고용과 소비의 연쇄 속에서 자연스럽게 유동성이 관여하여 균형을 잡아 주어야 한다. 그러나 이제는 유동성에 인간의 이기심이 개입하여 별개의 경제체계를 구성했다. 그리고 경제의 기본 틀인 생산과 고용, 소비와는 관계없이 유동성만의 자생적 체계를 만들어 운영하고 있다. 그렇기 때문에 결국에는 경제체계의 균형을 깨 버린 것이다.

생산이나 고용을 통하지 않고 직접 소비가 가능하게 하여 자금을 이용하여 불건전한 과소비를 조장하였다. 그리고 그 과정에 대출 등의 돈놀이를 통해 이익을 창출하였다. 그래서 경제의 연결고리가 깨지게 되고 그 결과 투기와 불로소득 등의 사회적 병리현상이 만연하게 되었다.

우리가 우려하는 것은 이러한 일련의 과정이 경제를 균형 잃은 자연의 경우와 같이 황폐하게 만드는 것은 아닌지이다. 그리고 이와 같은 투기와 불로소득이 전체 경제구조를 붕괴시키는 결과를 가져올지 여부가 더 큰 문제이다.

우리가 자연을 되살릴 때와 같이 경제의 연결고리 또한 원상태로 돌려놓아 균형을 다시 잡아야 한다. 다시 말해서 생산과 고용, 소비에 이르는 정상적인 경제체계 안에서 유동성이 자신의 역할을 할 수 있도록 하여야 한다. 현재와 같이 유동성이 별도로 움직이는 비정상적인 경제구조가 변하지 않으면 우리는 경제의 균형을 바로잡을 수 없다.

2) 절제의 원칙

(1) 유동성의 절제

부자연한 경제구조를 변화시키기 위해서는 사회적 절제가 필요하다. 보이지 않는 손인 시장의 원리에 맡겨야 한다면서 오히려 금융산업체계는 음성적 조작과 작전으로 유지되고 있다. 다시 말해서 눈 가리고 아웅하는 식의 시장논리일 뿐이지 자연스럽게 시장흐름에 맡겨지는 것이 아니다.

자의적 시장논리는 금권의 영향을 직접 받고 있다. 그래서 결국에는 인위적 개입으로 인한 옐로우스톤의 경우와 같이 될 수밖에 없다. 이 때문에 경제구조가 완전히 망쳐지거나 붕괴되어 어쩔 수 없는 상황에 가서야 반성이 되고 제자리를 되찾도록 노력할 것이다. 그래서 우리는 그런 상황에 이르기 전에 사회적 제재를 가할 수 있도록 유동성의 절제가 이루어져야 한다.

사회적 견제는 새로운 패러다임을 구축할 학계나 경제계에서 시작해야 한다. 그리고 이러한 영향을 덜 받을 수 있는 학생 그룹에서 조성되어야 한다. 이러한 사회적 견제를 통해 경제의 틀을 안정시키고 유동성 절제를 통해 균형을 잡아 주어야 한다.

유동성 부분이 절제를 하지 않는 한 지금까지의 사회적 거품과 포퓰리즘에 의한 풍요로움은 더 이상 계속될 수 없다. 특히 미래에 사회적 거품이 꺼질 때는 반대급부의 빈곤과 혼란을 가져올 수밖에 없다. 그리고 이는 우리 세대가 책임을 지거나 혹은 우리의 후손이 겪어야 할 짐이 될 수밖에 없다.

(2) 복지의 절제

자본주의의 복지는 사회적으로 소외되고 경제적으로 취약한 계층에는 반드시 필요한 정책적 행위이다. 그래서 현재의 수정자본주의에서는 빈곤계층의 삶의 질 향상이라는 목적 아래 기본적 경제행위 없이도 살아갈 수 있도록 조치하고 있다. 그러나 이것은 명백한 오류이다. 왜냐하면 자연은 인간이 아무 노력 없이 살아갈 수 있도록 만들어 놓지 않았기 때문이다.

민주주의는 선거를 통해 지도자를 선정하고 그에게 막대한 권력을 쥐어 준다. 그렇기 때문에 누구라도 선거의 유리한 고지를 차지하기 위해서 포퓰리즘을 선호하지 않을 수 없다. 마치 누이 좋고 매부 좋은 식의 퍼 주기 공약은 그 결과를 누구도 책임지지 않는다. 이것은 적자재정의 전제 아래에서 시작되기 때문에 그 결과는 수혜자 각자의 빚으로 남는다. 그래서 이러한 복지는 받을 때는 좋지만 그 후에는 모두의 부담으로 남는다. 그 빚은 전체 국민의 세금으로 뒤처리를 해야 하므로 가불해서 치르는 혜택밖에는 안 된다.

그래서 선거 과정의 과장된 복지는 국민이 숙고해서 받아들여야 하며 절제의 바탕 위에서 고려되어야 한다.

(3) 소비의 절제

소비는 소득을 전제로 이루어져야 한다. 소득이 적절하지 않은 상태에서 무조건적인 소비가 된다면 그것은 빚으로 남는다. 그러나 소비에 길들어진 사람들은 소득 없이도 소비욕구를 충족시키기 위해 대출 등의 방법으로 그것을 충족하려고 한다. 그래서 이러한 소비는 종당에 사회적 문제를 일으킬 수밖에 없다.

또한 과소비는 원자재의 소모까지 요구하기 때문에 자원 고갈이라는 새로운 난제를 만든다.

이 때문에 소비가 낭비가 되는 무절제한 행위를 규제해야 한다. 내수의 활성화를 위해 소비가 미덕이라는 잘못된 의식이 지구의 자원을 궁핍하게 하고 후손이 쓸 자원을 고갈시켜 버린다.

오늘의 풍요로움을 위해 미래를 담보한다면 그것은 더 불행한 일이 생길 수밖에 없다. 이러한 이유 때문에 소비는 절제되어야 하고 부존자원은 아껴 쓸 필요가 있다.

(4) 공적 자금의 절제

공적 자금이란 정부 또는 정부에 준하는 기관이 금융기관 및 기업의 구조조정을 위해 운용하는 자금을 말한다. 이러한 자금은 국가예산에서 직접 지원하는 것이 아니다. 예금보험공사나 자산관리공사가 정부보증 채권을 이용해 자금을 조달하고 이용하는 것이다.

공적 자금은 금융위기 때 국가 차원에서 외평채를 발행하여 외국으로부터 많은 자금을 빌려 온 것이다. 그러나 위기의 해결을 위해 빌려 온 자금은 도덕적 해이에 의해 눈먼 돈으로 변하여 금융기관이나 기업주 호주머니로 들어가고 그 빚은 고스란히 국민의 부담으로 남게 되었다.

오뚝이는 아래가 무겁게 되어 있어 항상 안정하게 서 있는 것이다. 만일 위가 무거우면 쉽게 넘어진다. 우리의 경제도 이와 같다. 위가 무거우면 위기가 오고 언젠가 넘어질 수밖에 없다. 과거의 경제위기는 상위계층에 부가 집중되어 상부가 무겁기 때문에 쉽게 넘어지게 되어 있었다. 그래서 경제위기가 온 것이다.

그러나 이러한 구조적 불안정을 무시하고 있다가 경제위기가 오자 공적 자금을 이용해 해결하려고 했다. 이것은 마치 상부가 무거워서 넘어지는 오뚝이를 지게 작대기로 버텨 놓는 식으로 해결하는 것과 같다. 이렇게 상부가 무거워서 넘어지는 잘못된 경제구조의 본질을 고치지 않고 임기응변 식으로 해결하는 것은 결코 오래가지 못한다.

공적 자금은 국민의 빚이다. 이러한 중요한 자금을 경제위기를 유발한 책임자에게 혜택을 주듯이 사용한다는 것은 어불성설이다.

그리고 그들에 의해 함부로 전용된다는 것은 더욱 잘못된 것이다. 그래서 공적 자금의 운용은 국민적 합의가 반드시 필요하며 절제되어야 한다.

4.5. 경제의 균형과 불균형

경제는 그 흐름에 따라 균형을 이루기도 하고 불균형상태가 되기도 한다. 때에 따라 외연적으로 안정된 것처럼 보여도 실제로는 거품 경기로 인해 비정상적 균형인 경우가 더 많다. 이것은 정책적 포퓰리즘에 의해 일시적으로 보이는 사회적 현상이며 더 불안정한 상태로 경제체계가 흐트러질 수 있다. 이러한 비정상적 균형은 더 손쓸 수 없을 정도로 경제체계가 망가진 다음에야 혹독한 시련을 통해 다시 정상 균형이 되는 경제 사이클을 만든다.

일반적으로 정상 균형이 아닌 경우에는 경제적 불균형에 의해 경제위기가 발생된다. 그리고 위기는 사회적 시련을 주고 전쟁이나 혁명 등을 유발하여 많은 사람들이 희생당하게 된다.

4.5.1. 경제의 균형

균형자본주의는 생산, 고용, 소비의 실물경제의 안정을 통해 경제의 균형을 이루고 지속적인 사회 발전을 도모하며 민주주의의 목적에 부합하는 인본주의를 구현하는 것이 가장 큰 목적이다.

1) 생산의 균형

생산의 균형은 자본, 노동, 토지 3가지 요소에서 그 기준을 세운다.

여기서 자본은 다양한 의미로 쓰이는 개념이다. 그러나 일반적으로는 축적된 부(富)를 뜻한다. 즉 많은 양의 화폐나, 공장시설과 같이 생산의 바탕이 되는 생산수단을 말한다. 그리고 노동은 생산을 하기 위해 투여되는 인간의 활동을 말한다. 더불어 토지는 자본, 노동, 시설 등을 담아내고 생산이 가능토록 하는 땅을 말한다.

이러한 생산의 3요소에 의해 이루어지는 생산행위는 생산 과정에서 소요되는 시간보다 소비 과정에서 사용되는 시간이 훨씬 길다. 그래서 생산의 균형은 소비와의 시간적 조화가 가장 중요하다.

① 자본(유동성)의 균형
② 노동 생산성의 균형
③ 토지 효용성의 균형

(1) 자본(유동성)의 균형

생산의 균형에서 자본은 그 자체가 자금이며 유동성이다. 다시 말해서 정상적인 유동성은 생산을 벗어나서는 안 된다는 의미이다.

지금과 같이 유동성이 하나의 경제체계로 독립되어 있는 것은 자본의 균형을 깨는 것이다. 또한 이것은 우리 사회를 금전만능주의로 만드는 가장 큰 원인이다. 그리고 배금주의로 인한 여러 가지 사회적 문제를 일으키는 주요인이며 반드시 정상화시켜야 할 균형의 한 요소이다.

이와 같이 자본이 유동성만을 강조하면 돈을 기업에 직접 투자하기보다는 주식 등을 이용하여 간접 투자를 하게 된다. 그리고 그 변동성의 실익만을 취하기 때문에 재화의 실질적 생산성은 감소된다.

그렇기 때문에 유동성의 주 역할인 생산과 소비의 연결을 통해 다시 자리매김을 하여야 자본의 균형을 되찾을 수 있다.

열대 사바나의 얼룩말은 온도가 섭씨 30~40도를 넘나드는 땡볕에서도 잘 견뎌 낸다. 이것은 얼룩말 특유의 체온에 대한 조절기능이 있기 때문이다. 이러한 조절기능은 얼룩말의 얼룩무늬에 있다. 이 얼룩무늬는 포식자인 사자를 혼동시키는 목적도 있지만 체온을 낮추는 효과도 있다. 얼룩무늬의 검정 부분은 열을 받아들여 흰 부분보다 보통 5도 정도 높다고 한다. 이러한 온도 차이로 검정 부분에서 흰 부분으로 미세한 바람이 일어 체온을 식혀 주는 효과를 준다고 한다.

자본도 이와 같다. 생산과 소비 간의 연결을 통해 고용을 촉진하고 경제의 흐름을 원활히 해 주면 사회적 격차를 줄여 주는 효과를 줄 수 있을 것이다.

(2) 노동 생산성의 균형

과학기술의 발달로 현대 사회의 노동 생산성은 비약적으로 향상되어 왔다. 그러나 공장의 기계와 자동화를 통해 대량 생산이 되면서 고용인원은 감소될 수밖에 없었다.

특히 시설에서 상대적 차이가 나는 대기업과 중소 하청기업 간의 생산성 격차는 더욱 커졌다. 그리고 대기업의 경우는 시설 향상으로 고용인원의 감소화가 진행되어 상대적 임금이 상승되었다. 그러나 이에 반해 중소기업은 생산성이 현저하게 좋아지지 않아 임금의 상승이 뒤따르지 못하였다. 그래서 대기업과 중소기업의 상호 간 임금격차가 더욱 심해져 가고 있다.

또한 제조업과 반도체 IT산업에 있어서도 사향 산업과 미래 산업이라는 사회 의식적 격차로 인해 노동 생산성의 현저한 차이를 나타내고 있으며 이것이 고용에도 영향을 주고 있다.

이러한 상호 간의 고용 격차가 노동 생산성의 균형을 깨고 있는 것이다.

(3) 토지 효용성의 균형

토지 효용성의 균형에 있어서 가장 중요한 것은 부동산 가격이다. 부동산 가격이 상승하면 토지 임대료가 증가하고 이 때문에 생산원가가 상승한다. 그래서 토지 효용성의 균형을 되찾으려면 부동산 투기 및 가격거품을 제거하도록 정책이 세워져야 한다.

또한 생산의 요소로서 토지 효용성을 키우려면 사회간접자본과 교통에 대한 대책이 마련되어야 한다. 또한 부동산 투기를 억제하고 토지의 효용성에 대한 균형을 위해서는 토지의 공개념 도입이 고려되어야 한다.

2) 고용의 균형

고용의 균형은 고용의 형태나 일자리의 산업적 분류와 성별 그리고 연령별 등에 따라 다르다. 그리고 상호 간 임금의 격차와 병행하여 나타난다.

이러한 고용의 균형은 우리 생활 속에서도 살펴볼 수 있다. 예를 들면 인도에서는 소를 신성시하며 잡아먹지 않는다. 이것은 힌두교의 종교적인 의미도 있지만 그보다 더 중요한 것은 소의 효용성을 극대화하고자 하는 목적도 있다. 소를 식용으로 하는 것보다 농작용으로 사용하는 것이 훨씬 유리하기 때문이다. 특히 소를 식용으로 하는 경우에는 인도의 인구로 보아서는 쉽게 멸종될 수 있을 것이다. 그래서 소의 수를 유지하기 위해 종교적으로 금하게 한 것이다.

이와 유사한 것은 이슬람권에서 돼지고기를 금하는 것이다. 이슬람권의 토양은 주로 건조하고 사막화된 곳이 대부분이다. 이러한 지역에서는 돼지가 잘 자라지 못한다. 왜냐하면 돼지는 습지에서 잘 자라는 특성을 갖고 있기 때문이다. 다시 말해서 돼지가 사막화 지역에서는 희소성이 크다는 의미이다. 그래서 돼지에 대한 보호가 필요하므로 종교적으로 돼지의 식용을 금한 것으로 생각된다.

고용도 이와 같다. 우리 사회의 경제체계에서 생산과 소비 그리고 유동성은 잘 유지되고 있다. 그러나 고용은 그렇지 못하다. 그렇다면 경제체계의 균형을 위해 무엇을 보호하고 육성해야 할 것인지는 자명하다.

다시 말해서 고용의 균형을 이루지 못하면 경제체계의 어떤 것도 정상적으로 균형이 이루어지지 못한다. 이러한 고용의 균형은 다음과 같은 요소의 균형에서 시작된다.

① 일자리의 균형
② 임금의 균형
③ 일거리의 균형
④ 연령 및 성별균형
⑤ 고용형태별 균형

(1) 일자리의 균형

일자리의 균형에서 가장 중요한 것은 대기업과 중소기업 간의 임금격차이다. 이러한 이유 때문에 대기업으로 사람들이 몰리고 중소기업은 직원을 구할 수 없는 처지에 놓이게 되는 것이다. 결국 임금격차가 이러한 사회적 현상을 만들었으며 아무 조처 없이 방치하면 할 수록 그 정도가 심화될 수밖에 없다.

특히 기업 간의 임금격차는 청년실업을 증가시키는 요인이기도 하다. 그래서 청년취업의 경우 일자리가 넉넉한 중소기업에 당장 취업하는 것보다 대우 좋은 대기업으로 가기 위해 몇 년간의 취업재수도 불사하는 현상이 일어나는 것이다.

이러한 것이 고용의 불안정과 대기업 집중현상으로 변질되어 잠재적 실업자를 양산하는 결과를 가져온 것이다.

(2) 임금의 균형

고용에 대한 균형은 임금에 대한 균형에서 시작된다. 또한 이것은 직업 간의 격차에 의해 결정된다. 더욱이 각각의 직업은 전문성이 인정되어 분야에 따라 연봉이 정해져 고액 연봉과 최저 임금의 상호 간 격차가 굉장히 심하다.

이러한 임금의 격차는 빈부격차로 나타나 각 계층의 소비 정도에 직접 영향을 준다.

또 다른 임금의 격차는 대기업과 하청 중소기업 간의 기업 간 고용 격차로 청년실업의 원인이 되기도 한다.

그래서 고용의 균형을 바로잡기 위해서는 임금의 균형이 선행되어야 한다.

(3) 일거리의 균형

일거리의 격차는 산업 간의 차이에서 나타난다. 이러한 산업 간의 격차는 각 계층의 산업이 노동 집약적이냐 두뇌 산업이냐에 따라 차이가 나타난다. 다시 말해서 1차 산업의 경우는 노동 집약적이며 소득도 낮아서 종사하는 인구수도 줄어들고 있다. 그리고 점차 사향산업화되어 일거리도 감소하고 있는 실정이다. 이에 반하여 3차 서비스 산업은 두뇌 산업이라고 지칭하며 고용의 주체로 일거리가 늘고 점차 발전되어 가고 있다.

이러한 것은 산업별 특성에 기인한 것이지만 각각의 산업별 종사자의 차이를 가져와 일거리의 편중과 소득의 불균형을 만들고 있다. 그래서 첨단산업과 3D 산업을 구별하여 취업을 선택하기 때문에 기피산업은 고용이 어렵게 되고 있다.

우리의 미래 산업을 위해서는 첨단산업의 육성도 중요하지만 모든 산업의 기본이 되는 1, 2차의 원초적인 산업도 활성화될 필요가 있다. 특히 우리 사회의 대다수 고용은 중소기업이 맡고 있으며 이들에 의해 산업경제가 정상적으로 움직이고 있는 것이다.

그러나 일거리가 첨단산업 및 금융산업으로 편중되기 때문에 노동집약적 산업의 고용이 줄어들어 일거리의 균형이 깨지고 있다. 그래서 고용의 균형을 위해서는 각 산업별로 조화를 이루어 고르게 발전할 수 있도록 하여야 한다.

더불어 1차 산업인 농업의 식량산업은 미래 식량 부족에 대비하여 반드시 지켜 내야 할 중요한 산업이다. 지구환경의 변화로 인해 식량전쟁이 일어난다면 지금처럼 잘나가고 있는 첨단 반도체나 자동차를 식단에 올릴 수는 없는 것이다. 그래서 사향산업이든 첨단산업이든지 간에 각 산업 간의 조화로운 일거리의 균형과 확보가 필요한 것이다.

(4) 연령 및 성별 균형

연령 및 성별 균형은 우선 가장 큰 사회적 문제가 되고 있는 청년실업의 해결책을 마련하는 것에서 시작되어야 한다. 그리고 중장년의 직업이 안정되어야 한다. 또한 중장년에 닥치는 조기퇴직이나 명예퇴직 후에도 재취업의 길이 열려 있어야 하며 퇴직에 따른 고용의 불안정요소를 줄여야 한다.

또한 고령화 사회에 대한 고용의 대책은 고령화에 대한 우려보다는 은퇴 후 노년층의 지혜를 사회적 자원으로 삼아야 한다. 그러기 위해서 60세 이후에는 의무적인 사회 재교육을 통해 고령자에게 취업 기회를 주어야 한다. 그래서 불필요한 사회복지를 줄여야 한다.

성별 균형에 있어서는 사회적 편견이나 성별격차를 최소화하고 언제라도 정당한 취업이 되도록 사회 기업 및 고용을 확대해야 한다.

(5) 고용형태별 균형

고용형태별 균형에서 가장 불공정한 고용 차이는 임시직과 정규직 간의 차이이다. 이는 정규직에 비해 임시직이 법적 대우나 혜택에 있어 차이가 심하기 때문이다. 그래서 임시직은 지위나 고용에 대한 불안정으로 인해 상대적으로 약자가 되어 있다. 이것이 고용의 균형을 깨는 요인이다.

더욱이 기업의 법적 책임을 줄이고 고용 및 해고를 자유롭게 하기 위해 편법 고용으로 임시직에서도 위촉직과 계약직의 형태를 취하는 경우가 많다. 이러한 방법은 항시 고용의 불안정성을 가지고 있기 때문에 고용에 대한 균형을 이루기 위해서는 편법 고용을 막아야 한다.

3) 소비의 균형

자연계에서 모든 종의 생물이 탄생과 희생의 조화에서 균형을 이루듯이 소비의 균형은 생산과의 상관관계에서 이루어진다. 과도한 생산은 소비가 뒤따르지 못할 때 문제가 생긴다. 과잉 생산은 재고 누적이 되어 생산을 위축시키고 과잉 소비는 미래를 위해 아껴 써야 할 자원 고갈의 원인이 되어 경제위기를 가져올 수 있다. 그래서 소비의 균형은 절제에서부터 시작된다.

① 소비자금의 균형
② 소비재의 균형
③ 소비물가의 균형

(1) 소비자금(신용카드)의 균형

소비의 균형은 적절한 소득으로 소비를 결정하는 것에서 시작해야 한다. 소득에 비하여 과하게 사용하는 여러 가지 낭비적 요소를 줄이는 것이 필요하다. 그래서 소비의 균형은 생산과의 조화를 이루고 한정된 자원의 효율적인 이용을 위해서도 필요하다.

특히 현재 생산되는 대부분의 소비재는 에너지의 사용이 필수적이다. 그렇기 때문에 지구상에 존재하는 제한된 화석연료의 낭비를 막아야 한다. 그리고 보다 좋은 에너지원을 개발할 때까지의 합리적 사용을 위해 소비의 절제가 필요하다.

일례로 우리가 무심결에 쓰고 있는 무선통신의 불필요한 통신 소비와 인터넷의 마구잡이 사용은 전형적인 에너지 낭비의 하나이다.

또한 이러한 소비를 충족하기 위해 무리하게 신용카드를 사용하거나 은행대출을 통해 소비형태를 유지하려는 것은 자금에 의한 소비의 균형을 깨는 것이다.

(2) 소비재의 균형

생산품은 소비를 위하여 생산된다. 그러나 생산과정에서 원자재와 에너지의 소모가 필요하기 때문에 보다 적절한 소비를 위하여 균형잡힌 소비가 되어야 한다. 왜냐하면 과잉 소비는 자원 고갈의 원인이 될 수 있기 때문이다.

특히 재생되지 못하는 자원은 낭비되어서는 안 된다. 재생을 통하여 물자의 절약과 자원의 낭비를 막는 것이야말로 우리가 미래를 보다 풍요로운 사회로 만드는 방법이다.

소비재의 균형을 위해서는 재활용, 비축, 대체의 원칙에 의해서 경제의 균형과 안정을 이루어야 한다.

(3) 소비물가의 균형

생산물가의 균형은 물가 상승의 변동추이를 항상 살피는 것에서 찾아야 한다. 그리고 그 변동 정도가 서민 생활에 어떠한 영향을 주는가를 항상 확인해 봐야 한다.

물가의 결정요인으로는 우선 원자재의 가격 변동과 생산품으로 만드는 과정에서 발생되는 인건비이다. 그리고 기타 주요 경비로 그것을 보조하는 사회간접자본의 공공요금이 있다. 이러한 요인 외에도 부동산 임대료와 생산자 이익 그리고 가장 중요한 세금이 있다.

여기서 원자재 가격은 에너지와 더불어 국제가격의 영향을 받으며 인건비는 고용에 따라 결정되고 있어 비교적 안정적이나 공공요금과

부동산 임대료는 물가와 더불어 급격히 변하는 악순환적인 요소로
작용된다.

또한 세금은 법으로 규정되어 있으나 소비물가의 균형을 위해서는
합리적 재조정이 필요한 부분이다.

4) 소득과 분배의 균형

소득과 분배는 생산과 고용에서 결정된다. 그리고 소득은 소비의
원천으로서 자본주의 경제체계의 흐름에 가장 중요한 요소이다. 그래
서 이러한 소득과 분배가 균형을 이루지 못하면 우리 사회에는 극심
한 빈부격차를 경험할 수 있다. 그리고 이것은 사회 불만 요소가 된다.

그러므로 소득과 분배의 균형은 경제의 균형과 안정을 위해 절대
필요하다.

① 소득의 균형
② 분배의 균형

(1) 소득의 균형

생산과 고용의 결과는 소득이다. 이러한 소득을 바탕으로 소비가
가능하고 삶에 필요한 것을 얻을 수 있다. 그러나 소득은 여러 계층
간에 차이가 있어서 상대적 빈부격차를 만든다.

이러한 빈부격차는 사회적 불만의 요소로서 사회적 문제를 일으킨
다. 그래서 각 계층 간에 소득의 균형은 반드시 필요하다.

대기업과 중소기업 간의 소득격차는 청년들이 중소기업을 회피하
는 요건이 되어 잠재실업의 원인이 되고 있다. 그리고 은퇴 후 별다

른 소득이 없이 지내는 고령자가 사회적으로 무기력해지는 것도 이러한 소득격차에서 기인한다.

그러므로 경제적 균형과 안정을 위해서는 계층 간 소득의 균형은 필수적이며 소득의 균형을 이루기 위해서는 소득격차를 줄여야 한다.

(2) 분배의 균형

소득에 대한 균형을 이루려면 우선 분배에서 균형을 바로잡아야 한다. "모두에게 떡을 고르게 나누어 주기 전에는 누구에게도 꿀을 주지 마라"라는 말이 있듯이 분배는 형평의 관점에서 찾아야 한다.

실물경제에서 생산을 통해 얻어진 이익을 분배할 때는 형평에 맞추어서 모두에게 고르게 돌아갈 수 있도록 고려되어야 한다. 그리고 충분히 나누어졌다고 판단되면 그 잉여분은 기여도에 따라 재분배되어야 한다.

지금과 같은 이기적 자본주의에서는 자본가가 우선 자기 몫을 충분히 취한다. 그리고 남은 것으로 해당되는 모든 이에게 분배를 한다. 그러나 그렇게 하는 것은 원활한 분배가 아니다. 그것으로는 소득의 균형도 이루지 못할 것이다.

암사자 무리가 큰 들소를 잡았다. 그러나 그들은 어린 사자부터 먹인다. 왜냐하면 어린 사자들이 그들의 미래라는 것을 알고 있기 때문이다. 그리고 모두가 충분히 먹은 후에 사체는 그대로 놔두고 그늘에서 휴식을 취한다. 그러면 하이에나와 자칼 그리고 독수리 등 청소동물이 나머지를 먹어 없앤다. 이것은 자연이 보여 주는 분배의 방식이다.

그러나 우리 인간은 먹을 수 있든지 못 먹든지 간에 우선 욕심껏 자신의 것을 먼저 챙긴다. 그래서는 원활한 분배 균형이 이루어지지 못한다.

이러한 분배의 균형을 위해서는 대기업의 사회적 혜택에 의한 과도한 이익을 환수하여야 한다. 즉 부동산 개발에서의 '개발 이익 환수제'와 같이 '초과 이익 환수제'가 실시되어 국가 차원에서의 균형 재분배를 이루어야 한다.

4.5.2. 경제의 불균형

1) 생산의 불균형

생산의 불균형은 산업혁명 이후 기계화로 인한 대량 생산체제를 갖춘 후부터 시작된다. 대량 생산으로 생긴 생산품이 소비가 되지 않음으로 인해 재고품으로 누적되었다. 그로 인해 생산이 위축되어 대량 실업을 유발하게 된다. 그리고 그 결과가 공황을 일으키는 사회적 문제로 나타나게 되었다. 이것이 바로 과잉 생산으로 인한 생산의 불균형이다.

2) 소비의 불균형

산업화가 진행되면서 생산의 균형을 맞추기 위해 소비 진작이 추진되었다. 그리고 그로 인해 사회적 거품이 일어났다. 그에 따라 과잉 소비가 만연되고 그 결과 생산과 소비 간의 불균형이 생겼다. 이러한 일련의 과정에서 과잉 소비는 원자재의 품귀 등으로 이어져 급속한 물가 상승을 키웠다. 그리고 이렇게 해서 생긴 소비의 불균형은 자원 고갈과 연계되어 앞으로 더 큰 경제적 문제를 일으키는 원인이 될 것이다.

3) 고용의 불균형

산업혁명 이후에 모든 산업은 과학화·기계화로 인해 대량 생산이 가능하게 되었다. 그 때문에 인력 노동의 소요가 점차 줄어들게 되어 대량 실업이 발생되었다. 더욱이 기존 경제체계에서 유동성이 분화하면서 생산, 고용과는 전혀 관계없이 독자적으로 운용되기 시작했다. 즉 금융산업이라는 미명 아래 자본주의의 자본이라는 개념을 뒤바꾸어 놓은 것이다. 그리고 자금만의 소비경제를 구축하여 경제체계를 변형시켜서 고용의 불안정을 가져왔다. 이러한 고용의 불안정은 소득의 원천을 없애 버리는 결과를 가져왔다. 그래서 결국에는 중산층 서민들이 자신의 소비욕구를 충족하기 위해 금융대출에 의존하도록 길들어졌다.

4) 유동성의 불균형

현재의 경제체계에서는 유동성이 실물경제에서 벗어나 별개의 독립적 산업으로 되어 있다. 그리고 이러한 금융산업이 여러 가지로 분할되면서 돈으로 모든 일을 해결하려 하고 있다. 그렇기 때문에 자금을 이용한 사업이나 거래 관계가 근원부터 잘못되는 경우 전체 경제 및 유동성에 치명적인 영향을 주는 것이다.

이러한 경우 국가는 유동성을 되살리려고 공적 자금을 퍼부어 회생시키려고 한다. 그렇지만 이런 방법 때문에 사회에서는 도덕적 해이가 생기고 그 결과 모든 빚은 국민이 떠맡는 꼴이 된다.

그래서 유동성을 조작하는 금융기관의 잘못을 국민이 책임지는 말도 되지 않는 일이 벌어지고 있는 것이다. 이것은 국가의 명백한 잘못이다.

유동성의 파생적 현상은 불로소득의 전형적인 예이다. 그럼에도 불구하고 국가가 그것을 바로잡지 않고 방치하고 있다. 그렇기 때문에 악화가 양화를 구축하듯이 헛된 부가가치가 진실인 것같이 호도되고 있다. 이러한 유동성의 방조는 그 결과적 책임을 국민이 모두 떠맡게 되는 상황으로 이어진다. 그래서 유동성의 불균형은 반드시 고쳐져야 한다.

4.5.3. 경제체계의 변화

자유방임적 자본주의가 발전되면서 우리 사회는 경제체계의 각 단계마다 위기를 겪어 왔다. 20세기 초에 들어와서 고도의 산업화가 진행되면서 생산과잉으로 인해 생산위기를 맞이하였다. 그래서 1930년대 미국에 대공황이 일어났다. 그 결과 생산재고의 누적으로 공장 가동이 중지되고 대량 실업이 발생되었다. 그에 따라 전 세계로 생산위기가 퍼져 경제적으로 심각한 위기에 봉착했었다. 그러나 이것에 대한 절대적 해결법은 없었다. 다만 역사적으로는 루즈벨트의 뉴딜 정책이 효과가 있었다고 한다. 그렇지만 실제적으로는 2차 대전으로 인한 대량 소비가 그 해결법이었다. 전쟁을 통한 대량 생산과 대량 소비의 균형이 맞추어져서 자연스럽게 해결된 것이다.

우리는 대공황의 약 40년 후인 1970년대에 또다시 소비위기인 에너지 위기를 겪었다. 이것을 오일쇼크 혹은 석유파동이라 하며 산유국의 횡포에 의해 일어났다고 한다. 그러나 주원인은 에너지의 과소비이다. 다시 말해서 지구상에 한정되어 있는 화석연료인 석유를 과잉 소비한 것이다. 이러한 석유를 모든 산업과 에너지의 주원료로 사용하여 결과적으로 고갈의 위기를 자초한 것이다. 그러한 에너지 고갈의 위기감이 오일쇼크를 유발한 것이다.

그 후 세계 각국은 대체에너지 개발과 에너지 효율적 사용 등으로 소비를 조절함으로써 비로소 위기를 넘기게 되었다.

그러나 경제위기는 반복적으로 찾아왔다. 소비위기 이후 약 40년 만인 2008년에는 미국발 유동성 위기가 찾아와 전 세계를 위기 속에 몰아 놓았다. 지금 일부는 해결되었다지만 유동성 위기는 아직도 진행형이다. 왜냐하면 그 해결법이라는 것이 미국이 공적 자금을 이용하여 땜질식 처방을 한 것이기 때문이다. 그리고 그것으로 부족하여 또다시 대량으로 달러를 발행하여 통화의 양적 팽창을 통해 해결하려고 하고 있기 때문이다.

지금의 유동성 위기는 유동성이 독자적 경제체계를 가지고 금융산업화되면서 생긴 현상이다. 즉 유동성이 금융산업화되는 과정에서 화폐가 자본으로서의 자기 역할을 다하지 않았기 때문이다. 또한 실제적 역할을 무시하고 금융투자의 효용성만을 키웠다. 그리고 고용을 극대화할 수 있는 생산산업의 활성화는 뒷전으로 하였다. 그래서 유동성은 투기의 주체가 되어 고용 없는 소득을 추구하고 건전한 고용을 감소시키고 있다.

이러한 경제체계의 변화는 각 단계에서 혁명적인 발전과 과잉화로 인한 위기가 반복되어 왔으며 지금은 또 다른 위기의 시대가 진행되고 있다.

1) 산업(생산)혁명과 위기

(1) 산업(생산)혁명

산업혁명은 대략 18세기 후반에서부터 약 100년간 일어난 산업의 급격한 발전기를 말한다. 이것은 과학의 발달과 생산기술의 혁신으로 그에 따른 경제체계의 큰 변화를 일으켰다. 영국에서 일어난 증기기관과 방적기계의 개발이 발단이 되었다. 그리고 1769년에서 1840년 사이에 유럽의 여러 나라에서 계속 진행되었다. 이 때문에 과거의 수공업적 작업에서 기계 설비에 의한 대형 공장 생산으로 전환되었다. 그리고 그로 인해 근대 자본주의가 확립되었다.

이러한 산업혁명은 과학기술의 발달과 더불어 기계화와 대량 생산의 기틀이 만들어져 현대와 같은 풍요로운 사회의 시작이 되었다.

(2) 생산위기(대공황)

생산위기는 대공황의 경우와 같이 과잉 생산으로 인한 재고 누적이 주요인이다. 그 후 유동성으로 이어지는 과정에서 신용경색으로 인한 투자여건이 불량해지고 소비가 위축되어 결국 생산 분야의 위기가 된 것이다.

생산성 위기는 초기 규모가 크고 고가인 생산품에서 크기가 작고 저가인 상품으로 전환된다. 이것은 고용과 소비와 연결되어 전 방위적으로 확산된다.

또한 위기의 여파는 수출입 분야에서 더욱 심각하게 나타날 우려가 있다. 그래서 우리와 같은 수출 주도형 국가는 더욱 큰 타격을 입는다. 더욱이 수출길이 막히면 국내적으로 생산이 위축되어 외화 유입이 줄어든다.

각 국가 간의 교역이 줄어들면 무역 교역량이 감소되어 수출 주도형 국가는 상대적으로 무역적자가 커진다. 그래서 자연스럽게 보호무역주의로 전환된다. 이 때문에 국가 간 무역 마찰이 심화될 수밖에 없다.

결국 생산성 약화는 소비와 고용이 위축되어 경기 침체로 진행된다.

그러나 생산위기는 앞서의 생산성 약화와는 달리 과잉 생산에서 비롯된다. 과거 1929년에 겪은 대공황은 말 그대로 과잉 생산의 여파이다. 다시 말해서 대량 생산과 재고 누적에 소비가 못 따라가 생긴 경제구조의 불균형이 대공황의 원인이다. 그래서 결국에는 2차 세계대전이라는 대량 소모전에 의해 자연스럽게 해결된 것이다.

2) 소비혁명과 과소비

(1) 소비혁명

제2차 세계대전을 전후해서 과잉 생산된 재고를 전쟁에서 대량 소비하였다. 이러한 과정에서 생산과 소비의 적절한 조절이 경제적 균형을 이루는 것을 터득하였고 생산과 축적만이 경제를 운영하는 데 있어서 최선이 아니라는 것을 알게 되었다. 그 후 적절한 소비가 생산과 고용에 도움이 된다는 것에서 소비혁명은 시작되었다.

그리고 과학기술의 발전이 사람들에게 시간적 여유를 만들어 주고 생산의 활성화를 통해 더 많은 소비를 가능케 하였다. 더불어 방송과

영화산업 그리고 미디어의 발전이 문화 및 유흥산업의 발달을 가져와 소비의 영역이 급속히 성장하게 되었다. 이러한 일련의 과정이 지금은 소비혁명 시대라고 할 정도의 과소비 사회를 만들었다.

(2) 소비위기(오일쇼크)

소비위기인 오일쇼크는 아랍 석유 수출기구(OAPEC)와 석유수출기구(OPEC)가 원유의 가격을 인상하고 생산량을 제한함으로써 야기된 경제적 혼란이다. 이것을 우리는 석유파동이라고도 한다. 1973년에 제1차 석유파동이 일어났고 1978년에 제2차 석유파동이 일어났다.

물론 원인은 석유수출기구의 더 큰 이익을 위해 일어난 사건이다. 그러나 또 다른 이유로는 그동안의 과잉 생산에 따른 에너지 과소비에 그 원인이 있음을 부인할 수 없다.

소비위기는 생산품에 대한 과소비가 문제이지만 원자재와 에너지의 대량 소비가 더 큰 문제이다. 그리고 그것으로 인해 장차 나타날 자원 고갈이 가장 두려운 일이다. 물론 우리가 쓰는 원자재의 상당수는 재생이 가능하다. 그렇지만 가장 중요한 에너지인 화석연료는 고갈될 가능성이 크기 때문에 미래 사회를 위하여 대체에너지 해결이 절대적으로 필요하다.

3) 금융(유동성)혁명

(1) 금융혁명

20세기에서 경제적 변화 중에 가장 큰 특징은 유동성의 독자적 행보에 있다. 생산이나 고용과 관계없이 자금만으로도 돈을 벌어들이는 것이 일반화된 것이다. 증권, 펀드, 기타 투기적 행위만으로도 아무것을 하지 않고도 잘 먹고 잘 살 수 있게 된 것이며 오히려 호사스럽게 살 수 있게 되었다.

그러나 이것은 명백히 잘못된 사회의식과 철학에서 빚어진 오류의 소치이다. 돈을 쥐고 그것으로 노력 없이 잘 살 수 있다면 정당한 사회철학과 의식은 되살아날 수 없을 것이다. 그래서 우리 사회는 물질적 풍요로움에 반하여 점차 삭막해져 가고 배금주의에 빠져 몰락해 가고 있는 것이다.

지난 세기 초의 유동성은 자신의 역할에 충실하였다. 그래서 생산, 고용, 소비의 중계역할에 충실하여 많은 성공사례와 자수성가의 의식을 고취했다. 그러나 후반에 들면서부터 성실한 경제 운영을 벗어나 돈놀이를 통해 쉽게 노력 없이 살아갈 수 있도록 길을 열었다. 그리고 그 후에는 걷잡을 수 없을 정도의 유동성의 일탈이 이루어졌다. 이러한 유동성 일탈은 금융산업을 통해 지금은 가히 혁명적이라고 할 정도로 수많은 종류의 금융 파생상품을 만들어 놓고 돈놀이의 극치를 달리고 있다.

이렇듯 노력 없이 잘 먹고 잘 살려고 하기 때문에 결국에는 불로소득이 만연될 수밖에 없다. 그래서 국민은 국민대로 개인 부채가 늘어나고 국가는 국가대로 적자재정이 일반화되는 것이다.

이러한 국가마다의 적자재정은 결국에 가서는 국가들의 파산을 초래하고 국민들을 금융위기로 빠트려 혹독한 시련을 줄 수밖에 없다. 그럼에도 불구하고 이제까지 별 노력 없이 편안하게 잘 먹고 살아오던 국민들이 과연 마음을 다시 고쳐먹고 근면해질 수 있는지는 의문이다. 또 그로 인해 우리들이 겪어야 할 미래의 사회적 혼란은 명약

관화(明若觀火)하다.

(2) 유동성 위기

현재의 유동성은 경제의 보조자로서 자기 역할을 벗어나 독자적으로 경제체계를 형성하였다. 그리고 금융산업으로 자리매김하여 수많은 분할이 생기고 파생되어 나가기 때문에 유동성 자체의 통제가 불가능해졌다. 그래서 유동성은 균형을 잃고 위기가 되는 것이다.

우리가 겪은 2008년의 유동성 위기는 금융기관에서 만든 파생상품이 통제 불능 상태가 되어 일어난 것이다. 그 시작은 미국의 금융기관으로 미국발 위기가 되어 전 세계에 퍼졌던 것이다. 그러나 지금은 해결된 것처럼 말하고 있으나 실제로는 위기가 임기응변적으로 처리되어 아직도 우리 주변에서 위기의 망령들이 떠들고 있다. 그래서 언제라도 우리를 다시 고통의 나락으로 빠트릴 수가 있다.

이러한 유동성 위기는 그 원인이 금융산업의 전횡에서 일어난 것이다. 그러므로 그 기본적 경제체계를 고치지 않는 이상 해결이 불가능하다.

이러한 유동성 위기를 사람으로 비교해 보자. 유동성은 인간의 혈액과 같은 역할을 하고 있다. 그리고 인간은 혈액을 통해 각종 영양분을 온몸에 골고루 보내 자신이 활동하고 생명을 유지하는 데 불편함이 없도록 하고 있다. 그러나 현재 우리 사회의 유동성은 그 중요한 역할을 제대로 수행하고 있지 않다. 다시 말해서 유동성이 경제의 혈액으로 사회 전체에 영양분을 골고루 퍼지게 하여 생명의 균형을 유지하도록 하여야 하는데 그것을 무시하고 있다는 뜻이다. 그리고 오히려 사회적 혈액을 상위계층에 집중시켜 균형을 깨고 있는 것이다. 이것을 인간으로 치면 뇌에 혈액과 영양분을 집중시키는 것과 같다. 그렇기 때문에 인간의 경우에 비교하면 뇌에 과다 공급된 혈액이 뇌혈관을 파괴시켜 뇌졸중을 일으키는 것과 같은 상황이 된다. 더불어 하위계층이라고 할 수 있는 말초신경에는 혈액이 공급되지 않아 각종 혈액순환 질병이 생길 수 있는 것과 같다.

그래서 유동성이 본연의 역할을 제대로 하지 않는 경우는 각종 사회적 병발 증상을 일으키는 원인이 되며 그 때문에 위기가 반복될 수밖에 없다.

4.6. 균형자본주의와 고용혁명

1) 기존 자본주의와 고용위기

우리의 경제체계는 생산, 고용, 소비, 그리고 유동성으로 이루어져 있다. 우리는 이러한 요소들 중에 생산에 대한 혁명을 산업혁명이라는 과정을 통해 과학기술화를 이룩하면서 경험했다. 그리고 소비혁명은 2차 세계대전 후 매스미디어의 발달과 스포츠, 영화 등 향락산업의 발달과 함께 경험해 왔다. 또한 1980년대 이후에는 금융산업의 급격한 분화를 통해 유동성 혁명을 겪었다.

이렇듯 경제체계의 여타 분야는 모두 혁신과 혁명적 변환을 통해 발전되고 일반화되어 왔으나 그에 반해 고용 분야는 오히려 축소되고 위축되어 왔다. 이러한 고용의 축소가 경제의 불균형을 초래하여 지금은 실업이 일반화되고 무기력한 비생산 인구의 증대를 가져왔다. 그래서 결국에는 고용의 불안정으로 인해 민주주의와 인본주의의 대원칙이 무시되고 우리 사회를 또 다른 과격한 변화의 장으로 몰아가고 있다.

고용은 경제체계의 근본이다. 고용이 없이는 소비가 없기 때문에 고용 없는 생산은 무의미하다. 더욱이 생산과 고용에서 분리된 유동성은 무절제한 낭비만을 조장할 뿐이다. 이렇게 조장된 낭비로 인해 생긴 거품 속에서 국민들은 금융기관의 대책 없는 채무자로 몰아져 가고 있는 것이다.

또한 국가가 정책적으로 생산을 촉진하기 위한 과소비 조장은 자원 고갈과 급격한 물가 상승을 유발하게 된다. 이러한 물가 상승은 상대적으로 소비를 감소시키고 그 결과 생산이 위축되는 악순환을 하게 된다. 이 과정을 통해 또다시 고용은 위축되어 이것이 반복되면 고용위기가 생길 수밖에 없다. 다시 말해서 실물경제의 불균형은 고용에 직접적인 영향을 주어 고용을 위축시키고 자의 반 타의 반에 의한 실업을 증가시킨다.

이제까지의 이기적이고 불합리한 자유방임적 자본주의는 우리 사회에 가장 중요한 고용을 등한시해 왔다. 국가는 고용이 어떻게 되든 관계없이 기업의 이익을 위해서라면 경제체계의 불균형에도 불구하고 방치해 두고 있다. 그러나 이제는 더 이상 실업의 책임을 국가가 모두 떠맡아서는 안 된다. 기업이 고용에 대한 책임을 져야 한다.

다만 우리가 추구하는 균형자본주의는 생산, 소비, 유동성 그리고 고용이 공평하고 조화를 이루어 사회적으로 균형을 이루도록 하는 것이다. 그래서 고용이 우선시되는 발전적이고 더 나은 미래 사회를 이룩하는 초석이 될 경제체계를 구성하고자 하는 것이다.

2) 균형자본주의와 고용혁명

고용위기에 처한 경제에 대한 해결책은 고용혁명밖에 없다. 그리고 고용혁명은 실물경제와 유동성의 균형을 되찾는 방법에서 찾아야 한다. 그래서 경제체계의 균형을 이루려면 자본의 균형에서 시작하여 생산과 소비의 균형을 이루도록 국가 차원에서의 통제와 조절이 필요하다.

(1) 일자리(고용) 창출

우리 사회는 고용에 필요한 일자리가 부족한 것이 아니다. 단지 선호하는 일자리가 부족한 것이다. 중소기업에서는 일자리가 남고 대기업이나 공기업에서는 과도한 경쟁이 이루어지는 것은 국가의 조절능력 부족이며 사회적 의식 부족이다.

지금과 같은 배금주의 사회에서는 일 그 자체보다도 임금이 얼마인가가 중요하다. 그렇기 때문에 중소기업의 일자리가 남아돌고 대기업이나 급여가 좋은 공기업, 금융기관 등의 직장에만 지원이 집중되는 것이다.

이것은 사회의 불균형성이 심화되어 나타나는 현상이다. 그래서 국가는 고용을 확대하기 위해 일자리 창출보다도 일에 대한 평등성을 부여해 주어야 한다. 그리고 사회적 가치 의식을 새로이 정립해서 직업의 차별을 없애야 한다.

직업은 평등하다고 하면서 임금이나 처우에 대한 차별의식이 존재하고 그에 대한 실제적 차별이 없어지지 않으면 아무 소용이 없다. 그래서 국가의 적절한 조절이 없이는 아무리 일자리가 창출되어도 고용이 확대되지 않는다.

국가는 일자리 창출보다도 일자리의 격차를 줄일 방법을 모색해야 한다. 그래야 우리 사회에서 힘든 제조업 분야에도 많은 사람이 지원하고 떳떳하게 직업에 대한 자긍심을 가질 수 있다. 그리고 일자리 격차를 줄이도록 하는 것이 급선무이다.

우리가 3D 업종이나 저임금 업종에 종사하여도 자긍심을 가질 수 있다면 고용에 대한 어려움은 사라질 것이다. 결과적으로 지금의 고용 불안은 배금주의에서 나온 사회적 병리현상이 주원인이다. 그렇기 때문에 불로소득과 투기 그리고 금융산업의 적절한 통제만 이루어진다면 사회가치를 변화시켜서 또 다른 고용혁명을 이룰 수 있다.

우리 사회에서 이익을 얻어 운영되는 기업은 일자리 창출에 대한 책임과 의무가 있다. 그렇기 때문에 각각의 기업은 과학기술의 발전에 따른 과소 고용에 대한 책임을 져야 한다. 다시 말해서 대기업은 '과소 고용 분담제'를 통해 책임 고용을 늘려야 한다.

(2) 임금격차 줄이기

고용에 있어서 가장 중요한 대책은 임금격차 줄이기이다. 대기업 등 보수가 좋은 직장과 중소기업의 저임금 직장 사이의 격차를 줄이는 것이 고용 창출의 최선책이다.

이러한 기업 간 임금격차를 줄이는 것은 국가의 조절에 의할 수밖에 없다. 왜냐하면 중이 제 머리 못 깎듯 기업 간의 이기심 때문에 임금과 대우의 격차는 변화시킬 수 없다.

그래서 국가가 나서야 한다. 기업 간의 임금격차는 자금의 집중과 분산의 원리에 의해 발생되는 것이므로 이러한 조건을 정책적으로 잘 조절하면 충분히 가능하다.

또 임금격차를 줄일 수 있는 해결법으로 대기업이 누리고 있는 기득권에 대한 혜택을 줄여야 한다. 그리고 대기업의 초과 이익에 대한 사회적 재분배가 이루어지도록 '초과 이익 지원제'가 실시되어야 한다.

'초과 이익 지원제'란 대기업의 초과 이익을 중소기업의 지원 기금으로 내놓는 것을 말한다. 즉 대기업이 사회적으로 받는 혜택인 독과점 혹은 대량 생산 등으로 얻어지는 경제적 과잉 이익에서 적절한 이익을 제외한 부분을 중소기업의 발전을 위해 쓸 수 있도록 지원하는 것이다.

(3) 중소기업 경력 의무화

현재는 기업에서 무조건 대졸자를 신입사원으로 채용하고 있다. 그러나 모두가 자신이 선호하는 좋은 직장을 들어가기 원하기 때문에 중소기업의 경우는 자리가 있어도 대부분이 기피하고 있는 상황이다. 그래서 기업 간의 격차를 줄이려면 국가는 열악한 조건의 중소기업에 우선 채용의 기회를 제공해야 한다.

예를 들면 대학 혹은 학교를 졸업하고 모두가 선호하는 직장에 바로 취업할 수 없도록 하여야 한다. 다시 말해서 일정 기간 중소기업에 의무적으로 근무하도록 하면 된다. 공무원이나 공기업, 금융기관, 대기업이 채용할 때는 중소기업의 근무 경력자를 뽑게 해야 한다. 그렇게 되면 중소기업의 고용도 해결된다. 그리고 대기업의 직원들은 과거 중소기업에 근무했던 경험자이기 때문에 중소기업의 어려움을 잘 이해하여 기업 간 상생을 위한 방향으로 모색하기 쉽기 때문이다.

4.7. 균형자본주의와 사회철학

현대 수정자본주의의 사회의식이 금전만능주의에 의해 주도되면서 정상적인 사회철학이 무너졌다. 이 때문에 퇴폐적인 사회가 나타내는 각종 사회적 병리현상과 사회문제가 생겼다. 더불어 철학 부재의 사회로 만들었다.

1) 자본주의와 자금주의

자금주의는 자본이 변질되어 실물경제의 생산을 거치지 않고 직접 유동성의 독립에 의해 생겨난 것이다. 지금을 금융산업이라고 칭하고 있으나 자금의 운용에 대한 합법화된 돈놀이다.

경제체계의 보조역할로서의 자금은 현재에 와서는 비약적인 발달을 하여 자본이 아닌 경제의 주체가 되었다. 그리고 다양한 것으로 파생되어 실물경제와는 아무 상관없이 독자적으로 산업화되었다.

이것이 현재의 자본주의를 자금주의라고 부르는 이유다. 이러한 자금주의는 돈으로 돈을 벌 수 있도록 체계가 되어 있기 때문에 별로 힘들이지 않고 쉽게 돈을 벌 수 있다. 그래서 불로소득의 원천이 되고 투기의 근간이 된다.

이러한 이유 때문에 자금주의는 금전만능주의로 변화되었다. 그리고 그 결과 이제까지 잘 유지되어 오던 건실한 사회철학은 더 이상 발전하지 못 하고 배금주의에 자리를 내놓고 사멸해 가고 있는 것이다.

2) 사회적 이념 재정립

사회철학은 다양한 이념 정립에서 이루어진다. 이러한 이념은 우리 사회가 찾고 있는 이데아적인 요소들로 명예심, 성취감, 자긍심, 희생정신, 봉사정신 등 각종 우리 사회를 보람되고 알차게 하는 것을 말한다.

그러나 지금의 배금주의는 사회의 모든 이데아를 무시하고 최고 이상을 돈에 맞추어 놓고 있다. 그래서 사회가 절대적으로 필요한 여타의 이데아들을 모두 배척하고 있다. 또한 우리 사회를 돈에 의해 좌지우지되는 퇴폐한 사회로 만들고 있다.

그래서 균형자본주의는 이러한 금전만능주의의 철학 부재 사회가 가는 문제점을 타파하기 위해 성립된 것이다. 우리 사회가 요구하는 각종 이념을 되살려 정립시키고 그것의 실천만으로도 삶의 가치를 가질 수 있는 사회를 만드는 것이 중요한 목표이다.

3) 민주주의의 구현

균형자본주의는 사회철학의 재정립을 통해 민주주의 목표를 구현하는 것이다. 다시 말해서 민주주의의 목표인 최대 다수의 최대 행복을 추구하고 그것을 실현함으로써 미래 사회에 새로운 지평을 세우는 것이다.

이러한 최대 다수의 최대 행복은 사회 각 계층 중에서 최대의 다수를 구성하고 있는 중산층이 주요 대상이다. 그리고 중산층이 중심이 되어 기타 계층과 어우러져 최대 행복을 추구할 수 있도록 하는 것이다.

중산층은 우리 사회의 중심 계층으로 상·하위계층의 연결고리이다. 그리고 중추로서 상하를 아우르고 상위계층으로의 신분 상승의 사다리가 되는 역할을 한다. 다시 말해서 상위계층을 견제하고 하위계층을 이끄는 중개자로서의 중요한 위치를 차지하여 재정립된 사회철학을 주도한다. 이와 더불어 미래 지향적 의식을 고취하여 진정한 민주주의의 구현을 통해 행복한 사회로 이끄는 중추적 역할을 한다.

5. 균형자본주의와 복지

1) 기존 자본주의의 복지정책

지금의 수정자본주의는 자유방임적 사고와 더불어 국가의 복지정책이 결합되어 있다. 그래서 복지를 통해 사회적 불평등을 해소하려고 하는 경제논리를 가지고 있다. 이때의 복지란 경제적 격차를 감소시키기 위해 국가가 재정 집행을 통해 저소득자와 사회적 약자에게 생활의 방편을 마련해 주는 것이다.

이러한 이유 때문에 국가가 집행하는 복지란 법으로 규정한 범위 내에서 이루어져야 하므로 한계가 있을 수밖에 없다.

또한 이 경우에 복지란 예산에 의해 결정되기 때문에 상황 여하에 따라서는 사회적으로 요구되는 것보다 부족한 집행이 될 수밖에 없다.

사실 수정자본주의의 복지는 사회적 약자들이 과다 소유자들에 대하여 생기는 불만을 잠재우기 위해 불만 해소책의 일환으로 시행된 것이다. 그렇지만 국가가 떠맡아 서민의 불만과 포퓰리즘에 의한 인심 쓰기의 용도로 사용하기 때문에 실제적인 경제적 격차를 줄일 수 있는 방법이 못 된다.

특히 복지의 수행자가 국가라는 것은 고소득자나 재산가들에게는 자신들의 사회적 책임을 면제시켜 주는 것이 된다. 그래서 그들이 무책임하게 자신의 부를 향유할 수 있도록 하고 있는 것이 문제점이다.

아무리 복지가 민주주의를 유지하고 있다고 하더라도 국가재정으로 복지가 계속 유지된다면 그것은 잘못된 것이다. 복지는 가진 자들의 사회적 책임을 면해 주고 국민의 세금으로 집행되므로 실제적 부담은 국민 모두가 떠안게 되는 것이다. 또한 국가의 재정 정도에 따라 적자재정을 통해 집행되기 때문에 결국에는 국가 빚으로 남을 수밖에 없다. 그리고 이러한 국가 채무는 후손들이 부담해야 할 수밖에 없다.

사회적으로 많은 혜택을 받는 상위계층이 대부분 부담해야 할 사회복지 문제를 대다수의 국민이 세금을 통해 나누어 부담하는 것은 잘못된 것이다. 그리고 그것이 부족할 때는 국가채무를 통해 후손에게 떠맡기는 것이 지금의 수정자본주의이다.

2) 균형자본주의 복지정책

균형자본주의는 원칙적으로 복지란 것이 있을 수 없다. 왜냐하면 국민 전체가 소외되거나 사회적 약자로 남겨지지 않기 때문이다. 다시 말해서 복지의 수혜자를 없애고 사회 전체가 고르게 잘 사는 것이 균형자본주의의 근본 목적이기 때문이다.

그러나 복지가 필요 없다는 것은 너무 이상적인 상황이다. 그래서 어느 정도 국가가 조절해야 할 복지적 요소는 남아 있다. 그렇기 때문에 균형자본주의에서는 최소한의 복지가 존재한다. 이것은 절대 빈곤층이나 국가가 책임져야 할 사회적 소외계층이 어떤 상황에서도 존재하기 때문이다.

그래서 균형자본주의의 복지는 어느 대기업이나 공기관 등이 자신들의 종사자를 위한 편협한 복지가 아니고 국가의 발 빠르고 현명한 정책으로 전 국민이 공평하고 조화롭게 혜택을 받는 '공조형 복지' 정책이다.

이러한 공조형 복지는 그 시점의 그 사회에서 모든 것을 직접 책임져야 하므로 적자재정을 이용하여 무책임하게 후손에게 떠맡기는 빚지는 복지가 되어서는 안 된다.

그러기 위해서는 국가는 균형재정을 세워야 하고 재정 충당에 있어서 형평성을 갖추어야 한다. 균형재정이 이루어지려면 복지 부분에 충당할 수 있는 재원을 위해 '소유한 만큼 소득만큼'의 적절한 세금 제도가 갖추어져야 한다.

또한 복지의 세부적인 것은 국가가 주도하지 않고 사회단체나 종교단체를 통해 집행되어야 한다. 그리고 국가는 관리의 위치에서 진행되는 것이 부정적인 요소를 막을 수 있다.

6. 균형자본주의와 고용 안정

균형자본주의의 경제 균형은 고용 안정에서 시작한다. 고용 안정이란 규칙적인 소득과 지속적인 소비가 가능하기 때문에 필수 불가결한 요소이다.

이러한 고용 안정에는 불평등요소가 큰 세대 간의 격차를 중심으로 실업과 퇴직에 대하여 해결 방법이 모색되어야 하며 남녀 성별의 차이에 의한 차별 또한 없애는 방법이 만들어져야 한다.

6.1. 청년실업

고용 안정에서 일차적인 문제는 청년실업이다. 사회의 초년생인 청년들이 직업도 가져 보지 못하고 졸업 후 바로 실업상태로 가는 것은 국가 사회적으로 큰 손실이 아닐 수 없다. 특히 우리나라와 같이 부존자원이 부족한 국가의 경우는 인적 자원이 곧 가장 큰 자산이다. 그럼에도 불구하고 청년들의 직업적 효용성이 적은 청년실업은 더 큰 사회적 손실일 수밖에 없다.

청년실업의 또 다른 문제는 노령화 사회와 연계되어 실제 근로의 인원수가 전체 인구수에 비례하여 적어지는 점이다.

실업으로 인해 일을 하지 않고 놀고먹는 백수 인구가 증가하므로 사회 전체는 노동에 대한 불균형이 생길 수밖에 없다. 그리고 이러한 상태가 장기화되는 경우 우리 사회는 무기력하게 되기 쉽다. 그래서 결국에는 반드시 누군가가 해야 할 일을 아무도 하지 않는 불로상태의 사회가 될 수 있다.

이처럼 청년실업의 해결은 사회의 균형을 이루는 데 필수적 요소이며 균형자본주의에서 해결해야 할 첫 번째 단계이다.

현재의 사회에서 청년실업의 요인을 분석해 보면 청년에게 일자리가 없어서 실업상태가 되는 것이 아니다. 더 좋은 일자리, 더 좋은 보수, 더 편한 직업이라는 중복된 목표에 의해 잠재적 실업으로 가기 때문이다.

이것은 기존 자본주의가 왜곡되어 금전만능주의로 변질된 과정 속에 생겨난 현상이다. 돈으로 모든 일에 대한 가치 평가를 하고 돈이면 안 될 것이 없다는 왜곡된 사회풍토에 기인하기 때문이다. 그래서 우리 사회에 진정한 직업관이 바로 세워지지 못한 것이다.

좋은 직업에 대한 관점이 사회적 기여와 직업으로서의 자긍심이 아니고 쉽고 편안히 더 큰 보수가 목적이 되기 때문에 이러한 문제점이 생긴 것이다. 사회의식에 직접 영향을 주는 방송이나 교육·문화 분야에 팽배한 배금주의의 잘못된 사고방식이 가져온 사회적 폐해 때문이다. 이렇게 만들어진 사회의식이 어렵고 힘든 직업을 멸시하게 하고 불로소득을 당연시하도록 하는 사회적 병폐현상을 키웠다. 더불어 우리 사회 청년들의 직업의식을 병들게 하고 있으며 청년실업의 당위성과 핑계거리를 제공하고 있다.

6.2. 중장년 퇴직과 재고용

중장년의 조기퇴직이나 명예퇴직은 고용의 안정에 있어서 가장 큰 문제이다. 이것은 우리 사회의 중추적이고 활동적인 계층을 실업상태로 내모는 제도로 고용 안정에 심각한 피해를 주고 있다.

우리사회의 중심이며 조직의 중추적 역할을 할 수 있는 중장년계층이 직업적으로 불안정하다면 그들이 부양하는 자식인 청소년 계층과 부모인 고령층은 동시에 불안정한 상태에 놓일 수밖에 없다. 그래서 중장년층의 실업이 사회 불안정에 결정적 영향을 준다.

또한 중장년층은 소비의 중심에 있기 때문에 그들의 소득이 감소되면 소비가 줄어들고 더불어 생산이 위축될 수 있다.

이러한 일련의 연쇄적 변화는 고용 불안정과 더불어 경제의 흐름에도 직접 영향을 주기 때문에 중장년층은 퇴직과 더불어 고용에 대한 대책이 절실하다.

중장년층의 재고용은 고용 측면에서 신규 고용과는 본질적으로 다르다. 그렇기 때문에 국가 차원에서 전체적인 고용 안정에 대한 대책과 병행하여 진행되어야 한다.

산봉우리에 사는 수리부엉이는 올빼미과의 대형 맹금류이다. 이들은 암수가 한 쌍이 되어 새끼를 낳고 키우는 지극히 가정적인 조류이다.

암컷이 새끼를 낳으면 수컷은 새끼가 클 때까지 먹이를 잡아다가 암컷과 새끼를 부양한다. 그리고 암컷은 새끼를 지키며 수컷이 가져온 먹이를 새끼들에게 먹이며 양육에 힘쓴다. 그러나 불행히도 수컷 수리부엉이가 탐욕스러운 인간에게 잡혔다. 그래서 암컷과 새끼 수리부엉이는 먹이 공급을 받지 못하여 굶주리게 되고 새끼들은 정상적으로 성장하지 못하고 죽게 되었다.

우리 시대의 중장년 실업은 이와 같다. 가족의 생계를 책임진 중장년 가장의 실직은 결국 가족 전체를 위기로 내몰 수 있다. 그렇기 때문에 절대적으로 재취업이 필요하다.

6.3. 고령자 재취업

최근의 의술과 과학의 발달로 수명이 길어져 은퇴 후의 잉여 연령이 길어졌다. 더불어 고령층 인구가 늘어나 그들을 부양할 신세대의 인구 부족이 앞으로 다가올 고령화 사회의 가장 심각한 문제이다.

그러나 이에 대한 대비책으로 신생아 수를 늘려 해결하고자 하는 것은 적절한 방법이 되지 못한다. 더욱이 인구 증가로 노동 인구를 늘려 미래 고령화로 인한 공백을 메우고자 하나 이것은 최하위의 방책이다.

지금도 일자리가 비어 있는 중소기업이 있어도 취업을 안 하는 젊은이가 많이 있다. 그래서 청년실업으로 사회적 문제를 일으키고 있는데도 불구하고 많이 낳아서 미래 고령화를 대비한다는 것은 어불성설이다.

고령화는 고령화에 맞는 형태로 고용방식이 전환되어야 한다. 다시 말해서 고령자를 고용의 중심으로 이끌어내는 노동방식으로 변화를 가져야 한다는 것이다.

이에 대한 한 가지 대책으로 고령자들이 취업이 가능한 단순 직업에는 고령자들만이 고용될 수 있도록 정책적 배려를 하여야 한다. 그리고 일반적 은퇴 연령인 60세 때에는 초등학교와 같이 1~2년 정도 의무 재교육 기간을 설정하여 재교육 후에 재취업을 하는 방식의 고용정책의 변화가 필요하다.

7. 균형자본주의와 국가발전지표

국가의 발전 가능성에 대하여 균형자본주의의 실현 측면에서 살펴보면 다음과 같이 각각 공정성, 평등성, 조절성, 화합성 지표로 분류할 수 있다.

1) 공정성 지표

(1) 지도자의 강력한 지도력

국가 발전에 공정성을 부여하려면 우선 국가 지도자의 강력한 리더십이 필요하다. 이러한 지도력을 바탕으로 국가를 정치 사회적으로 안정시키고 그것을 근간으로 하여 국가의 발전에 추진력을 가하면 경제적 외적 균형을 이룰 수 있다.

이러한 외적 균형은 상승 균형으로서 발전 지향적 현상이기 때문에 공정한 사회구조를 만드는데 절대적으로 필요한 요소이다.

(2) 사회 지도층의 자기희생적 솔선수범

기득권으로 사회적 혜택을 받는 사회 지도층은 자기희생적 솔선수범에 앞장서야 한다. "귀할수록 자신의 본분을 다하라"의 금언에서와 같이 사회 지도층은 사회가 부여해 주는 그만큼의 자신의 권리에 따른 의무를 다하여야 한다. 그렇지 않는다면 절대 공정해질 수 없다.

(3) 공직자 부정축재 방지

공직자가 부정축재를 하는 것은 배금주의의 가장 보편적 현상이다. 왜냐하면 사회의 모든 가치가 돈으로 평가되기 때문에 은밀한 이면 돈거래는 자신의 재산을 축적할 수 있기 때문이다. 그리고 자신이 소유한 권한에 대한 심리적 충족감도 만끽할 수 있기 때문에 우리 사회에서 비일비재하게 일어나는 것이다.

그래서 공직자 부정축재는 반드시 방지되어야 한다.

(4) 제조업 중심의 산업구조

경제의 시작은 생산이다. 산업생산의 기본은 제조업으로 모든 생활에 필요한 물품은 제조업에서 나온다. 또한 물품의 생산은 많은 고용을 유발하고 그 과정을 통해 소비가 가능한 소득이 발생한다. 이러한 소득은 국가의 재정을 충당할 세금에 대한 재원이 되고 그것을 이용하여 국가는 새로운 생산 기반과 사회간접자본을 만든다.

이와 같이 제조업은 여타의 금융산업이나 단순 서비스 산업에 비해 고용과 생산, 그리고 소비의 일관성 있는 경제체계를 이루는데 더 없는 역할을 하고 있다. 그리고 중소기업 차원에서의 제조업은 고용확대에 가장 중요한 역할을 하고 있다.

(5) 자유로운 기업활동

국가의 통제나 규제가 없는 자유로운 기업활동이 보장되어야 한다. 특히 첨단산업이나 미래 지향적 산업은 전례가 없기 때문에 과거의 경우에 따라 일괄적으로 규제가 가해지면 기업활동이 위축되거나 소멸될 수 있다. 그렇기 때문에 최대한 자유로운 기업활동이 보장되어야 한다.

(6) 일관성 있는 정부정책

일관성 있는 정부정책이란 국가가 주도하는 정책이 시기에 따라 정권이나 권력자의 의도에 의해 자의적으로 변화하지 않는 것을 말한다. 더불어 정책의 처음과 끝이 같아야 한다는 의미이다. 이것은 기업의 차원에서 보면 미래에 대한 예측이 가능하여 보다 명확한 계획을 세울 수 있다. 그리고 그에 대한 대비가 가능하다. 그래서 정책의 일관성은 정부에 대한 신뢰성을 줄 수가 있으며 변동성으로 인한 사회적 손실도 줄일 수 있다.

2) 평등(형평)성 지표

(1) 사회 양극화 감소

양극화란 사회의 상하계층 간에 부의 분할에 대한 빈부격차가 심화되는 것을 말한다. 현대와 같이 배금주의 논리를 가진 사회에서는 돈이 돈을 벌어들이는 이상 현상이 생긴다. 그래서 가진 자는 더 많이 없는 자는 더 부족하게 되는 상황이 벌어진다. 이것이 계층 간의 양극화로 나타난다.

이러한 사회적 양극화를 감소시키기 위해 복지를 통해 소외계층을 지원하는 것이다. 그리고 국가 차원의 복지정책은 세금을 기준으로 실시되기 때문에 상위계층에게 사회적 부담을 크게 해야 효과가 있다. 그러나 이러한 계층적 세금 부담 차이는 조세저항의 원인이 될 수 있기 때문에 국가가 복지에 대한 재원을 마련하기는 쉽지 않다. 그래서 보다 합리적인 세원 확보의 논리를 세울 필요가 있다.

(2) 소유와 소득에 따른 적절한 세금

가진 만큼 그리고 버는 만큼의 적절한 세금은 온당한 것이다. 그러나 지금의 상황은 가진 자의 지속적 저항으로 중산층 서민들에게 더 많은 부담을 지우고 있다. 버는 만큼 그리고 가진 만큼의 적절한 세금 부과는 형평성을 유지하는 데 가장 중요한 사항이다. 특히 소득에 대한 법적 권한을 부여한 경우에도 적절한 세금이 부과되어야 한다.

예를 들면 지적소유재산권이 있으면 합당한 지적소유재산세가 부과
되어 상호 형평에 맞추어야 한다.

(3) 투명하고 공평한 법 집행

법치국가에서 가장 중요한 것은 법의 공평한 지배이다. 그러나 법
또한 인간이 만들고 인간에 의해 집행된다. 그래서 때에 따라서는 형
평성을 잃고 불공평하게 이루어진다. 이 때문에 법은 투명하고 공평
해야 한다. 그리고 이것을 통해 금전만능주의의 폐해를 막아야 한다.

(4) 고용의 불균등 해소

고용 불균등은 우선 임금격차에서 온다. 대기업과 중소 하청기업
간의 임금격차는 중소기업에 일자리가 있어도 중소기업이 채용난에
시달리게 만든다. 그리고 이와는 정반대로 대기업은 한정된 일자리로
인해 많은 청년들에게 취업난을 겪게 만든다. 이것은 고용의 전형적
인 불균형이다. 그래서 대기업과 중소 하청기업의 임금에 대한 형평
성과 착취구조를 개선해야 한다.

(5) 기업 간 격차 해소

자본주의의 형평성이 이루어지려면 생산의 주체인 대기업과 중소
기업 간 격차가 좁혀져야 한다. 기업 간 격차는 자본의 크고 작음에
도 차이가 있지만 고용수준 및 임금 그리고 각종 금융의 혜택 정도
등 상대적 격차가 더 크다.

이러한 기업 간 격차는 경제위기 상황에도 잘 나타난다. 대기업은
고용인 수가 많다는 이유로 우선 구제대상이 되고 중소기업이 부도

가 나도 구제가 안 되는 경우가 많다. 그래서 위기의 대기업은 공적 자금 등을 이용해서 살려내는 방법을 취하나 중소기업은 방치한다. 이것은 엄연한 기업 간의 불평등이다.

3) 조절성 지표

(1) 고용 확대를 위한 중소기업 육성

현대 산업에서 과학기술이 발달되면서 대량 생산이 가능해졌다. 그러나 고용은 오히려 후퇴하고 있다. 이것은 대기업이 공장 기계화로 인해 인간의 노동력이 덜 필요하기 때문이다. 그래서 고용의 필요성도 줄어들었고 이러한 상황은 미래로 가면 갈수록 더 심화될 것이다.

이에 반하여 아직은 덜 기계화되거나 인간의 직접 노동력이 필요한 중소기업의 경우는 고용에 대한 소요가 계속 유지되고 있다. 이러한 이유 때문에 고용 확대를 위한 중소기업 우선 육성과 국가적 지원이 반드시 필요하다.

(2) 국내 자기 자본 활성화

전 세계의 금융 자유화로 인해 기업의 자본 확충에는 여러 가지 도움을 받게 되었다. 하지만 실제로는 국제적 투기자금으로 인해 기업이 필요한 자금 확보보다는 투기 자유화가 되었다. 다시 말해서 주식 시장을 통해 주식 거래 과정의 실익만 취하려는 투기판으로 변질되어 있다는 것이다.

그래서 주식 거래가 자본으로서가 아니고 자금으로서의 용도로 변하여 주가 변동에 따라 이해타산이 결정되는 구조가 되었다. 주식 거래 여하에 따라 말짱한 회사가 넘어가거나 망하고 엉뚱한 작전세력에 의해 아무 실적도 없는 회사가 포장되어 훌륭한 회사로 탈바꿈하기도 한다. 이러한 것은 주식의 변동성과 투기판의 맹점을 이용해 불로소득을 취하려는 집단 때문이다.

특히 국제적 투기자금은 자유화된 주식과 외환의 맹점을 이용하여 국가의 부를 착취해 나가고 있다. 그리고 그 착취한 부를 이용해 다시 재투기를 하여 계속적으로 실익을 취하는 방식으로 주식시장을 넘나들고 있다. 이것은 말 그대로 손도 안 대고 코를 푸는 것이다. 우리의 주식시장은 이러한 작태를 반복적으로 보여 주고 있다. 그러나 아무도 이것을 막으려 하지 않고 오히려 부화뇌동하여 자신들의 이익 챙기기에 급급하고 있다. 그리고 국가적 손해를 무시하고 사사로운 자신의 실익만 취하고 있다.

이것은 금융 자유화로 인한 투기의 자유화도 있지만 국내 자본이 빈약하여 무방비 상태로 당하고 있는 것이 원인이다. 그렇기 때문에 국익의 보존을 위해서도 금융 자유화에 대한 국가적 통제가 이루어져야 한다. 더불어 국내의 자기 자본을 확충하는 것이 필요하다.

(3) 국가와 국민의 부채 감소

경제가 발전되고 소비가 활성화되면서 씀씀이가 커진 결과 국가는 국민의 마음을 사로잡기 위해 적자재정을 이용하고 있다. 그 때문에 사회적 거품경기가 만연되면서 국가는 더 많은 외채가 필요하게 되고 가면 갈수록 그 정도가 심해지고 있다.

이러한 국가의 부채는 공기업의 방만한 경영과 더불어 공기업 부채를 키웠으며 지금은 국가 보증에 의해 그 대부분이 국민의 빚으로 남게 되었다.

또한 세계적인 저금리 기조로 대출이 수월해지고 이러한 각종 금융대출로 인해 대다수의 국민이 채무자로 전락하였다. 그리고 채무금액도 갈수록 점점 더 커져 국가문제로 대두되고 있다.

이렇듯 국가와 국민의 빚이 기하급수적으로 늘어가는 것은 거품경기로 인해 절제된 사회적 의식이 희박해졌기 때문이다. 또한 남의 돈은 우선 쓰고 보자는 풍조가 만연되면서 생긴 사회적 방임현상 때문이다.

그래서 미래 지향적 사회를 만들기 위해서는 국가가 앞장서서 조속히 국가와 국민의 부채를 청산하도록 하여야 한다. 그리고 근검하고 절약하는 사회적 의식을 고취해야 한다.

(4) 원만한 노사관계 정립

경제체계의 생산부문에 있어서 사업자와 노동자는 두 개의 축이다. 그래서 이 두 개의 축이 원활한 관계를 가지고 생산이 진행되어 나가면 생산성이 크게 향상될 수 있다. 그리고 그뿐만 아니라 상호 갈등으로 인한 불필요한 사회적 비용도 감소되어 경제 전반에 좋은 영향을 미친다.

그래서 기업의 노사관계는 국가의 조절기능이 적극적으로 개입되어야 할 중요한 부분이다. 왜냐하면 원만하지 않은 노사관계는 갈등을 해소하는 데에 사회적 비용을 요구한다. 또한 그로 인해 기업의 신인도와 균형 잡힌 생산구조가 망가질 수도 있다. 그래서 노사 간의 갈등은 기업뿐만이 아니라 국가와 지역 경제에 미치는 영향이 지대하다.

(5) 과학기술이 주도하는 사회구조

미래 사회는 과학기술 주도하에 인간의 편의성을 극대화하는 사회이다. 그래서 기계화된 대량 생산체제와 최소의 노동력으로 모든 것을 이루어 나가는 시대가 되어 가고 있다.

그러나 이러한 이유 때문에 고용이 축소되고 실업자가 늘어나는 현상을 가져오고 있다. 그래서 우리는 또 다른 영역에서의 과학기술의 발달과 병행하는 고용의 장을 만들어야 하는 사회적 노력이 필요하다.

4) 화합성 지표

(1) 정치적 안정

국가의 발전에서 가장 중요한 것은 정치적 안정이다. 입헌민주 국가인 우리나라의 경우는 여야의 구분을 두고 상호 경쟁적 협력관계를 가지고 국정을 이끌어 가도록 하고 있다. 그러나 이러한 제도가 좋은 점이 있는 반면에 나쁜 점도 있다. 그것은 권력의 향배에 따라 극심한 정치적 편중현상이 일어나 실제로는 권력 투쟁적인 정치형태로 변질되기 때문이다.

정치적 안정을 이루려면 상호 양보가 필요하다. 특히 힘을 가지고 있는 여당 측에서의 양보는 정치적 안정에 필수적인 것이다.

(2) 소외계층의 복지 확대

경제적으로 무능하거나 장애를 가진 계층은 경제적인 어려움과 사회적 격차 때문에 소외계층으로 분류된다.

이러한 소외계층이 방치되는 경우는 사회적 문제의 근원이 될 수 있다. 그리고 그것으로 인해 생기는 사회적 혼란은 해결을 위해 치를 사회적 비용을 상당히 키울 수 있다.

그래서 미리 집행되는 복지는 그것을 통해 소외계층의 안정화도 기하고 추후 발생될지도 모를 사회적 비용을 미리 막는 목적도 있다.

다만 균형 잡힌 사회에서 복지가 모든 해결책은 아니다. 오히려 경제적 균형을 이루고 안정된 사회 속에서는 소외계층을 없애는 것이 최대 목표이다.

(3) 친기업적 사회 분위기 조성

자본주의의 잘못된 의식 중의 하나가 기업과 사업자가 근로자를 착취한다고 생각하는 의식구조에 있다. 그래서 기업이 적대적 대상이 되는 경우가 많다.

우리 사회에서 경제의 시작은 국가도 개인도 아닌 기업이다. 기업이야말로 생산에서 시작하여 고용까지 아우르는 경제체계의 가장 중요한 부분이다.

그러나 기업이 비난의 대상이라든지 적대적인 상태에 있다면 이것은 경제적으로나 사회적으로 큰 불행이다. 그래서 기업이 친사회적이 되어야 한다. 그렇게 되면 상호 갈등으로 인한 사회적 비용을 감소시킬 수 있고 친기업적 분위기를 통해 화합을 이루면 고용과 소득의 향상을 기할 수 있다.

(4) 기업 간 상생여건 조성

대기업과 중소기업의 기업 간 격차는 우리 사회에서 당면한 과제

중에 하나이다. 특히 근로자에 대한 처우에 있어서 기업 간 격차는 근로의식과 사회의식에 지대한 영향을 주고 있다. 그래서 기업 간의 격차를 줄이는 것이 사회 화합과 고용에 절대 필요한 사항이다.

여기서 기업 간 상생여건을 조성한다는 것은 기업 간 격차가 심한 일거리와 임금에 대하여 대기업의 양보가 필요하다는 뜻이다. 다시 말해서 양보에 의해 중소기업의 살길을 열어 주는 것을 말한다. 왜냐 하면 중소기업은 우리 사회 고용의 중요한 축이기 때문이다.

(5) 양질의 노동력과 높은 생산성

미래 지향적인 산업사회는 생산과 소비의 조화가 우선되어야 한다. 그래야 균형 잡히고 안정된 사회를 이룰 수 있다. 그러나 기계화되고 과학화될수록 생산에서 인간의 노동력이 차지하는 비율은 줄어들고 역할 또한 기계의 보조적인 위치로 전락하고 있다.

이 때문에 차츰 노동력의 질은 떨어지고 상대적인 생산성은 저하 되고 있다.

그래서 미래 산업과 인간의 역할에 균형을 잡고 조화를 이루려면 무엇보다도 생산을 뒷받침하는 양질의 노동력과 높은 생산성이 요구 되는 것이다.

(6) 중산층 주도의 경제구조

중산층은 사회의 중추 역할을 하는 계층이다. 다시 말해서 중산층 은 상위계층을 견제하고 하위계층을 이끌면서 차상위계층으로 상승 할 수 있는 기회를 제공한다. 이러한 측면에서 중산층의 사회적 위치 는 그 어떤 것보다 중요하다.

더욱이 민주주의 목표인 최대 다수의 최대 행복이라는 점을 고려하면 중산층의 행복이 가장 중요하다. 왜냐하면 중산층이 우리 사회의 구성원 중에 최대 다수를 점유하고 있으므로 중산층이 행복한 것이야말로 민주주의의 구현에 가장 부합되는 것이다.

이 때문에 중산층 주도의 경제구조로 나아가는 것이 우리가 추구하는 합리적이고 균형 잡힌 사회를 만드는 길이다.

제3장 경제정의와 균형자본주의의 실천

자본주의의 경제정의를 실현하려면 경제원칙이 바로 세워져야 하며 이러한 원칙에 따라 경제적 이념을 올바르게 구축해야 한다.

우선 경제원칙을 바로 세우는 것은 기존의 경제체계에서 실물경제와 유동성의 역할을 원상태로 회복시키는 것이다. 그래서 경제체계를 바로잡고 이제까지 변질된 자본의 흐름을 제자리로 돌려놓아 생산과 고용 그리고 소비를 유기적으로 조화시키는 것이다.

그리고 경제적 이념을 올바르게 구축하는 것은 현재와 같이 금전만능의 획일적 사고를 다양한 이념으로 분화시키는 것이다. 그래서 경제적 갈등의 요소를 줄이고 화합된 상생의 사회로 이끄는 것이 경제정의의 실현 방법이다.

지금 우리가 겪는 중산층과 서민경제의 어려움은 어제오늘의 일이 아니다. 우리 사회를 구성하는 대다수 사람이 중산층 혹은 서민으로 이루어져 있다. 이러한 우리 사회가 민주주의를 실현하려면 최대 다수를 이루고 있는 중산층과 서민이 잘 살고 행복해야 한다.

그러나 지금의 사회는 그렇지 않다. 오히려 서민은 자본 착취의 대상이 되었고 중산층은 몰락하여 갈 길을 잃고 있는 것이 현실이다.

이러한 불안정한 상태는 결코 오래가지 못한다. 그동안 우리가 겪어 온 역사 속에서도 이 점을 간과하였다가 경제적 위기와 사회적 격변의 시기를 많이 경험해 왔다.

또 다른 위기의 시대가 오기 전에 먼저 우리 스스로를 바로잡아 대응해야 불행을 줄일 수 있다. 위기가 다가와도 부를 소유한 상위계층은 별 탈 없이 잘 살아남는다. 오히려 위기를 기회라고 하면서 더욱 착취의 호기로 삼는다. 문제는 우리 중산층과 서민이다. 위기를 무방비 상태로 당하게 되고 그로 인해 더욱 비참해지는 상황에 처하게 된다. 그래서 우리 중산층과 서민이 경제의 주도권을 가지고 우리 사회를 이끌어 가도록 해야 한다.

지금까지의 경제체계로는 절대 중산층과 서민이 사회를 주도하고 이끌어 갈 수 없다. 금전만능주의의 사회는 돈이 모든 것을 주도하기 때문이다. 그래서 우리가 이러한 배금주의의 사고를 가지고 계속 그 안에서 갈피를 못 잡으면 절대 경제를 주도할 수 없다. 그러므로 우선 금전만능주의의 망령에서부터 벗어나야 한다. 그리고 이러한 금전만능주의로 이끌어 온 현재의 수정자본주의를 적절하게 개혁하지 않고는 우리의 바라는 바가 실현되기 어렵다.

과학혁명의 구조에서 토마스 쿤(Thomas Khun)은 기존 제도가 그 사회에서 파생되는 여러 가지 문제를 해결할 수 없을 때는 제도적(과학)

혁명이 일어난다고 했다. 이것은 제도가 봉착한 문제의 패러다임을 기존의 방식으로 해결하기 어렵기 때문에 혁신적인 집단에서 새로운 제도에 대한 패러다임을 들고 나와 그 해결책을 제시한다는 것이다. 그 후 신구의 패러다임 상호 간에 경쟁 상태를 지나 새로운 패러다임이 낡은 것을 대체하게 되는 것을 과학 혁명이라고 한다. 이와 같이 이제는 경제에도 새로운 패러다임이 나와야 할 때이며 이것을 통해 중산층과 서민경제를 되살리고 중산층과 서민이 보다 잘 살 수 있는 경제체계를 구축해야 한다. 이것이 바로 균형자본주의이며 이러한 균형자본주의는 공평과 조화의 원칙에서 상생할 수 있는 사회를 지향하는 것이 목표이다.

1. 사회 · 경제체계의 공정성

균형자본주의는 자유방임적 자본주의와는 체계가 다르다. 그러나 상호 간의 근본적인 원칙을 비교하면 자본주의의 경제활동(생산, 고용, 소비)에 있어서는 동일하다. 여기서 균형자본주의가 기존 자본주의와 다른 점은 일부 상위계층의 극단적 행복 추구를 규제하고 하위계층을 북돋우는 사회적 공정성을 부여하는 것이다. 그리하여 민주주의의 기본 목표인 최대 다수의 최대 행복을 추구하는 것이 다르다.

이러한 이유는 자유방임적 자본주의가 일부 극소수의 경제 지배를 허용하는 반면에 균형자본주의는 최대 다수에게 경제활동의 기회를 제공하고 그것을 통해 행복을 추구할 수 있도록 하는 것이다.

지금과 같은 배금주의 및 금전만능주의는 결국 자유방임적 자본주의가 만들어 놓은 것이다. 이 때문에 생긴 빈부격차가 다수의 사람에게 사회적·경제적 어려움을 갖고 살게 만들어 놓았다. 그래서 유전무죄 무전유죄라는 불공평한 사회구조가 형성되었던 것이다.

자유방임적인 자본주의는 돈을 어떠한 방법으로 벌어도 좋다는 사상이 내포되어 있다. 그렇기 때문에 대다수의 사람들은 가장 손쉬운 돈놀이에 치중하여 쉽게 치부하려 하고 있다. 그래서 어려운 일, 힘든 일은 모두 기피하고 있어 실제적으로 사회적 일자리는 넘쳐도 일할 사람은 구하기 어려운 사회적 괴리현상이 생긴 것이다.

3D 업종이나 저임금 직장에서 일할 바엔 차라리 쉬면서 더 나은 직장을 찾겠다는 청년의 마음이 청년실업의 주요인이다. 그로 인해 중소기업은 일할 사람을 못 구하고 청년은 일거리를 못 찾는 것으로 이것이 빈부격차를 심화시키는 또 하나의 요인이 된다.

대기업과 중소기업의 임금격차가 심해서 청년들은 중소기업에 가서 일하길 꺼려하는 것이다. 중소기업에서 몇 년 일할 연봉을 한 해에 다 받는다면 누가 중소기업에 가서 열심히 일할 것인가. 몇 년 쉬면서 시험 준비를 하면 대기업에 들어갈 수 있다고 생각하기 때문에 오히려 기피하는 것이다. 그리고 임금도 "대기업에 가면 한두 해에 보충되는데……"라고 생각하기 때문에 취업 재수생을 유발하고 있는 것이다. 그러나 그들이 취업할 때까지는 백수로 노력 없이 지내기 때문에 사회적으로 힘쓰고 일해야 할 청년들이 지금과 같이 고시촌에 남게 되는 것이다.

균형자본주의는 모든 이에게 고르게 일자리를 주기 위해 우선 사회적으로 불공평한 요소를 줄이는 것이다. 그리고 모든 사람에게 떡을 나누어 주기 전에 몇몇에게만 꿀을 퍼 주는 사회적 부조화를 줄이는 것이 가장 큰 목적이다.

이것을 통해 빈부격차를 줄이고 중산층과 서민들의 경제적 상실감이나 박탈감을 줄여 구성원 각자의 행복지수를 높이고자 하는 것이다. 그리고 성실하고 근면한 삶의 방식을 통해 사회의 건전성을 키워 보다 나은 선진 행복사회로 나아가는 것이다.

이러기 위해서는 생산과 고용을 확대하기 위한 일거리 나누기와 일자리 채우기 그리고 소비 진작을 위한 임금 나누기가 사회의 조화를 이루는 최선의 방법이다. 이렇게 하기 위한 국가의 정책 방향은 큰 것을 분산시켜 횡포를 줄이고 적은 것을 집중시켜 힘을 주는 것이다.

1.1. 생산과 산업 부분

1) 대기업과 중소기업

대기업과 중소기업은 상호 간의 자본 크기의 차이로 인해 인적·물적 자원 및 금융 등의 불공정한 대우를 받고 있다. 그래서 균형자본주의에서는 기업 간 공정한 기회를 부여하는 방법을 모색하고자 한다. 이러한 점에서 기업 간의 형평을 유지하기 위한 여러 가지 제한이 필요하다.

① 임금이 유리한 대기업에서 무경력 대졸 모집 금지가 필요하다.
② 대기업과 중소기업 간 일거리를 나눈다.
③ 대기업 재벌을 해체하고 소기업을 집단화하여 고용을 늘린다.
④ 취업방식을 바꿔서 중소기업의 빈 일자리를 채운다.
⑤ 하청제도를 없애고 대신 대기업과 컨소시엄을 하도록 유도한다.

⑥ 대기업의 어음 발행 시 해당 기간 이자를 포함해 지급한다.

2) 공기업과 공무원

공직자의 기강 확립과 사회적 균형 안정을 위해 부정부패를 근절하여야 한다. 그리고 공기업과 사기업 간에 균등한 기회를 주어 공평한 사회를 조성해야 한다. 또한 공기업에 편중된 취업 경향을 고치기 위해 중소기업의 해당 분야 경력자 우선 취업을 할 수 있도록 장려하여야 한다.

① 부정부패를 근절하여 공정한 사회 조성
② 공기업과 공무원 채용 시 중소기업 경력 필수
③ 지방 분산된 공기업에서 발생한 세금을 지방세로 전환
④ 공무원의 봉사정신에 대한 사회의식 고취

3) 농수산업과 기타 산업

균형자본주의 원칙인 산업 간의 균형을 위해서는 가장 취약한 농수산 부문과 기타 산업과의 공정성을 확보해야 한다. 그렇게 하기 위해 불공정한 사회제도를 고쳐야 한다.

특히 농수산 분야가 직·간접적으로 피해를 받고 있는 유통무역 부문에 대하여 규제가 필요하다. 특히 자금줄을 쥔 중개상에게 농어민이 더 이상의 피해가 없도록 중개업무에 대한 제한이 필요하다. 다시 말해서 중개상들이 돈을 가지고 자신들 멋대로 전횡하는 유통무역 부문을 농어민 출신만이 직접 할 수 있도록 규제하는 것이다.

① 농수산 분야 거래 중개상 자격 제한

* 20세 이상 해당 분야에 5년 이상 유경험자로 자격 제한
② 농수산 무역상 자격 제한
③ 농수산물 유통 체계 개선
* 농수산 분야 20세 이상 5년 이상 실경험자로 자격 제한
④ 유통과 서비스 산업에서의 제한
* 대기업의 소규모 유통 분야 점유 제한
* 기업형 점포 위치 제한

1.2. 소비와 교육 · 문화 분야

1) 영화 및 문화산업 분야

영화산업은 우리 사회에서 중요한 문화산업이다. 그리고 조미료와 같이 삶의 활력소를 주는 분야이다. 그러나 이 같은 좋은 점이 있는 반면에 허영과 기만의 사회의식을 키워 주는 분야이다. 그래서 소득이 없는 청소년 계층의 신용카드 남발과 연계되어 과소비로 인한 거품경제를 유발하고 있다. 그리고 이렇게 신용카드 사용이 급격히 늘어나면서 카드산업의 발달이 촉진되었다. 그러나 카드의 과다 사용으로 인해 사회적 신용불량자들이 양산되었다.

또한 영화산업 내의 편중된 수익구조는 사회적 불평등을 초래하였다. 이러한 일부 스타에 편중된 수익구조는 해당 종사자의 삶에 빈익빈 부익부의 사회적 격차를 만들어 고용의 균형을 깨고 있다. 이 때문에 공정한 사회를 위해서는 규제와 개선이 필요하다.

① 영화산업의 과소비 거품 제거

② 신용카드 등의 과다 사용으로 인한 신용불량자 양산에 대처

③ 영화 문화산업 내 편중된 수익구조 개선

2) 방송광고 산업 분야

방송광고는 대표적인 소비산업이다. 방송의 사회적 영향력을 이용하여 판매를 고취하는 광고를 하는 것이다. 그리고 그에 대한 광고비를 방송매체에 지불하는 것으로 상호 부조하는 것이다. 그러나 방송광고 산업은 그 특징상 독점적 우월 지위에 있는 방송매체의 주도하에 움직이고 있다. 그렇기 때문에 광고비용은 방송매체의 의도에 따라 기하급수적으로 커져 가고 있는 것이다.

이러한 광고비용은 결국 소비자 부담으로 전가된다. 다시 말해서 국민 개개인이 자기도 모르게 광고비를 갈취당하는 구조로 되어 있다. 또한 이러한 광고비에 편승하여 책정되는 터무니없는 연예인의 개런티는 사회 불평등을 조성하는 중요한 요인으로 작용하고 있다. 그래서 국민들의 돈을 국민의 동의 없이 착취할 수 있도록 만들어진 방송광고비에 대한 철저한 통제가 필요하다.

더욱이 방송에 만연된 금전만능주의 풍조는 건전한 사회철학을 해치고 있다. 그리고 이러한 것들이 잘못된 여론 조성을 하여 배금주의 사회로의 이념만 더욱 키우고 있다.

그러므로 방송에서의 배금적인 표현은 규제해야 한다.

① 터무니없는 방송 연예 분야 종사자 연봉을 삭감.

② 방송광고비 통제.

③ 방송에서 스타의 연봉 발표 금지.

④ 오락 성격의 프로그램 자제

⑤ 문화·철학 강좌 등의 교양분야의 프로그램 강화

3) 스포츠와 유흥 서비스산업 분야

스포츠와 유흥·통신 서비스 분야는 전형적인 소비산업으로 사회활성화의 역할을 하고 있다. 그러나 이것들은 엄밀히 따지면 사회적 거품경제의 주범이다.

스포츠의 경우는 일부 스포츠 스타의 과도한 연봉에 비해 대다수 선수의 연봉은 빈약하다. 이것은 또 다른 사회적 격차를 만드는 주요인의 하나이다. 잘나가는 선수 한 명의 이면에는 수십 명의 빛을 못 본 선수들이 존재하는 것과 같이 스포츠 분야에 사회적 불공평이 상존하고 있어 경제의 균형과 안정을 해치고 있다.

또한 유흥산업과 통신산업은 과도한 소비를 유발하여 불필요한 낭비를 키우고 있다. 특히 통신산업은 공공성이 강조되는 산업으로 요금에 있어서 공적 규제가 필요하다.

① 스포츠 스타의 과도한 연봉 억제

② 선수 간 연봉의 격차가 심한 상태이므로 조정이 필요

③ 거품경제의 한 원인인 스포츠 산업 규제 필요

④ 불필요한 유흥 및 성 접대 산업의 억제

⑤ 통신 서비스 산업의 요금 규제 강화

4) 교육 및 의료 분야

교육 및 의료 분야는 단순한 소비보다는 개인의 발전과 건강 그리

고 행복한 삶을 위해 사회적으로 기여하는 분야이다.

그러나 교육이 부의 세습적인 요소와 신분 상승의 의미를 가지고 있어 치맛바람과 사교육에 의존하여 변질되어 가고 있다. 그렇기 때문에 가면 갈수록 빈부격차에 의한 교육적 편중 현상이 생긴다.

사교육에 돈이 개입하여 교육적 불평등을 유발하였다. 그리고 그것으로 인해 일부 교육현장이 부정적인 곳으로 변질되었다.

또한 의료 분야는 건강과 삶의 질 향상에 중요한 부분이다. 그래서 엄정한 의료 과학기술에 입각하여 유지되어야 할 분야임에도 불구하고 돈의 개입으로 인해 일부 불공평한 분야로 변질되고 있다. 그리고 생명에 중요한 의료행위를 사회적 격차가 중요시되는 자본주의의 논리로 풀어 가고 있다.

① 학원과 사교육비의 절약을 위해 공교육의 강화
② 과다 진료비와 병원 의원 간 격차를 줄일 대책 수립
③ 과잉 치료와 진료 수가의 합리적 규제
④ 의약의 부정적 가격 설정 요인 제거
⑤ 의술은 인술이라는 사회철학 강화

1.3. 고용과 노동 분야

1) 청년고용

현재 우리 사회에서 대두되는 당면 문제 중의 하나는 청년실업이다. 이것은 청년층의 직업에 대한 끝없는 허상 추구와 과장된 탐색의 결과로 나타난 것이다.

중소기업은 자리가 남아도 구인이 어렵고 대기업은 자리가 없어도 취업 경쟁력이 심한 것은 기업 간의 임금격차가 만들어 놓은 기현상이다. 이러한 기업 간의 임금격차가 청년실업을 유발하여 고용 불균형을 조장하고 불공정한 사회로 이끌고 있는 것이다.

더욱이 비교 우위에 있는 대기업이 가진 여러 가지 혜택이 직장 탐색에 하나의 기준이 되고 있어 잠재적 실업을 유발시키고 있다. 그래서 고임금 기업의 채용은 국가 차원에서의 경력으로 조절하여야 한다. 이러한 경력은 중소기업을 통해 만들어지는 것으로 중소기업도 취업의 기회를 줄 필요가 있다.

① 대기업, 금융업에의 취업은 중소기업 1년 이상 경력자로 채용
② 공기업, 공무원은 중소기업 2년 이상 경력자에게만 시험 자격
③ 중소기업 경력자 관리는 국가 차원에서 관리
④ 법, 의료 등 전문 분야의 자격 요건을 강화하고 사회경력 우선
⑤ 군대 연장 복무자도 중소기업 근무한 것과 동등 자격 인정

2) 노년 퇴직과 재고용

고령자의 실업은 체력의 약화와 노동의 능력 저하로 인해 생기는 것이다. 그래서 사회적으로 노년 은퇴를 종용하고 그 결과가 실업으로 나타나게 된다. 이러한 노년 퇴직은 충분한 재교육과 적절한 일자리만 확보되면 재취업이 가능하다. 그렇기 때문에 국가 차원에서 재교육을 통한 노령층을 취업으로 유도하면 고용의 균형과 안정에 기여할 수 있다.

① 60세 이상 남녀는 재교육 기관에서 6개월간 의무 교육

② 재교육 이수자 대상으로 6개월간 국비로 재취업 직업교육

③ 노년층 취업 가능 분야는 국가가 직접 관리

④ 사회적으로 고령자 취업 분야의 개발과 육성 진행

3) 중장년 재취업

중장년층은 우리 사회의 중추적 위치에 있으며 위로는 노부모 부양과 아래로는 자식들의 보육을 책임지고 있는 연령이다. 또한 사회 계층 간에 중간 세대로 중산층을 구성하고 있다.

이러한 중장년층은 때로는 사회의 급변화 속에서 조기 퇴직과 명예퇴직의 주 대상이 되어 직접 피해를 받는다.

이 때문에 근로 능력이 있어도 사회적으로 도태되거나 무능화되는 경향이 있다. 그래서 국가 차원에서 직업에 대한 재교육과 사회 고용에 대한 대책이 마련되어야 한다.

국가 차원에서 중장년의 안정된 고용이 경제의 균형과 안정에 절대적으로 필요하다.

① 중장년은 사회의 중추이므로 고용의 안정대책이 필요

② 국가적 차원에서 조기 퇴직과 명예퇴직에 대한 사후조처가 필요

③ 퇴직 후에 직업교육으로 재취업을 유도하여 고용

④ 국가보다 사회 고용에 대한 광범위한 대책이 필요

4) 고용의 차별

우리 사회에서의 고용 차별은 우선 직업 간에서 생긴다. 그리고 기업 간의 임금격차도 더욱 커진다. 이러한 기업 간의 임금격차는 임금

이 적은 쪽의 좌절감을 유발하여 고용 불안정을 주고 있다.

특히 여성의 경우는 더욱 불리하다. 여성이 남성보다 임금이 낮게 책정되어 차별을 두고 있다. 그러나 이것은 명백한 불공정행위이다.

① 기업 간 격차가 큰 임금을 나누어 고용을 확대

② 다양한 기업 고용을 정규직 위주로 전환

③ 차별화된 여성 고용과 임금에 대한 전향적 대책이 필요

1.4. 금융과 자본 부문

1) 주식

주식은 회사의 자본 가치를 표시하는 유가 증권이다. 그래서 주식의 변동은 항상 회사의 실적 상태와 병행한다. 만일 회사의 경영상황이 나쁘면 하향하고 그 반대면 상승해야 한다. 그러나 실제 주식시장의 움직임은 다소 다르다.

주식시장에 얼마의 돈이 유입되느냐 혹은 빠져나가느냐에 따라 주가가 변동하고 있다. 그리고 국제 증시의 상황이 바로 영향을 미치는 등 주가의 변화는 종잡을 수 없는 것으로 되어 있다. 이러한 상황은 주식이 회사 자산으로서의 본분에서 벗어나 투기판의 카드처럼 변질된 것이 원인이다.

그래서 회사의 실적이 주가를 키우는 것이 아니고 증시의 상황이 주가를 변화시키는 것이다. 그리고 때에 따라 건전한 회사들을 흑자 도산하게 만드는 이상한 현상도 벌어지게 한다. 이것은 증시에 투기성 자금이 유입되어 작전에 의해 실익을 취하고 치고 빠지는 과정에

서 일어나는 것이다. 또한 금융 자유화 이후 자유스러운 외환거래와 더불어 외국 투기자금의 출입이 자유로워져서 더욱 심화되었다.

이러한 사태는 주식시장을 돈 놓고 돈 먹는 식의 불공정한 투기판으로 만들어 외국자본의 착취의 장으로 만들었다.

① 외국자본 및 헤지펀드의 무작정 증시 유입을 검증하고 통제.

② 증시에 국내외 투기성 자금 유입을 제한.

③ 증시에서 M&A를 통한 회사거래를 규제하고 직접거래로 유도

④ 주식보유자 보유 재산세를 신설.

⑤ 증시가 하향할 때 국가의 개입을 금지.

2) 은행자본

은행자본은 각종 대출을 통해 예대상계 마진을 취한다. 그러나 각종 대출은 자금시장에 불필요한 자금을 유입시켜 가격 상승을 유도하고 거품을 키워 사회 불안정한 요소를 만들고 있다.

예를 들면 주택담보대출로 인해 주택시장에 불필요한 자금이 유입되어 부동산 가격을 상승시키고 부동산 투기를 유발하였다. 그리고 전세대출은 전세시장에 계속적인 자금이 유입되어 전세가격을 상승시켜 서민경제를 주름지게 하고 있다.

이렇듯 은행의 대출금은 어느 쪽으로든 쏠림현상이 생기면 그 분야의 가격 상승을 유발하고 있다. 그래서 자금의 불균형한 상황을 야기해 경제에 악영향을 주고 있다.

① 은행의 각종 대출을 규제하여 불필요한 자금의 운용을 규제.

② 법적으로 은행의 예대상계 마진을 축소하고 금리를 인상.

③ 집중화된 일반은행을 다수의 작은 은행으로 분산하여 고용을 확대.

④ 은행의 무절제한 파생상품 개발 및 운용을 규제.

3) 펀드 및 외환

펀드는 주로 주식을 통해 국내외에 투자하는 자금 형식을 취한다. 그러나 해외에 투자하는 것은 대체적으로 헤지펀드화되기 때문에 투기성 자금이 되어 해당국의 부를 착취하는 도구로 전환된다.

또한 이러한 종류의 펀드는 환율과 더불어 변동성이 심하기 때문에 투기적 목적으로 주로 이용되며 국제정세의 변화에 따라 이익과 손실의 격차가 크다.

더불어 현재의 미국 주도형 환율은 대부분의 국가가 변동환율을 적용하고 있어 변동성이 강조되고 있다. 그러나 환율은 대체적으로 증시와는 서로 반대로 작용하고 있기 때문에 이러한 경향을 이용해 해외 투기자금은 황금 루트로 이용되고 있다.

예를 들면 외국 투기자금이 증시로 유입되면 주가가 상승하고 국가의 외환 보유가 늘어난다. 그래서 환율은 떨어진다. 또한 주가가 상승하면 투기자금에 이익이 발생되며 이때의 이익과 떨어진 환율로 환차익까지 챙길 수 있어 이익이 극대화한다. 이러한 이익을 전환하여 해외로 빼돌리기 때문에 자연적으로 우리는 주가 변동에 의한 손실 외에도 환차익에 의한 손실까지 떠맡게 된다.

이렇듯 외국의 헤지펀드와 변동환율이 결합하여 증시와 외환시장을 오가며 우리의 국익을 착취하고 있다.

① 해외 투기성 펀드를 규제.

② 국부의 유출을 막기 위해 고정환율로 전환.

③ 금융을 통한 외환의 개인 소유를 장려.

④ 투기자금 유입으로 인한 외환 보유를 통제.

4) 부동산

부동산은 금융자산과 더불어 개인 재산의 한 축이다. 그러나 부동산의 가격 상승은 임대료나 경비 등에 가산되어 물가 상승에 직접 영향을 준다. 그래서 부동산으로 재산을 증식한다는 것은 물가를 상승시켜 타인에게 직접 피해를 주는 행위이다.

특히 은행대출로 투기하는 경우는 부동산시장의 가격 상승뿐만 아니라 불로소득에 의한 부의 취득이 되어 사회의식에 나쁜 영향을 주기 때문에 더욱 규제되어야 할 분야이다.

은행대출은 부동산 담보가 전제되므로 다른 측면에서 보면 실제 소유는 은행이 하고 대출자는 임대해서 사는 것과 마찬가지이다. 이렇듯 우리는 알게 모르게 은행의 세입자가 되어 남에게도 피해가 되는 부동산 투기의 전면에 서서 돈의 노예로 전락하고 있다.

① 부동산 관련 세제 및 대출 등을 규제.

② 부동산을 통해 부를 축적 못 하도록 제도를 조정.

③ 부동산실명제를 통해 과다 보유를 금지.

④ 부동산 가격 상승은 물가에 직접 영향을 주니 규제 필요.

5) 유가자산

유가자산이란 미술품, 골동품, 공예품 등 가격을 가진 각종 물품과 채권 등 유가증권을 총칭하는 것이다.

이러한 유가자산은 명백한 개인 소유의 재산으로 우리 사회에서 항상 부정적인 상황에서 등장하는 음성적인 자산이다. 이러한 자산은 부정부패 등의 사회악적인 용도로 사용되기 쉽다. 그렇기 때문에 사회 부정적인 요소를 없애기 위해 투명한 거래와 떳떳한 재산으로 자리매김할 수 있도록 하여야 한다. 그렇게 하기 위해서는 유가자산 실명등록제와 거래에 관계되는 전문가의 국가 자격제를 실시해야 한다.

① 유가자산 실명등록제 실시
② 유가자산 감정인 자격제 신설
③ 유가자산 중개인 자격제 신설
④ 유가자산 보유자 보유재산세 추진

1.5. 세금과 재정 부문

1) 세금

적절한 세금은 소유한 만큼 그리고 소득 만큼의 원칙에 따라 매겨져야 한다. 그리고 탈세의 가능성을 최소화해야 한다. 또한 재산가들의 세금 포탈이나 미납에 대한 철저한 징수제도를 마련해야 세제의 공평성이 확보될 수 있다.

또한 전형적인 중산층과 서민세인 부가가치세를 축소하거나 폐지하여야 한다. 그렇게 하여야만 불공평한 세금을 줄일 수 있으며 세제에 대한 공정성을 유지할 수 있다.

① 부가가치세의 축소 및 폐지

② 주식보유재산세 신설

③ 금융자산세 신설

④ 부동산세의 적절한 증감

⑤ 유가자산 취·등록세 및 재산세 신설

⑥ 공평세정을 위한 세수 확보 및 철저한 징수

2) 재정

재정은 국가의 살림에 필요한 비용을 책정하는 것으로 세금에 맞는 국가재정을 통해 균형 잡힌 국가 운영을 하여야 한다.

그러나 많은 국가들이 국민들에게 인심을 쓰고 호응을 얻고자 적자재정을 통해 포퓰리즘적인 재정을 운영하고 있다.

이러한 적자재정은 국가의 빚을 눈덩이처럼 키워서 결국 후손에게 책임을 떠맡기는 재정이 되거나 국가 모라토리엄 상태로 몰고 간다.

① 세금에 맞는 국가재정을 책정 집행.

② 국가 외채를 조기 상환.

③ 복지 포퓰리즘을 억제하고 균형 잡힌 재정을 운영.

3) 공기업의 재무구조

공기업의 방만한 경영이 재무구조를 취약하게 하고 있다. 그리고 자체의 적절한 수입 대책보다는 외채 도입을 통해 해결하고 있으니 이것은 결국 국민의 세금으로 처리하게 되는 상황으로 변질돼 가고 있다.

공기업의 과도한 임금과 노조의 활동으로 책정된 갖가지 혜택이 돈 먹는 하마처럼 변질되면서 누구도 책임지지 못하는 공기관으로 변해 가고 있다.

이러한 것은 공기업의 위치가 국가의 보호와 법적인 지원에 힘입은 바가 크고 누구도 책임지지 않는 경영자세 때문이다.

더욱이 방만한 경영은 임직원의 임금을 최고 수준까지 높여 놓아서 균형 임금 고용의 기본 틀을 망쳐 놓고 있다. 그리고 이것이 청년 실업의 또 다른 원인이 되고 있다.

① 공기업의 재무구조를 건실화할 대책을 수립.

② 과도한 공기업 외채를 줄이고 실익이 적은 공기업은 퇴출.

③ 공기업의 무작정 외채 도입을 제약하고 기존외채는 조기 상환.

④ 경영 합리화를 위한 임직원 임금을 적절한 수준까지 삭감.

⑤ 외채 조기 상환계획을 작성하고 실천.

2. 평등(형평)한 사회(자본 법제도 및 집행 부분)

2.1. 고용과 소득

1) 기업 간 평등(자본 및 생산)

기업 간의 평등은 형평의 원리에 따라 이루어져야 한다. 집중성이 큰 대기업이나 공기업 등은 자본의 분산 혹은 분할을 하여야 하며 분산화되어 있는 중소 하청기업은 자본 집중을 통해 구조적 능력을 키워야 한다. 그렇게 하여 기업 간의 평등이 이루어지도록 하면 고용과 소득의 균형과 안정을 이룰 수 있다.

그리고 기업 간 평등을 통해 기피기업이나 선호기업의 분류가 약해지면 청년실업의 잠재성도 감소시킬 수 있다.

① 대기업과 하청기업 간의 평등
② 공기업과 일반기업 간의 평등
③ 재벌기업과 중소기업 간의 평등

2) 직업 간 평등(고용)

직업 간의 평등은 고용에 있어서 가장 중요한 요소이다. 특히 직업의 격차를 따지는 현재의 배금주의적 사고방식은 직업 간의 평등에 가장 큰 걸림돌이다. 이러한 사고방식이 사회적 갈등을 일으키고 사회계층, 성별, 연령, 학력 간의 격차를 유발한다. 그러나 우리가 이러한 문제점을 해결하고자 하면 그에 따른 사회적 비용을 부담하지 않을 수 없다.

그래서 고용의 균형과 안정을 위해서는 모든 직업은 평등하다는 사회적 의식을 고취하여 직업 간의 형평성을 이루도록 해야 한다.

① 계층 간 평등
② 남녀 간 평등
③ 연령 간 평등
④ 직업 간 평등
⑤ 학력 간 평등

3) 사회직책 간 평등(직업 선택)

직업 선택의 자유는 국민의 권리이다. 그러나 배금주의 사회에서는 이러한 사회의식이 결여되면서 3D 업종이니 혐오 직업이니 하는 등 직업 기피현상이 만연되었다. 그래서 누군가가 반드시 해야 할 일을 아무도 하지 않으려는 것이 큰 문제이다.

지금 우리 사회는 힘이 들거나 혐오스러운 일을 외국인 근로자에게 떠맡기고 우리는 편하고 쉬운 일만 하려 하고 있다. 그러나 장차 사회 발전의 정도에 따라 외국인 근로자들이 우리 사회에서 빠져나가는 경우는 어떻게 할 것인가. 그때 가면 우리가 기피해 왔던 일들을 자연스럽게 맡아서 할 수 있을 것인가.

지금부터라도 직업 선택의 형평성을 바로잡아 고용의 균형을 이루어야 한다.

① 정규직과 임시직 간의 평등
② 전문직과 일용직 간의 평등
③ 기술직과 행정직 간의 평등
④ 간부직과 일반직 간의 평등
⑤ 내국인과 외국인 근로자 간의 평등

4) 교육의 기회 평등(직업교육)

교육의 기회 평등은 우리 사회가 교육을 통해 신분 상승을 꾀하고 또 그렇게 되어 가고 있기 때문에 중요한 사항이다.

특히 직업의 선택에 있어서 대학교육은 개인의 일생을 결정할 정도로 그 영향이 지대하다. 그래서 학력격차는 소득격차를 낳고 소득격차는 빈부격차를 만들기 때문에 교육의 기회 평등은 고용의 형평성에 필수적 요소이다.

① 학력격차의 축소

② 지역격차의 축소

③ 소득격차의 축소

④ 빈부격차의 축소

2.2. 권리와 의무

1) 권리와 의무 관계의 평등

권리와 의무 관계의 평등은 법적인 측면에서 고려되어야 한다.

예를 들면 국민이 근로의 의무가 있으면 노동 3권에 대한 권리를 보장받듯이 권리는 의무를 수반한다. 그러나 사회적 상위계층이나 기득권자의 경우는 권리가 의무에 우선하여 요구되고 법으로 보장되기 때문에 권리와 의무 관계의 평등이 무시된다.

① 근로의 의무와 노동권

② 납세의 의무와 소유권

③ 고용과 소득의 형평성

2) 세금의 평등(납세의 형평성)

세금의 평등은 소득만큼과 소유만큼을 기준으로 세금에 대한 기준이 설정되고 집행되어야 한다.

① 소득에 따라 평등 과세

② 소유한 것에 따라 평등 과세

3) 복지 혜택

복지 혜택은 수정자본주의의 핵심과제이며 빈부격차를 줄이려는
최소한의 노력이다. 다시 말하면 복지를 통해 과거 자본주의 사회가
걸어왔던 국민의 불만으로 인한 사회적 격변을 잠재우고 달래기 위
해 선택한 정치적인 행위이다.

그러나 현재에 와서는 국민들이 이러한 복지 혜택에 대한 포퓰리
즘에 휘말려 무기력해지면서도 그 달콤함에 너무 길들여져 당연시하
고 있다. 이러한 복지 혜택은 사회적으로 소외되거나 무능력한 사람
에게는 절대적으로 필요하다. 그러나 일할 능력이 있으면서도 사회적
보장을 받으려는 사람들에 대해서는 형평의 원칙이 적용되어야 한다.

① 사회복지의 평등
② 근로복지의 평등
③ 노후보장의 평등

3. 국가의 조절(자본 경제정책 부분)

국가의 조절이란 서로 맞지 않는 조건을 모두에게 이해가 되고 합
리적으로 수긍할 수 있도록 국가 차원에서 조정하는 것을 말한다. 이
러한 조절은 상호 간에 타당성이 인정되어야 하는데 그 근간은 공평
에서 시작한다.

16세기 금융가 그래셤(Gresham)은 그 시대의 통화 유통 상태를 보고 "악화가 양화를 구축한다"고 말했다. 여기서 악화란 기존금화의 둘레를 긁어 내 크기가 축소된 화폐를 이야기한다. 다시 말해서 금화의 크기가 줄어도 표시된 금화의 가치가 변화하지 않는 점을 이용하여 금화 둘레 긁어 먹기를 하는 것이다.

이 점을 이용해 긁어 낸 금가루로 불로소득을 취하는 것이다. 그러나 이러한 일이 반복되다 보면 결국에는 형편없이 작은 금화로 변하여 통용될 수 없는 상태가 되고 만다. 이렇게 통용할 수 없는 금화로 변한 것을 악화라고 한다. 이러한 상태가 만연되다 보니까 통화에 대한 질서가 무너지게 되어 국가에서는 특단의 조치를 취하게 되었다.

이것이 금화 둘레에 톱니를 새겨 넣는 것이다. 이래서 더 이상의 금화 둘레 갈아 먹기는 없어졌지만 이것은 우리에게 알려 주는 바가 크다.

이것은 자유방임 상태로 자금의 운용을 방치하면 결국에는 모든 자금이 악화로 변한다는 의미이다. 다시 말해서 전체 사회에 통용되는 금융원칙은 자금이 악의적 불로소득을 원하는 계층에 의해 악화로 변할 수밖에 없다는 것이다. 이것을 방지하기 위해서는 강력한 규제가 필요하다는 것 때문에 국가가 개입되어야 한다.

3.1. 금융 분야

1) 금융산업 규제

균형자본주의에서 국가의 조절행위 중에서 가장 중요한 것은 유동성의 독자성을 추구하는 금융산업의 규제이다. 왜냐하면 금융산업의 발달이 자본주의를 자금주의로 변질시키기 때문에 경제의 균형과 안정을 위해서는 금융산업의 적절한 규제가 필요하다.

① 각종 대출 규제
② 파생상품에 대한 억제
③ 투기성 펀드 규제
④ 은행의 금리 및 일방적 수익률 조정

2) 금산분리정책

금산분리는 비금융권에 있는 주식 보유자가 특정 금융기관에 해당되는 주식을 일정 비율(4% 초과)을 초과해서 보유하면 의결권을 가질 수 있기 때문에 의결권을 발휘할 수 없도록 제한한 제도이다. 이것은 재벌 및 대기업 등 산업자본이 자기 자본이 아닌 고객예금으로 금융산업을 지배하는 것을 막기 위해 1982년 도입한 것이다. 그러나 외환위기 이후에는 상당수의 국내은행 소유권이 외국자본에 넘어가자 금산분리정책의 문제점이 제기되기도 했다. 그 과정에서 현재에도 외국투기자본에 운영권이 넘어간 은행이 여러 곳이 있으며 외환은행의 경우는 다시 국내은행이 되찾아 오는 과정에 있다. 그러나 이 과정에서 외국계 투기자본은 엄청난 이득을 취하게 되었다. 그래서 현재는 금산분리정책에 대한 실효성이 의심되고 있다.

이렇듯 금산분리정책은 국가의 금융기관에 대한 잘못된 조절로 인해 국가의 부가 외국계 투기자본에게 착취당하는 빌미를 제공하게 된 좋은 예이다.

① 외국계 투기자본의 규제

② 유동성의 규제와 국내자본의 활성화

③ 산업자본의 증시 장악 통제

④ 금산분리정책의 탄력적 운영

3.2. 방송 연예 분야

1) 방송언론의 재벌화 통제

방송언론 재벌이란 방송미디어법에 의해 통합되거나 확장되는 방송언론 분야의 기업집단을 지칭한다.

자본의 균형을 위해서는 재벌기업 수준의 방송언론 기업을 분산하여야 한다. 그러나 오히려 자본 집중을 시켜 자본의 불평등을 초래하고 사회적 빈부격차만 심화시키기 때문에 방송언론의 재벌화는 통제되어야 한다.

2) 연예 · 스포츠의 거품 제거

연예 · 스포츠 분야의 거품은 방송광고 수익에서 나온다. 이러한 이유 때문에 방송 분야의 자본 집중은 방송광고를 통해 축적되고 연예 · 스포츠 분야에 분배된다. 그러나 이 분야는 사회적 거품을 일으켜 주변 자금에 대한 흡인력이 생겨 부를 집중시킨다. 이것은 빈부격차를 키우는 또 다른 원인이기도 하다.

더욱이 연예 · 스포츠 분야는 경제적인 측면에서 생산에 일익을 담당하는 것이 아니다. 이것들은 단순한 소비 분야이므로 이 분야의 자금 집중은 자연스럽게 사회적 불평등을 가져온다. 그래서 실물경제의 흐름을 왜곡시키고 거품경제화한다.

그래서 국가 차원에서의 경제적 거품 제거를 위한 연예·스포츠 분야의 조절이 필요하다.

3.3. 기업 및 노동 분야

1) 직업교육 불평등 해소

직업교육 불평등에서 가장 큰 문제는 고령자의 취업을 위한 직업교육이다. 그래서 고령자의 직업교육과 직장에 대해서는 국가 차원의 정책적 배려가 필요하다. 특히 대부분의 노년층은 60세 은퇴 이후에 취업에 대한 어려움이 있고 체력적으로도 약해져서 선택할 수 있는 직업이 한정되어 있다.

그래서 국가 차원의 직장 확보와 새로운 직장에 대하여 적응할 수 있도록 1~2년의 의무적인 직업교육을 실시하는 것이 바람직하다.

또한 도시 영농을 원하는 경우 영농교육을 실시하여 귀농의 가능성을 열어 줄 필요가 있다. 그리고 도시의 옥상 등에서 영농이 가능토록 제도적 지원이 필요하며 판매를 통한 수익사업이 되도록 국가에서 지원할 필요가 있다.

① 노년층 60세 은퇴 후 의무적 직업교육

② 도시영농을 원하는 경우 영농교육 및 판매수익 추진

③ 고령자의 취업을 위한 직업의 국가 차원에서 확보

2) 재벌의 족벌체제 완화

재벌기업은 자본의 집중화가 극대화된 상태이므로 경제의 균형과
안정을 위해서는 재벌기업의 자본 분산이 필수적이다. 또한 재벌의 특
성상 족벌체제를 강화하기 위해 주식을 통한 편법 상속이 일반화되어
있어 이에 대한 국가와 국민단체의 협력에 의한 통제가 필요하다.

재벌기업의 자본 분산을 통해 족벌체제를 막을 수 없으면 재벌기
업의 소유와 경영 분리를 추진하여 부의 세습과 집중을 막아야 한다.

① 재벌기업의 분산을 통한 일자리 창출
② 주식을 통한 편법 상속 통제
③ 재벌의 기업 소유와 경영 분리 추진
④ 공기금의 주주권 강화를 통한 재벌기업의 규제

3) 기업 간의 격차 해소

대기업과 중소기업 간의 격차는 임금의 격차가 가장 큰 문제이다.
또한 대기업 주도하에 부여되는 일거리가 결국 하청업체의 불공평을
만든다. 그리고 이러한 기업 간의 격차는 보수나 직원 혜택이 좋은
대기업의 제한적인 일자리가 문제이다. 그리고 열악한 중소기업의 대
우로 인해 기피현상이 야기되므로 이에 대한 차별을 줄여야 한다.

① 일자리 나누기로 고용 확대 추진
② 일거리 나누기로 기업 간 상생
③ 임금 나누기로 기업 간 격차 줄이기

4) 노동 불평등요소 제거

노동 불평등요소는 기업 간의 격차에 의해 발생된다. 특히 대기업과 중소기업 간의 격차가 주된 불평등요소로 작용된다. 더욱이 상위 기업인 대기업 노조의 파업으로 인해서 하청업체가 경제적·물적 피해를 받게 되는 현상도 비일비재하다.

그리고 대기업이 자체의 인력 관리를 위해 하청기업의 임직원을 파견근무로 불러와 함부로 대우하는 경우도 있다.

① 대기업 노조의 파업으로 인한 하청업체의 피해 방지 조치

② 대기업 파견 근무자 정식직원 대우

③ 3D 업종에 대한 국가 차원의 지원이 필요

3.4. 사회복지 분야

1) 복지의 포퓰리즘화 방지

현대 자본주의에서 복지는 필수적 요소이며 정치적인 목적으로 집행되는 경우가 많다. 그래서 세금에 맞추어서 알맞게 예산을 결정하지 않고 국민들에게서 인기영합을 얻기 위해 무리하게 편성하여 집행하는 경우가 많다.

이러한 예산 편성은 적자재정을 전제로 하기 때문에 문제이다. 그리고 적자재정을 충족하기 위해 외채를 끌어들여 집행하므로 국민의 빚으로 남게 된다. 그래서 지금 당장의 포퓰리즘을 위해서 외채를 끌어들이는 것은 후손의 빚으로 떠넘겨지는 상황이 되기 때문에 억제할 필요가 있다.

그러므로 우선 무조건 쓰고 보자는 식의 복지는 미래에 대한 담보라는 점을 인식하고 자제하여야 한다.

2) 균형재정을 통한 복지 예산의 규제

일반적으로 복지 예산을 편성하는 경우 정치적 목적으로 결정되는 경우가 많다. 그리고 그것을 통해 국민적 인기를 유지하거나 얻기 위해 남의 돈으로 인심부터 쓰고 보자는 식으로 집행한다. 그렇기 때문에 지금 대부분의 국가들이 국가의 재정을 적자 기조로 유지하고 있는 것이다. 그러나 지금은 이러한 적자재정으로 유럽의 상당수 국가가 경제적 어려움을 겪고 있다. 그럼에도 불구하고 국민들은 복지 혜택에 타성이 배여 아직도 복지에 대한 요구를 지속적으로 하고 있다. 그래서 적절한 예산을 편성하는 균형재정은 환영받지 못하고 있는 실정이다.

3) 복지의 집행에 공정성 확보

복지의 집행에 있어서는 공정성이 반드시 지켜져야 한다. 복지에 사용되는 예산은 국민의 세금으로 이루어졌기 때문에 효율적이고 합리적인 집행이 되어야 한다. 그래서 복지 예산을 눈먼 돈으로 여겨서 함부로 집행하거나 써서는 안 된다.

또한 복지의 집행은 국가 차원의 규제뿐만 아니라 국민 차원에서도 감독되어야 한다.

4. 상생을 위한 화합(균형자본주의 실천)

4.1. 영호남의 상호 교류를 통한 화합

영호남은 지역적 격차에 의해서 생긴 갈등으로 지역감정의 근원지이다. 특히 근대에 와서는 지역이기주의와 더불어서 갈등의 골이 깊어져 상호 간의 융합에 어려움이 많다.

그래서 국가의 백년대계를 위해서는 영호남 지역의 화합이 다른 어떤 지역 화합보다 중요하다.

1) 산업 및 사회기반시설 확충을 통한 지역 개발의 균등화
① 서해안 지역의 대중국 수출입 전진기지화 및 항만 시설 확충
② 동해안 지역의 대일본, 러시아, 유럽의 철로 무역 전략 지역화
　* 동해안 복선 전철 신설 및 확충
　* 동해안 무역항 확충
③ 전자 및 첨단산업의 남해안 유치 및 지원
④ 영호남의 상호 보완적 산업 육성으로 균형 잡힌 발전 추구

2) 상호 지역 간 소득 및 분배의 불균형 해소
① 상호 보완적 산업 육성으로 지역 간 소득격차 감소
② 남해안 물류 유통 기지 확충
③ 남해안 노후 및 사향산업 공단 리모델링 및 고용 확대 지원

3) 지역주의의 정치 정략적 이용을 탈피할 영호남 협의체 구성

① 지역 행정 공무원의 교차 근무 및 임용

② 도 단위 행정기관 내에 협의체 설치 및 운영

4) 영호남 간의 지리상 연결 교통로 확충

① 함양, 산청 지역을 중심으로 한 영호남 연결 유통망 확충

② 경남의 중심 함양, 합천, 창녕, 밀양, 언양, 울산까지 고속도로 신설

③ 부산, 진주, 광주, 목포 간 남해안 복복선 전철 및 고속 전철화

④ 기존 영호남 연결 교통로의 차선 확대 및 고속화

⑤ 익산, 금산, 영동 간 고속도로 신설 및 충청, 전북 지역 유통로 확보

⑥ 삼척, 영주, 문경, 상주, 영동 간 고속도로 신설로 강원, 경북, 충청 연결

5) 영호남 간 문화 예술의 교류에 대한 지속적 지원

① 지리산 및 소백산맥 문화권 육성

② 백제·신라 문화권 육성과 지속적 교류 추진 지원

③ 다양한 문화 콘텐츠의 영호남 균등 분배

6) 지역적 특성을 살린 상호 발전계획 수립과 교차 지원

① 제주도의 국제 관광 특구화에 따른 지원 및 해양관광도시 추진

② 서해안 항구 확장과 새만금의 대중국 무역의 물류유통 중심 육성

③ 강원도 산악 개발 및 관광의 활성화와 동해안 항구 및 교통로 확장

④ 영호남의 낙후화된 기술 집약적 산업 리모델링을 통한 고용 확대

⑤ 충청도의 행정복합도시 계속 추진 및 수도권과 연계교통 확충

⑥ 경기도 남북 분리와 북쪽 지역의 산업공단 유치 및 지역 개발 활성화

⑦ 경기, 충청, 영남, 호남 곡창지대에 영농 공기업 설립 및 국가 지원

⑧ 경남, 부산의 한일 해저터널을 기점으로 대일본 무역의 집결점 조성

⑨ 첨단 과학 산업 시설 및 공장의 지역 균등 분배

⑩ 한반도 내의 철도와 도로의 조화로운 연결을 위한 통합기관 설치

    * 통합기관 설치를 통한 철도, 도로의 합리적 운영

    * 도로의 국내 교통산업의 활성화 및 조직망 구축

    * 철도의 일본, 중국, 러시아, 유럽의 국제 교통 무역의 연결로의 역할

4.2. 통일을 대비한 남북의 화해와 포용을 통한 화합

우리는 단일 민족이다. 그러나 6·25사변을 통해 생긴 남북 간의 갈등은 서로 간에 깊은 상처를 주고 아직도 미봉된 상태로 남아 있다. 그러나 우리 국가가 통일을 이루고 단일 국가로서 미래 발전을 함께 하려면 화해와 화합이 필요하다.

1) 남북 간 경제 교류 및 대북투자 확대, 보장

① 남북 경제 협력기구 상설화

② 대북투자의 손실 국가 보장제

③ 북한철도 이용 및 북만주, 시베리아철도를 이용한 유럽 수출 길
모색

④ 북한 SOC 구축에 남측 기술 및 자원 운용의 융통성 부여

⑤ 관광, 교육, 의료 분야의 투자 확대 및 진출

⑥ 남북 FTA 협정 조인

2) 핵무기와 핵에너지의 선의적인 사용체제 및 교류 강화

① 대체에너지로서 핵에너지 공동 개발 및 활용

② 중국, 남·북한, 일본, 러시아를 총괄하는 반핵지대 구축

③ 6자회담의 성사를 위한 보다 적극적인 노력

④ 북미 양자 회담을 통한 핵문제 직접 해결 지원

3) 북한 정권의 붕괴 대비 남측의 자원 및 경제력 축적

① 대북 통일 기금 조성 및 운용

② 북한 농업 기반시설 조사 및 연구

③ 금융기관의 대북 진출 자본주의 교육

④ 공동으로 항구적 에너지 및 자원 연구 개발자금 확보

4) 사회 문화, 과학기술 교류를 통한 남북 간 이질감 해소

① 교육, 문화, 예술, 체육 분야의 정기 교류

② 과학기술 분야의 학술 교류 확대

③ 고조선, 고구려, 발해, 금나라, 후금의 역사 공동 연구 및 지원

④ 민족의 동질성을 되찾기 위한 전통 및 역사 연구 및 교류

5) 군사적 협조체계 구축으로 상호 대치 상황 완화

① 남북의 군사협정을 필요하면 불가침 동맹 수준으로 격상

② 상호 대치 지역 군 인원 감축 협의 및 병역기간 단축

③ 상호 체제 인정 협약 및 군사력 감축

④ 양측 정상 간 핫라인 지속적 운용

6) 완충 지대 및 비무장 지대의 공동 개발

① 자연 생태 관광 및 휴양지대 개발

② 전자 및 첨단산업 단지 조성 및 연결 교통로 확충

③ 공동 자원 개발과 교육, 문화 시설 확충

④ 동식물의 공동 보존 및 생태연구소 설립

7) 남북 간 상호 교통 연결로 확충

① 개성을 중심으로 한 대북 연결로 확충 및 고속화

② 철원, 춘천을 중심으로 한 중부지방 연결로 확충

　　* 철원, 평강 지역 산업 공단 설치

　　* 철원, 금강산, 원산 연결 관광 철로 건설

③ 속초, 원산을 중심으로 한 동해안 연결로 확충 및 영남권과 연계

8) 상호 체제 보장과 정치적 협력체계 구축

① 북한과 남한 간의 준대사급 기관 상설

② 양측 지도자의 정례 상호 방문

③ 남측의 좌파 계열 정치인 포용 및 관리

9) 북한국민의 인권 보호와 산업기술 인력으로 전환할 교육 지원
① 북한국민 수준에 맞는 직업 확충 및 생활 보장책 수립
② 직업교육 및 교육시설 예비 및 확충
③ 북한 공장의 리모델링을 위한 기본조사
④ 북한 노동자의 기능수준에 대한 조사 연구
⑤ 북한 인권에 대한 세계여론 주도 및 실천

10) 점진적 통합을 근간으로 한 통일 대비 총괄 기관 설치 및 운영
① 이북 5도청에 대한 기구 재정비
② 국회에 북한 관련 전문가위원회 신설 및 운영
③ 정부 각 부처에 북한 관련 기구 설치
④ 사법부의 북한 법 연구 및 북한주민의 법 이해도 분석기구 설치

11) 통일은 초기에 국가적 어려움을 주지만 결국은 상호 큰 이익
① 통일에 대한 대비가 안 된 경우 상당 기간 어려움을 당할 수 있음
② 통일 후 남북의 상호 보완 발전 정책을 세워 추진할 필요가 있음
③ 보완 발전을 위해 남측의 양보와 북측의 협조가 필요
④ 일시적으로 경기가 후퇴하나 결국 통일 시너지 효과를 볼 수 있음

12) 남북의 동질성을 되찾기 위한 상시 인적 교류
① 남북이산가족 만남의 정례화
② 탈북자를 대북교육자원으로 활용
③ 남북 각계각층의 자유로운 상호 방문 협약

4.3. 사회 각 계층의 융화된 화합

사회 각 계층의 화합을 위해서는 중산층이 주도하여 상하위 계층을 이끌어야 한다. 그래서 계층 간의 갈등요소도 줄이고 융화된 화합의 길로 나아가야 한다.

1) 가계부채 해결과 안정된 생활을 통한 중산층 살리기
① 지속적 예금 금리 향상과 대출 억제
② 농어민, 극빈자의 생활 부채 탕감
③ 부동산 혹은 주택자금 대출의 조기 상환 시 금리절감 혜택
④ 보다 높은 예금 금리 조성으로 저축을 통한 재산 형성 기반 제공
⑤ 투기나 사행성 도박으로 부의 축적을 못 하도록 규제 정책 실시
⑥ 공공요금 인상 억제 및 에너지 요금 하향 조정

2) 상위계층의 도덕적 해이 방지와 사회적 책임을 다하는 공평사회
① 세금 철저 징수 및 미납자 과징 중과
② 투기 등으로 인한 불로소득 중과세 철저
③ 기득권층의 사회적 혜택 조정을 통한 빈곤층의 불만 해소
④ 상위계층의 근검 생활 규범 제정
⑤ 상위계층의 부도덕한 행위와 범법행위에 대한 책임 및 처벌 강화

3) 하위계층의 사회적 박탈감이 없도록 균형 분배 및 발전책 수립
① 예금금리의 적절한 인상으로 저축에 의한 재산 증식 가능토록 함
② 복지산업 및 노동, 기술 집약적 산업 지원 육성으로 일자리 창출

4) 중산층의 계층 간 자기 역할을 다할 수 있도록 정책적 배려와 지원
① 중산층은 상하계층 간의 연결고리로 상호 화합의 중심점 역할
　조성
② 중산층의 활성화로 상위계층을 견제
③ 중산층을 통해 하위계층을 포용해 계층 상승의 발판이 되도록 함

5) 계층 간 위화감을 없애도록 공평한 사회분위기 조성
① 언론의 배금주의 사상 및 금전만능의 방송 형태 규제
② 자기 본위보다는 상생적 균형자본주의 교육풍토 조성
③ 일부 계층의 과도한 사회적 혜택을 억제하여 불평등요소를 줄임
④ 상위계층의 무절제와 부도덕에 대한 사회 규제

6) 계층 간 융화를 위한 지원 및 협의체 구성
① 상위계층의 기부문화 활성화와 기금 구성
② 계층 간 지원협의체 구성

7) 부동산 및 주택 투기 방지를 통한 서민경제 안정
① 주택담보대출금리 상승으로 투기화 자금 차단
② 경제의 거품 제거 및 제거 후 사회적 후유증 대비
③ 도시와 연결교통 확충과 도시 주변 주택 보급 확대
④ 1가구 2주택 이상 소유자 중과 및 초과분 국가 환수 후 임대주
　택화
⑤ 투기 유발세력 법적 규제 강화
⑥ 생애 1회로 아파트 분양 제한

⑦ 임대주택 사업 법적 혜택 폐지

⑧ 투기 유발지역의 대출금리 차등화

⑨ 토지 공개념 도입 및 국가 관리

⑩ 금융기관 임직원 다가구 소유자는 내부자 거래로 취급 엄벌

⑪ 주택 공급 확대에 도움이 안 되는 1:1 재건축 행위는 규제 강화

⑫ 분양원가 공개를 통한 부정적인 자금의 공사원가 가산 차단

⑬ 금융기관의 무분별한 외자 유입과 주택담보대출 억제

⑭ 부동산 및 아파트 값의 적절한 하락 유도 방법 모색

* 분양가 상한제 및 개발 이익 환수 강화

* 전국의 무차별적 토지 개발 억제 토지보상금 장기 분할 지급

* 점진적 주택담보대출금리 상승 유도

* 주택담보대출 1회로 제한

* 아파트 매매 시 대출 금융기관 관여 규제

* 미분양 아파트 국가 임대주택으로 전환

* 재건축 시 기존세대 수를 200% 이상 늘릴 것

* 부동산 투기 유발의 부동자금인 외채 조기 상환

* 분양 아파트 전매 금지

4.4. 민생을 위한 정치적 화합

입헌 민주주의 사회를 구현하고 좋은 정치를 하려면 최대 다수의 행복이 우선되어야 한다. 그래서 민생이 모든 정치에 우선이다. 그러므로 정치 정략적 갈등의 표출보다 상호 협력에 의해 정치적 화합을 이루어야 한다.

1) 민생을 위한 초당적 협의 체계를 구축
① 국회와 정부의 초당적 민생대책위 구성 및 운영
② 민생법안에 대한 국민 심의제

2) 정치권력 투쟁보다는 민생 우선의 화합
① 민생법안의 최우선 처리
② 민생법안의 처리기한 제한

3) 끝까지 책임을 지는 정치·행정 풍토 조성
① 고위직의 사전 정보 유용 시 법적 상식적 책임 규명 및 처벌
② 잘못된 정책에 대한 책임 소재 규명 및 처벌 강화
③ 고위직 및 정치인의 부정부패 방지책 수립 및 철저한 시행

4) 국가 운영을 위한 초당적 인재 기용 체계 수립
① 국가 행정기관의 인맥, 학맥, 지연의 연고주의 탈피
② 각료의 임명에 초당적 인재 기용 비율의 의무화
③ 국회 청문회의 기능 강화 및 결정권 부여

5) 사회 각 분야에서 인재를 구할 수 있도록 인재 그룹 조성 및 운영
6) 당리당략에 의한 정당 운영 배제 및 국민 직접 참여 정당제 도입
7) 사회 각 단체의 개별적 정치·행정 분야 참여 유도
① 금융감독 기능 시민단체와 공유
② 공정거래위원회의 체계 개선
③ 금융통화위원회에 시민단체 참여 유도

8) 지역구도의 정치 체계 탈피

4.5. 사회적 · 경제적 격차 감소를 통한 도시와 농어촌의 화합

산업화가 진행되면서 도농 간의 격차는 더욱 심해졌다. 도시는 경제력이 집중하여 부유해지고 농촌은 상대적으로 빈곤해지는 사회적 격차가 발생되었다. 그래서 도농 간의 경제적 나눔을 통해 빈부격차를 줄여야 도시와 농촌이 상생할 수 있다.

1) 도시의 경제력 집중에 따른 농촌이 소외되지 않도록 정책 수립
① 농업 부문의 전략 산업화를 통한 농가소득 증대
② 도시 기업만을 위한 FTA 일방적 농작물 수입 개방 유보

2) 도시화와 향락산업화에 따른 그린벨트와 농토의 잠식 규제
① 그린벨트의 개발 규제 및 공공용지화
② 수원지 및 청정 지역의 기 개발 향락사업체 국가 매입 후 철거

3) 농촌의 삶의 질 향상을 위한 농촌의 개발 및 투자
① 농어촌 개발에 농어민 직접 참여 유도
② 개발 이익은 해당 주민에게 부여
③ 도시인의 자의적 농촌 개발 금지
④ 농촌의 신도시화를 통한 사회기반 확충 및 도시형 중소기업 유치
  * 농촌의 교육, 문화 시설 확충
  * 교통, 정보통신망 등 사회기반시설 확충

* 지방 주요 중소도시 간 연결 고속도로 설치

　　　* 도시형 중소기업 유치와 삶의 질 향상을 위한 편의시설 확보

　　　* 소외 지역 교통 연결부 유통 물류 중심 도시 육성

4) 농촌 소득의 다변화와 교육 문화 등의 사회기반시설 확충

① 읍, 면 단위의 교육 문화 시설 확충

② 삶의 질 향상을 위한 지역 기반시설 확충

5) 농수산업과 관련된 무역의 이득을 농어민에게 되돌리는 정책

① 농수산 무역은 농수산업 종사자 및 영농법인만의 영역으로 제한

② 농어업 자격화와 전문가로서 대우 부여 및 기타 직종의 참여 배제

6) 도시와 농촌의 균형 발전 대책 수립

① 수도권과 비수도권의 균형 발전책 마련

　　　* 수도권 공장규제에 대한 재검토와 확산책 수립

　　　* 비수도권의 노동 기술 집약형 대기업 공장 유치 유도

　　　* 지방 기업을 위한 수도권 연결 산업전용 도로 개설

　　　* 4대강의 양측에 강변 고속도로를 건설, 산업전용 도로로 사용

② 대기업 및 공기업의 지방분산 및 지역 내 인력 수급 대책 마련

③ 농민이 주주인 영농 공기업의 농산물 전액 매수와 판매 대행

　　　* 도 단위 영농 공사가 농축산 무역을 전담

　　　* 추곡 수매 시 농 무역 이익을 농민에게 재분배

　　　* 전국적 판매망 및 유통망 확보

7) 전국 도로의 연결을 통한 도시와 농촌의 유통 및 교통의 일원화

8) 과격한 농촌의 저항운동이 되지 않도록 정책적 배려

① FTA 다자 간 협상에 농민단체 직접 참여

② 농민관련 세제 및 혜택이 직접 농민에게 갈 수 있도록 제도 보완

9) 인터넷을 통한 농수산 홈쇼핑 체계를 일원화

① 중간상인의 폭리 방지를 위한 지자체 및 국가기관의 개입

② 농어촌공사의 전국적 인터넷 농수산물 직거래 시스템 조성

③ 단위 생산자의 생산 및 관리를 위한 자금 국가 지원

10) 농촌의 무분별한 개발방지와 개발이익은 농촌에 귀속시킴

① 개발 이익 해당 지역 지자체 환수제

② 직접 개발 시 국가 지원 및 금융 및 세제 혜택

4.6. 상생을 근간으로 한 기업과 노동자 간의 화합

우리 사회에서 상생을 위한 기업과 노동자 간의 화합을 이루려면 상호 간의 양보가 우선이다. 기업은 기업대로 균형 분배에 힘쓰고 노동자는 과격한 파업을 삼가는 가운데 상생을 위한 화합이 가능하다.

1) 대기업의 부의 집중 방지와 중소기업과의 균형 분배

2) 차세대에게 건전한 기업관을 갖도록 홍보 및 교육

3) 과격한 노동 운동 방지를 위한 노동자의 지위 확보

① 조속한 비정규직의 정규직화

② 하청업체의 파견 근무자 동등지위 인정

③ 대기업 파업 시 하청업체 및 지역 주민의 동의제

4) 국력 소모적 노동운동 적절한 규제

① 노사정 협의체에 하청기업 노동자 참여제

② 무노동 무임금의 철저한 이행

③ 직장폐쇄의 법적 요건 강화

5) 노·사 간의 협조체제와 상설대화창구 개설

① 국가의 개입 배제를 통한 자율적 협조체제 구축

② 노동단체와 경영자 단체 간 상설협의체 구성

6) 대기업과 중소기업의 노·노 간의 화합

① 하청업체에 피해를 주는 대기업의 파업 규제

② 대기업 노조 내 하청기업대책위 설치 의무화

7) 노동자의 행동은 임금에 의해 결정된다

① 대기업과 하청기업의 급료 가이드라인을 설정하고 하청 시 반영

② 노동자에게 의욕 상실을 주는 CEO의 높은 급여 책정 및 언론공
   표 금지

③ 금융 및 공기업의 과도한 월급은 공적 자금의 남발과 외채의 원인

4.7. 국가 발전을 위한 개혁과 보수의 화합

국가의 지속적인 발전과 미래 화합을 이루려면 과격한 개혁주의자나 이기적인 보수주의자보다도 중도 중산층이 우리 사회를 주도하여야 한다. 왜냐하면 과격한 개혁은 갈등을 조성하고 이기적인 보수는 부패와 독선에 빠져 양보를 하지 않기 때문에 사회를 혼란하게 한다.

그래서 국가 발전을 위해서는 개혁과 보수의 화합이 가장 필요하다.

1) 급격한 개혁으로 인한 사회 혼란 방지
① 화합을 위한 단계적 개혁 추진
② 상생의 원칙하에서 추진되는 사회의식 개혁
③ 국민을 위한다는 전제하에서의 개혁

2) 기득권적인 보수계층의 양보 도출로 점진적 개혁 유도
3) 개혁은 소외계층을 감싸고 상호 양보를 통해 보수와 조화를 이룸
① 민주화 사회에서 선진화 사회로 사회구조 개혁
② 빈곤계층 및 소외계층의 불만을 포용하여 더불어 살 수 있도록
  정책 책정

4) 개혁은 미래의 희망을 전제로 하여야 함
5) 보수는 이기적 자기 방어보다 상생하는 이타적 베풂에 근간을 둠
6) 개혁의 주도는 청·장년층이 그러나 정도의 조절은 중·노년층이
① 개혁의 방향은 청장년층의 미래 희망으로
② 개혁의 수준은 중노년층의 포용과 화합으로

③ 개혁의 시작은 나와 내 주변부터 남을 위한 나의 개혁에서 시작

4.8. 각 세대의 세대차이 극복을 위한 화합

우리 사회에서 세대 간의 세대차이 극복을 위해서는 각 세대의 특성을 잘 알아야 한다. 청년은 어떠한 문제가 있는가. 중장년은 그리고 노년에는 무엇이 문제인가를 알아야 그에 대한 대책이 마련될 수 있다. 그래서 무엇이 해결되어야 세대 간의 차이를 극복할 수 있는지 그리고 화합을 위해서 어떠한 노력이 필요한지를 알 수 있다.

1) 고령화 문제에 대한 정책
① 다출산이 해결책이 아니며 이는 또 다른 인구문제를 야기함
② 고령화보다는 100만이 넘는 청년의 잠재적 실업이 더 큰 문제
③ 노령자의 재취업을 위한 퇴직 전 국비 의무교육 실시
④ 사회고용기업에 고령자 취업 의무화
⑤ 국가 공무원의 고령자 재취업비율 의무화
⑥ 고령자 재취업은 신입사원 수준으로 실시

2) 청년실업에 대한 대책
① 사회고용기업 확대를 통한 청년실업 흡수
② 모든 대학생에게 국가 장학보조금 지급
③ 졸업 후 중소기업 의무취업 기간을 둠
④ 언론기관 및 취업기관을 통한 각 기업의 급료 공표 금지
⑤ 사회 고용기업 및 미래 발전 가능한 일자리 창출

⑥ 잠재적 청년실업자의 공공사업 참여 의무제

⑦ 전군의 간부화와 군대 연장복무제를 통한 국가 고용 확대

3) 노인 복지를 위한 퇴직 후 연금문제

① 예금금리를 높여 이자소득에 의한 생활이 가능토록 함

② 국민, 공무원, 사학, 군인 등의 연금에 대한 활용 재검토

4) 미래 지향적 청년문화 고취

① 단순 소비성 문화를 탈피하여 미래 지향적 문화 유도

② 프론티어 정신에 입각한 새로운 놀이 문화 창출

③ 낭비적 레크리에이션 문화보다 창의적 놀이 문화 개발 유도

5) 중장년의 조기퇴직 문제

① 모든 직종의 직업에서 65세까지 정년 연장 유도

② 명예퇴직 시 재취업 우선권 부여

③ 퇴직 후 재취업 의무교육 및 벤처 육성

6) 청년의 희망과 미래

① 청년의 건전한 직업관 고취

② 청년의 열정과 활력을 사회 발전의 원동력으로

③ 부모에 의존하지 않도록 사회 참여의식 고양

7) 장년층의 융화와 협력

① 직업의 안정성 확보를 위한 대책 수립

② 평생직장이 되도록 회사의 지속성 유지를 위한 국가 지원

③ 건전한 재산 증식을 할 수 있도록 사회의식 변화

8) 중년층의 포용과 삶의 질 향상

① 정년퇴직에 대한 국가적 차원에서의 대책 수립

② 중년층의 건강 증진을 위한 사회간접시설과 의료 보장 확대

③ 중년층이 사회 중산층이 될 수 있도록 유도

9) 노년층의 안정된 삶과 사회 기여

① 노년층의 건강복리 증진

② 재취업 교육 강화와 의무취업 비율 도입

③ 노년층 재취업을 위한 단순 기능직 노동시장 확대

④ 노년 은퇴 후 안정된 삶을 향유할 수 있도록 연금제도 보완

4.9. 책임 있는 정책 실천을 통한 지도자와 국민의 화합

지도자와 국민의 화합을 위해서는 책임 있는 정책 실천이 필요하다. 그렇게 되려면 지도자의 솔선수범이 필요하다. 또한 지도층의 절제 있는 행동이 요구되며 피지배층의 능동적 참여가 있어야 한다.

1) 지도계층의 절제 유도

① 불필요한 위원회 및 자문기관 축소 및 폐지

② 국가기구의 축소 및 고도 경쟁화

③ 고위적 공무원의 정원 감축

2) 피지배계층의 정치·사회문제의 능동적 참여 유도

① 국민에게 검증된 사회단체의 국정 참여

② 거버넌스에 의한 협의 국정 운영 및 쇄신

3) 빈부격차에 의한 지배·피지배의 분할 방지

① 빈부격차로 인한 부적절한 사회계급이 발생되지 않도록 조치

② 사회구조상 발생하는 빈부격차 요인 연구 및 해소

4) 권력의 세습화와 경직된 인재 등용에 대한 규제

① 패거리 정치에서 일탈하고 범국민적 인재 등용

② 합리적 인재 검증 시스템에 의한 인재 등용

③ 인터넷을 통한 국민 직접 참여 인재 선출제

5) 부의 대물림 방지를 위한 제도 수립

① 상속 재산은 불로소득이라는 차원에서 일정금액 이상은 사회
   기부제

② 재벌기업 해체 후 기업이 요구하는 출총제 제한 해제

③ 대기업의 일정 지분 국민주주제 및 주식을 통한 기업 지배 억제

6) 지도자의 솔선수범을 통한 국가 기강 바로잡기

① 지도층의 원칙 세우기와 철저한 실천

② 이중 국적자의 법적 의무조항 강화와 선거권 등의 권리 박탈

③ 지도층의 준법정신 고양 및 위법 시 엄벌주의 확립

④ 지도자의 솔선수범과 언행일치

⑤ 자신에게는 엄격하고 타인에게는 관대한 지도자상 정립

⑥ 지도층의 재산 증식에 대한 엄격한 규제 및 증식 재산 국가 환수

4.10. 자주적 국가체제를 바탕으로 한 주변국과의 화합

자주적 국가체제를 이루어지려면 국방에 대한 독자성이 바탕이 되어야 한다. 그렇기 때문에 지금과 같이 미국의 주도적인 국방체계는 점진적으로 우리에게 이양시켜 자주국방으로 변화가 필요하다.

또한 국방에 대한 예산이 국가재정에 미치는 영향이 크기 때문에 국방비의 절감을 위해 인접국가와의 상생을 통한 화합이 필요하다. 그러므로 일본, 중국, 북한, 러시아와의 근거리 융화정책이 선행되어야 한다.

1) 원교근화의 원칙을 세워라

① 북한, 러시아를 포용하는 정책

* 통일 후 한, 일, 러, 중의 전체를 연결하는 아시아-유럽 교통망 건설

* 극동 러시아 자원 에너지 공동 개발 및 재원 확보

* 러시아 시베리아, 사할린 송유관 및 천연가스관 한반도 유입

* 중앙아시아 유전개발 및 송유 시설확보를 통한 석유 자원 확보

* 미래를 위한 한반도와 만주 시베리아를 아우르는 장기계획 수립

② 중국, 일본, 러시아, 몽고에 대해서는 근거리 융화정책

* 일본과는 부산, 쓰시마, 아끼, 큐슈 간 해저터널 연결 협의 및 착수

* 북한을 경유하는 고속철 설치 협의 및 중국 북경까지 철도 운
　　　송로 연결
　　 * 북만주 철도, 시베리아 철도의 고속화와 유럽까지 연결
　③ 미국, 유럽, 제3세계에는 원거리 협력정책
　　 * 미국과의 군사 동맹 및 방위 조약 강화
　　 * 남북통일 시 군사조약의 모든 상황은 변할 수 있음
　　 * 우리 주도의 EU와 미국과 FTA 협상을 통한 경제 협력 재구상
　　 * 수출입선 다변화와 중남미 아랍 동구 아프리카에 교역 강화
　　 * 중남미 동구 아프리카의 첨단 과학기술 분야 유학생 무상 교육
　　 * 정보의 국제화를 위한 범세계적 조직망 구축 및 미국과 연계

2) 세계 시장 속에서 중국, 일본은 우리의 우호자며 경쟁 상대이다.
① 한, 중, 일, 대만, 몽고, 러시아의 동북아 경제 BLOCK 형성을 주도
　　한반도 내 교통, 정보통신 등에 대한 국제사회 기반시설 완비
　　필요
　　 * 기반시설을 통한 동북아의 심장부 기능과 물류 중심부 역할 가능
　　 * 전 세계의 석유 에너지를 집중 소비, 산업화한 상호 경쟁국임
　　 * 석유에너지 자원 확보를 위해서는 심각한 상호 경쟁 상대가 됨
　　 * 동북아 통합 화폐 및 무비자 여권 추진 주도
② 일본의 고도기술산업과 중국의 저가산업 사이의 틈새 산업 육성
　　 * 정밀 부품 및 신소재 산업의 집중 육성
　　 * 제조업 제품의 고품질화
　　 * 기술 및 노동 집약형 산업의 리모델링
　　 * 생명과학 분야의 투자 확대 및 육성

③ 동북아의 중심 지역으로서 발돋움할 교통 및 사회기반시설 확충
④ 중국과 해상 연결 교통로 개발 및 운영
    * 중국과 서해안 항구 간의 열차 페리호 운영
    * 조수 간만의 영향이 적은 무역용 호퍼 크래프트 선박 개발
    * 고속 위그선 개발 및 운항 추진
    * 서해상에 교통중심기지 건설 및 활용

3) 중국의 경제 산업의 발달에 대하여 견제가 필요
① 중국과 경쟁이 될 항공, 우주, 메카트로닉스 등 미래산업 육성
② 서해의 해저 자원 개발 및 미래형 해저도시 개척 및 건설
③ 한국 내 중저가 산업 및 과학기술 재편

4) 일본의 기술 및 경제적 종속에서 탈피해야 한다
① 일본 및 미국, 유태자금으로부터 빌린 외채의 조기 상환
② 적자재정을 통해 국가의 부채를 늘리는 정책 금지
③ 일본 사채시장의 음성자금 국내유입 규제
④ 주식시장을 통한 외국 투기자본의 국내기업 잠식 방지 대책 수립
⑤ 핵심 과학기술의 국산화 및 일본 의존도를 줄여야 함

5) 통일 후 남북 단일 경제체제에서 살길을 모색해야 한다
① 북측의 노동자를 위한 단순 기능의 노동 집약적 산업을 육성
② 육로를 통한 일본, 중국, 러시아, 유럽의 교역 중심지 역할 준비
③ 남측은 첨단산업, 북측은 노동 기술 집약산업으로 조화시켜 추진
④ 통일 후에 필요할 북측지역 개발계획을 사전에 수립하여 준비

4.11. 빈부격차 감소를 통한 빈부 간의 융화

사회적 격차에서 경제적 화합을 이루려면 각 계층 간의 빈부격차 감소가 필요하다. 그래서 빈부격차를 감소시키려면 일자리를 확충하고 소득을 개선하여 빈곤층이 줄어들어야 한다. 그리고 사회적 건실성을 살려 불로소득으로 살아갈 수 있는 여건을 없애서 사회적 위화감을 줄인다.

이렇게 하여 경제적 균형과 안정을 이루고 분배에 대한 불만요인을 줄여 계층 간의 상생을 통한 빈부 간의 융화를 도모한다.

1) 예금금리를 높여 빈곤층이 저축을 통해 소득 증대가 되도록 함
① 연금 생활자의 생활 안정을 기함
② 국가의 복지비용 부담 감소로 국가예산의 효율적 운영이 가능
③ 불필요한 대출을 억제하여 국민 개개인의 빚 부담 감소

2) 절대 빈곤층의 일자리 확충
① 빈곤 소외계층의 지속적인 일자리 확충
② 사회고용기업 확충 및 SOC 사업 확대를 통한 일자리 창출

3) 불로소득에 의한 소득 국고환수 강화
4) 빈부격차 감소 기금 조성
① 극빈자에게 무상대여 기금 운영
② 로또 등 사행성 수입을 빈부격차 감소 기금으로 운영
③ 사행심을 조장하는 복권 및 도박장 폐지 및 감축

4.12. 사회적 성차별 감소 및 평등을 통한 남녀 간의 화합

사회적 성차별 감소 및 평등을 위해서는 남녀 간 특성에 따른 사회적 역할을 명확히 하여야 한다. 그리고 여성을 가사 및 육아로부터 자유롭도록 사회적 체계 재정립이 필요하다.

1) 남녀 간의 특성에 따른 사회적 역할 규명 및 활성화
2) 직장 및 사회에서 남녀 간 성차별 완화를 통한 화합
3) 가족 구성원 간의 융화를 위한 정책 배려
4) 가사 및 육아로부터 자유롭도록 사회적 체계 재정립
5) 여성의 경제적 자립 및 안정을 위한 정책 수립

4.13. 대기업, 중소기업 간 격차 감소를 통한 기업 간 화합

대기업, 중소기업 간의 격차 감소를 위해서는 기업 간 소득격차 완화가 가장 절실하다. 그래서 대기업의 초과이익을 중소기업에 지원하는 '초과 이익 기여제'가 실시되어야 한다.

1) 대기업과 중소기업의 소득격차 완화
① 노동 운동 시 노·노 간의 임금격차 완화를 위한 협상제 도입
② 하청기업의 대기업 노사 협의에 참여제 - 일자리 나누기
③ 중소기업의 연구비 지원 및 공동 개발
④ 대기업 초과이익을 중소기업에 지원하는 기여제를 실시

2) 공기업을 사기업화로 전환하여 기업독점체제를 없앰
① 공기업의 사기업화를 통한 임금 및 공공요금 절하
② 공기업의 지방 분할 및 지자체에 귀속 분산

3) 중소기업 활성화와 대기업 규제 강화
① 국가 주도형 사업 중소기업 우선 분배 – 일거리 나누기
② 대기업의 중소기업 대상 어음 발행 규제
③ 대기업이 중소기업에 어음 발행 시 해당 기간 이자 지불
④ 대기업의 하청 중소기업 협의체 구성 및 납품비협상권 부여

4) 대기업과 중소기업의 기업 간 화합
① 국가의 기업 규제 완화
② 대기업의 투자 활성화
③ 대기업의 중소기업 수탈을 법적으로 규제

4.14. 상호 양보에 의한 각 이익단체 및 집단 간의 화합

우리 사회의 각 이익단체 및 집단 간의 화합을 위해서는 상호 양보가 필요하다. 그리고 더불어 살아가려는 마음속에서 사회철학을 재정립하여야 한다.

1) 화합을 위한 사회철학 재정립
① 국민 각자가 자신의 역할에 충실하는 것이 화합의 기본
② 더불어 살아가려는 상생의 마음에서 시작해야 함

2) 국가의 개입을 배제한 단체 간 협의체 구성과 협의

① 상호 대립되는 단체 간의 협의체 구성

② 이익단체 간의 분쟁 시 민간단체의 참여 및 중재

3) 시민운동의 합법화를 통한 정치 참여

4) 국가정책 수립에 전문가 집단 직접 참여

4.15. 사회의 화합을 위한 언론의 역할 재정립

언론은 우리 사회를 이끌어 가는 가장 중요한 매체이다. 그래서 그 책임이 막중하다. 그러나 최근의 언론은 대부분 분야에서 자신의 역할을 잘하고 있으나 경제의 흐름에는 배금주의와 금전만능주의의 사조와 함께하여 여러 가지 사회문제를 무책임하게 방조하고 있다.

이러한 사회문제는 언론의 편 가르기 및 공적·사회적 책임을 망각하고 시청률이나 광고 등의 수익사업에 치중하는 자세에 의해 더욱 심화되고 있다. 그래서 사회의 화합을 위한 언론의 역할이 재정립되어야 한다.

1) 편 가르기 언론의 규제 및 공적·사회적 책임 부여

2) 사회의 화합을 위한 언론의 역할 제시

① 시민단체의 언론기관 감시자 역할 강화

② 방송통신위원회의 언론에 대한 감독 관리 규제 폐지

3) 언론을 통한 사회적 이상의 다변화와 지향 목표에 대한 상호 존중

① 다양한 사회철학의 개발과 홍보
② 획일화한 사회적 이념 강요 금지

4) 언론을 통한 배금주의 전파 통제
① 불필요한 매일 매일의 증권 시황 전 국민에게 언론 발표 규제
② 국민 위화감 조성하는 스포츠, 연예인의 개런티 발표 금지
③ 엉터리 통계로 시청률 조작 등 국민의 신뢰를 해하는 행위 엄벌
④ 금전만능주의적 방송언론의 배척

5) 공영방송의 민영화
① KBS의 분리 및 2TV의 민간 매각
② TV 시청료 폐지 및 1TV의 광고 방송 허용
③ 방송통신위원회의 순수 민간 독립 기구로 전환
④ 민간 방송 설립의 자유화

4.16. 국민의 화합을 위한 국가기관과 공직자의 원칙 바로 세우기

국가기관과 공직자의 원칙 바로 세우기는 공직자의 사회적 책임과 윤리의식 고취와 더불어 반부패운동으로 국민의 신뢰를 되찾는 것에서 시작해야 한다. 그렇게 하기 위해서는 국민 주도형 반부패위원회를 구성하여 운영해야 하며 고위공직자 임용 시 국민정서에 맞지 않는 이기주의적 부정행위자를 축출하여 투명하고 공정한 사회를 만들어야 한다.

1) 공직자의 사회적 책임과 윤리의식 고취

2) 반부패운동으로 국민의 신뢰 회복

① 국민 주도형 반부패위원회 운영

② 공직자 오직 및 부패 행위 시 상위 감독자도 같이 처벌

③ 부정부패로 벌어들인 돈 10배로 국고에 환수

④ 고위공직자 임용 시 국민정서에 맞지 않는 부정행위자 축출

3) 정책 집행과정의 오류에 책임질 줄 아는 공무원상 수립

① 정책 집행 결과에 대한 국고 손실은 해당 공무원의 책임

② 정책적 오류가 생기지 않도록 검정시스템 설치 및 운영

4) 자의적 잣대로 수사 또는 결론을 내지 않는 원칙적 사정기관 수립

5) 말보다 실천을 우선하는 공직자상 수립

4.17. 경제 발전을 위한 국민적 화합

경제 발전을 위해서는 시장경제의 활성화가 필요하다. 그리고 부동산·증권 투기를 방지하여 불로소득을 취할 수 없도록 국가정책을 바로 세운다. 또한 외채를 조기 상환하여 국가 경제 자립도 향상시켜야 한다.

1) 시장경제의 활성화

① 국민 대다수에게 이익되는 측면의 기업의 규제 완화

② 노동시장의 유연화로 기업의 자율성 확보

③ 건전한 외국자본 유치 및 투기자금 증시 유입 억제

④ 금융기관의 소매 금융 억제 및 기업 금융 활성화

⑤ 국민 저축의 증대 정책으로 국가 자기 자본 확충

⑥ 국가 및 공권력의 의도적 시장 개입 배제

2) 내수산업 활성화를 위한 총괄 정책 수립

① 내수산업의 원천은 건전한 국민 소비

② 소비 진작을 위한 잉여 소득 증대 필요

③ 공공요금 억제를 통한 실질 소득 향상책

④ 국민 저축의식 고양 및 단순 소비 향락산업 규제

⑤ 불필요한 해외여행 규제와 국내여행 활성화

3) 부동산·증권 투기의 방지를 위한 금융, 통화정책에 원칙 세우기

4) 적정금리를 통한 국민의 실질 저축 및 소득 향상

5) 외채의 조기 상환 및 국가 경제 자립도 향상

① 외채의 유입으로 국민을 빚쟁이로 만드는 금융기관 규제

② 불필요한 외채의 조기 반환

③ 단순 유입 외채의 기간산업 확장 자금으로 전환 운용해 고용 확대

6) 건설경기 부양에 의한 포퓰리즘이 되지 않도록 조절

7) 산업, 과학, 기술 분야의 활성화가 국가 백년대계의 근간임

① 과학기술 산업의 침체는 돈놀이로 쉽게 돈을 버는 금융기관 때문

② 힘들고 노력하는 과학기술 분야의 상대적 박탈감이 문제

③ 과학기술 분야의 연구원들이 비정규직화로 고용 불안 및 의욕

상실

④ 방만한 금융 통제로 인해 국가의 미래 발전 원동력 상실

⑤ 저금리로 대기업과 금융 기관 및 투기꾼만 혜택을 받고 있음

8) 건전한 투자 활성화를 통한 설비 노후화 방지

9) 경제 분야 국가의 정책적 개입 최소화

4.18. 교육 발전을 위한 화합

우리의 교육환경은 정권의 의중에 따라 수시로 변화한다. 그래서 국가의 백년대계로 세워져야 할 교육정책이 국가의 임기응변적이고 즉흥적인 결정에 의존한다. 그러므로 이러한 교육정책을 지양하기 위하여 정책을 세우거나 집행할 때는 반드시 교육 관련 각 단체의 의견 수렴을 거쳐야 한다. 그리고 이러한 사항을 감독할 수 있는 상설기관을 설치하여 운영한다. 더불어 공교육과 사교육의 조화로운 발전을 위해 교육에 대한 국가통제를 줄여야 한다.

1) 국가의 임기응변적이고 즉흥적인 교육정책 지양

2) 교육 관련 각 단체의 의견 수렴 및 합의 도출에 대한 상설기관 설치

3) 교육에 대한 국가통제를 줄일 것

① 대학생 선발권 등 대학 행정은 대학 자율에 맡김

② 특목고, 특수고는 지역 요건에 따라 지역이 결정

③ 사학 재단에 대한 운영 자율성 부여

4) 지방대학 육성과 학력 규제 철폐

① 지방대학 출신의 해당 지역 공기업 우선 임용

② 공기업 공무원 시험에서 학력란 폐지

③ 고등고시 합격자의 지역 지방대학 배당제

5) 사교육과 공교육의 조화로운 발전

① 대안 학교의 교육기관 인정

② 국공립 대학의 공법인화와 재정 자립 추진

③ 사립대학의 기여 입학제로 대학 재정 확충

④ 대학 등록금 및 교직원 급료 동결 및 절감

⑤ 대학생 학자금 보조 대책과 국가 장학금 설치

⑥ 기업화되지 않은 대학생 개인 과외 교습 허용

⑦ 중고등학교 의무교육 실시

⑧ 대학의 졸업 정원제 실시 및 조기 졸업 및 취업제

6) 국내 박사학위 소지자의 우대 및 활성화

① 우수한 국내 박사의 대학 교원 응시 시 차별 철폐

② 공무원 및 공기업 취업 시 우선권 부여

③ 대학교수 인원 확충 및 임용 대우 개선

④ 공기업의 경력 사원 및 특채로 고학력 소지자 의무 채용

4.19. 소외계층을 아우르는 복지 실현의 사회적 화합

사회복지는 적절한 수혜자를 찾아 베푸는 공조형 복지로 주 대상

자는 우리 사회의 소외계층이다. 현재의 복지는 정권 유지 차원에서 선정되어 사회적 포퓰리즘화되어 있기 때문에 쓰고 보자는 식의 복지이다. 그래서 균형자본주의에서는 최소한의 복지로 최대의 효과를 얻을 수 있는 정책적 고려가 되어야 한다.

1) 가족 구성상의 소외계층
① 소년·소녀 가장
  * 소년·소녀 가장을 위한 주거안정용 불매 임대주택 분양
  * 부양가족 양부모 맺어 주기
  * 생활 안정을 위한 사회고용 추진
  * 학자금 융자 및 장학사업 활성화
② 독신자 및 독신녀
  * 독신자 연대감 조성과 생활 안정대책 수립
  * 농촌 청년과 같은 비선택적 독신에 대한 대책 수립
  * 독신자의 범죄로부터 보호
③ 가출청소년
  * 가출청소년 보호 프로그램 수립 및 실행
  * 가출청소년 국가교육 시설 강제 입교 및 직업교육
  * 가출소녀 범죄로부터 보호할 수 있는 민간인 보호 관찰관 운용
④ 동성연애자
  * 동성연애에 대한 사회의식 개선대책 수립
  * 동성 결혼에 대한 법적 허용을 고려하고 입법 추진
  * 동성연애를 음성적 위치에서 양지로 전환되도록 대책 수립
⑤ 고아 및 독거노인

* 국내입양이 활성화되도록 국가 지원 대책 수립 및 집행

* 고아 입양 시 고졸까지 교육비 전액 국가 지원

* 무자식 독거노인 노후생활 국가 책임제

* 독거노인 여가생활을 위한 프로그램 조성 및 친교의 장 마련

⑥ 미혼모

* 미혼모의 생활 안정 대책 수립 및 지원

* 미혼모 직업교육 및 전문 탁아소 운영

* 자신이 직접 키우는 경우 자녀 양육법 의무교육 및 강제이수

* 자식을 직접 키우는 미혼모 불매 임대 주택 분양

⑦ 다문화 가정 이민자

2) 법률적 소외계층

① 형기 만료 전과자

* 단순 전과자 일정 기간 경과 후 전과 말소

* 전과자 사회고용 추진 활성화

* 일반 교육기관에서 전과자 재교육을 하도록 위탁

* 3D분야 전과자 우선 취업 및 임금 일부 국가 보조

② 탈북자와 새터민

* 통일을 대비한 탈북자 안정된 정착과 재교육 지원

* 도시 빈곤층이 되지 않도록 직업교육 및 자활교육

* 국가에서 취업 알선 및 관리

③ 매춘부

* 단순성매매 및 매수자 쌍벌죄로 처벌

* 미성년 성매매자 국가에서 강제 수용 및 직업교육 관리

* 누범자 재활교육 및 국가 관리

　　　* 교육관리는 민간단체 및 자원 봉사단체에서 실시

　　　* 교육관리 단체에 준사법권을 주어 철저한 통제가 되도록

　④ 미약 및 알코올 중독자

3) 경제적 소외계층

① 노숙자 및 부랑아

　　* 노숙자 정착을 위한 사회 고용 추진

　　* 잡지나 노점 판매가 가능한 종목 판매권 이양

　　　· 엄격한 심사 후 노숙자 판정에 의할 것

　　　· 판매가격의 50% 정도를 주어 정착에 도움이 되도록

　　* 부랑아 강제 수용 후 직업교육 및 취업 알선

　　* 부랑아 책임 선도위원회 구성 및 운영

② 도시 극빈자

　　* 선진화 사회로 가는 차원에서 빈부격차를 줄일 수 있는 정책

　　* 극빈자 직업 안정 및 사회고용 알선

　　* 귀농 정책과 병행하여 농촌 경제 살리기

③ 영세상인

　　* 도시 영세상인이 결합하여 동종 상인 조합 등 기업화 유도

　　* 일정 규모 이상의 점포가 되도록 자금 및 세제 지원

　　* 상품구매 통합 추진 및 지원

④ 실업자

　　* 청년실업자

　　　· 잠재 실업자 강제 취업 및 의무 근로 준수

· 일정 연령 이상 실업자 벌과금 제도 도입

· 열린 기업 고용제(중소기업경력 대기업 인정제)

· 중소기업 경력자 대기업 및 공기업 우선 취업제

* 중장년 실업자

· 생활 안정을 위한 재취업 알선

* 노년 실업자

· 단순 작업 분야 노령자 우선 취업 보장 및 정년 연장

· 기업에 노령자 취업비율 의무화

· 정년퇴직 후 감액 연봉제 추진

· 도시 영농교육 및 사업 국가 지원

⑤ 영세 농어민

⑥ 파산자 및 신용 불량자

⑦ 최저 임금 근로자

4) 의료적 소외계층

① 시각, 지체 장애인

② 정박아, 농맹아

③ 불치·난치병 환자

④ 정신병자

제4장 한국 경제의 문제점과 대책

1. 무역수지와 무역외적자

우리나라의 한 해 무역수지 흑자는 몇백억 달러나 되고 있다. 그러나 우리는 무역수지 흑자 뒤에 엄청난 무역외적자가 있음을 간과하고 있다.

외국의 투기꾼들이 우리의 증시를 통해 해마다 벌어 나가는 돈과 외채로 인해 발생되는 이자 등이 그렇다. 그리고 사채시장으로 들어와서 국민들에게 대출을 일으켜 챙겨 나가는 돈, 외환의 환차익을 이용하여 빠져나가는 돈들 이 모든 것이 무역외적자이다. 이러한 것들이 우리에게는 국가의 부를 줄이고 채무를 증가시키는 경제적 착취 구조로 엄연히 존재하고 있다. 더욱이 이것들의 총액이 우리가 무역

수출을 통해 벌어들이는 돈보다 훨씬 크기 때문에 국가적으로 적자를 못 면하고 있는 것이다. 그래서 국가는 해마다 적자재정을 유지할 수밖에 없으며 외채로 이러한 국면에서 헤어나려고 하고 있다. 그러나 이러한 상황이 계속되면 지금 유럽의 여러 나라들이 겪는 채무불이행의 국가적 위기를 우리도 겪게 될지도 모른다.

－대책－
① 증시로 유입되는 투기성 자금 유입을 차단하라.
② 환투기를 방지하기 위해 고정환율제로 전환하라.
③ 적자재정을 균형재정으로 바꿔라.
④ 사채시장에 유입된 외국자금을 배출하라.
⑤ 외채의 유입을 막고 조기 상환하라.

2. 금융대출과 가계부채

"남의 것이면 소도 잡아먹는다"는 속담이 있다. 이것은 빌려 온 것은 함부로 쓴다는 의미이다. 지금 우리 국가의 정책은 마치 빌어먹을 것이 없어서 못 먹는다는 식으로 나아가고 있는 것 같다. 그래서 대부분의 중산층과 서민 생활에서 생기는 불편함은 금융대출로 해결하도록 유도하고 있다.

주택을 구입하는데 돕는다며 실시하는 주택담보대출, 전세 입주자를 돕는다며 전세금대출, 학비를 위한 학자금대출 등등 무수히 많은 종류의 대출을 만들어 국민 전체를 금융채무자로 몰아가고 있다.

금융기관은 예금과 대출의 상계에 의해 수익을 얻는 곳이므로 돈을 많이 빌려 줄 수 있으면 그것이 수익의 원천이 된다. 그렇기 때문에 대출이 많으면 많을수록 좋다. 그러나 멋모르고 자신의 필요와 욕망에 의해 돈을 빌린 국민들은 금융기관의 채무자로 전락하게 된다. 그래서 열심히 일해서 번 자신의 소득 중 상당 부분을 금융기관의 대출금 이자로 바쳐야 한다.

주택담보대출의 경우는 주택시장에 돈이 넘쳐나게 되어 주택가격을 상승시킨다. 그리고 전세금대출의 경우는 전세시장으로 많은 돈이 유입되어 전세가격을 천정부지로 올려놓고 있다. 또한 이렇게 금융기관에서 흘러나오는 각종 대출금은 경제에 거품을 일으켜 통화량 증가와 물가를 자극해서 물가 또한 급등하게 하고 있다.

더욱이 금융 파생상품을 통해 대출의 종류가 다양하게 계속 늘어나고 있으며 더 넓은 영역으로 확산되고 있다. 그래서 조금만이라도 여건이 만들어지면 새로운 종류의 금융대출을 개발해서 국민들을 금융기관의 채무 노예로 만들어 가고 있다.

금융기관에서 돈을 빌려 쓸 때는 좋다. 그러나 그것을 갚아야 할 때는 어떻게 갚을 것이냐가 문제이다. 이렇듯 우리의 국가나 공기업 그리고 국민 모두가 채무자로 되어 가고 있는 이때에 장차 이러한 상황이 한계상태에 도달할 때는 과연 어떻게 할 것인가.

－대책－
① 금융기관의 대출을 규제하여 가계부채를 줄여라.
② 대출금을 조기 상환토록 국가가 책임을 져야 한다.
③ 상환이 가능토록 한시적으로 예금금리를 올리고 대출금리는 낮

추어라.

3. 적자재정과 외채

정치적으로 국민의 요구에 부응하고 인기를 유지하기 위해 국가는 적자예산을 편성하여 해결하려 한다. 이렇듯 국민의 인기에 영합하려는 대부분의 국가는 적자재정을 통하여 포퓰리즘화하기 쉽다. 그래서 상당수의 많은 국가가 적자재정으로 인해 과다한 외채를 지고 국민에게 부담을 주거나 모라토리엄, 디폴트 상태로 가고 있는 것이다.

이러한 것들은 정권 유지 차원에서 정치적으로 국민의 호응을 얻기 위해서 해 왔던 포퓰리즘의 누적된 적자재정의 결과이다.

과연 적자재정의 누적 결과가 어떻게 될지 우리는 역사 속에서 충분히 겪어 왔다. 그렇기 때문에 우리는 이것에 대하여 대비를 해야 한다. 그것이 바로 균형재정이다.

균형재정이란 국가의 재정을 국민의 세금만큼의 적절한 예산을 편성하여 낭비적인 요소를 없애고 합리적이고 효율적으로 집행하는 것이다.

그리고 누적된 외채를 탕감해 나가도록 국정을 운영해야 한다.

－대책－

① 적자재정을 삼가고 균형재정을 편성한다.

② 비효율적이고 불합리한 예산을 줄여 낭비적 요소를 제거한다.

③ 과소비를 줄여 조속히 외채를 탕감한다.

4. 청년실업과 고용

우리 사회가 당면한 실업의 형태 중 가장 큰 문제는 중장년이나 고령자 실업보다 청년실업이다. 중장년실업은 일자리 늘리기로 해결되지만 청년실업은 근본적으로 사회와 경제체계의 문제에서 나오기 때문에 근원적인 원인을 해결하기 전에는 해결이 어렵다.

특히 청년실업은 사회의 초년생들이 직업을 갖기도 전에 자의든 타의든 남의 뜻에 의해 잠재적 실업상태로 가는 경우가 많다. 더욱이 상당수의 청년은 중년의 부모에 의존하여 무기력하게 취업도 않고 백수 상태로 지내는 것이 문제이다.

이러한 청년실업은 일자리가 없어서 생기는 현상이 아니다. 3D 업종이나 중소기업에는 자리가 남아돌아 가도 대기업이나 공기업 등과 같이 편하고 보수가 좋은 자리로 가려는 배금주의적 욕망에서 생겨난 것이다.

- 대책 -
① 대기업·공기업 등 보수 좋은 직장은 중소기업 경력 사원만 모집
② 대졸 후 일정 기간 중소기업 의무 근무제
③ 공무원 임용 시 중소기업 출신 우선 선발
④ 군대 연장 근무도 중소기업 경력과 동일 인정

5. 빈부격차와 세금

빈부격차는 소득에 대한 격차와 소유에 대한 격차로 분류할 수 있다. 이러한 격차가 심해지는 원인 중의 하나는 자본주의의 변질로 인한 배금주의이다. 이는 돈으로 돈을 쉽게 벌 수 있기 때문에 생기는 현상으로 돈의 흡인력에 의한 집중성 때문이다. 이러한 집중성 때문에 부자는 더욱 부유해지고 빈자는 더욱 빈곤해지는 것이다.

그래서 우리 사회는 이러한 현상을 줄이기 위해서라도 돈의 집중 현상을 막아야 한다. 그렇게 하기 위해서는 소유한 만큼 그리고 소득 만큼의 세금징수를 통해 조절을 해야 한다.

그리고 이러한 세금은 합리적 재분배를 하여야 하며 그것을 위해서는 재정이 효율적으로 집행되어야 한다.

－대책－

① 소유와 소득에 적절한 세금제도 수립

② 부유세 신설과 세원 조사 및 확보

③ 부가가치세 감축 및 폐지

④ 금융 및 주식 보유 재산세 신설

⑤ 골동품 및 유가재산 신고 및 취·등록세 신설

⑥ 유가재산의 보유재산세 제정

6. 물가급등과 공공요금

물가급등은 여러 가지 원인이 있지만 그중 가장 큰 영향을 미치는 것이 공공요금의 인상이다. 공공요금은 기타 물가에 직접 혹은 간접적으로 영향을 미치기 때문에 공공요금의 급격한 변화는 즉시 물가에 영향을 준다.

또한 물가는 돈의 통화량이 늘면 자동적으로 증가하며 이러한 통화량은 시중에 돈이 많이 풀렸을 때 일어난다.

시중에 돈이 풀리는 것은 금융기관을 통해 경기 활성화를 위해서 대출 등으로 통화량이 증가되었을 경우이다. 또한 물가를 결정하는 요인으로는 원자재 값의 급등 혹은 인건비 상승 그리고 부동산가 및 임대료 상승도 주요 요인이 된다.

그래서 물가폭등을 막으려면 공공요금의 상승 억제가 가장 중요하다. 그리고 더불어 시중에 돈이 많이 풀리는 것도 경계해야 한다.

- 대책 -

① 원자잿값의 상승을 조절해야 한다.

② 금융대출을 억제하여 시중의 통화량을 줄인다.

③ 공공요금을 통제하여 불필요한 상승요인을 없앤다.

④ 부동산 및 건물 임대료 상승을 규제한다.

⑤ 노동 인건비의 급격한 상승을 막는다.

⑥ 통신 및 유류, 가스가격을 공공요금화하여 통제한다.

⑦ 물가에 미치는 세금의 영향을 줄이도록 감세대책을 세운다.

7. 복지와 포퓰리즘

자본주의사회에서 국가가 필연적으로 생기는 소득과 소유의 사회적 격차나 빈부격차로 인한 국민의 불만을 어떻게 해결하느냐가 중요하다. 그래서 이러한 불만을 잠재우기 위해 선심성 복지로 해결하려는 것이다. 또한 이러한 국민의 불만을 의식하여 세금은 적게 책정하고 예산은 무리하게 편성하여 추진하기 때문에 적자재정은 필연적이다.

다시 말하면 무리하게 만들어진 복지나 혜택은 결국에 우리 혹은 우리의 후손이 갚아야 할 가불된 빚으로 결코 바람직한 정책이 못 된다.

지금 당장은 받아서 쓰기에 좋을지 몰라도 후일에 되갚아야 하기 때문에 이러한 복지는 정치가들의 선심성 행위일 뿐이다. 그러므로 국민 입장에서 그에 대한 옥석을 가려야 한다.

특히 무절제한 복지는 포퓰리즘 현상으로 거품경기를 일으키기 때문에 일시적으로는 경기가 좋아지는 것처럼 보이나 거품이 꺼질 때는 경기침체가 더욱 심하게 된다. 그래서 보다 나은 미래를 위해서는 삼가야 할 정책이다.

－대책－

① 무절제한 복지를 피하고 균형 있는 복지정책을 세운다.

② 복지의 추진은 국민의 담세 능력 내에서 결정한다.

③ 복지의 재원은 빈부격차의 원천인 부유층에서 부담토록 한다.

④ 포퓰리즘에 의한 복지는 거품경기의 원인으로 절제해야 한다.

⑤ 적자재정에 의한 복지정책은 후손에게 빚이므로 삼가야 한다.

8. 고령화와 인구 증가

　과학과 의술의 발달로 인해 인간의 수명은 늘어나고 있다. 그래서 우리 사회는 점차 고령화 사회로 나아가고 있다. 이렇듯 미래의 고령화 사회는 우리에게 필연적이다. 그러나 고령화와 병행하여 수명 연장으로 인한 인구 또한 기하급수적으로 늘어나고 있다.

　미래에 다가올 고령화에 대한 대책으로 국가는 출산율을 늘리자는 정책을 펴고 있으나 이는 여우를 피하다 호랑이를 만날 수 있는 정책이다.

　지금은 과학기술의 발달로 먹고살기에는 어려움이 없는 것처럼 보여서 인구가 더 늘어도 지장이 없는 것으로 여겨진다. 그러나 이것은 잘못된 판단이다. 다시 말해서 현재의 인구로도 지구상에 보존되어 있는 부존자원 및 생물자원이 한계가 있다. 그래서 우리의 부존자원이 점차 고갈되어 가는 상황에 더 이상의 인구 증가는 또 다른 재앙을 불러올 수 있다.

　특히 고령화에 대한 해결책으로 출산율을 높여 대비한다는 것은 잘못된 정책이다. 지금의 청년실업에서 보여 주듯 일자리가 있어도 일을 하지 않는 젊은이들이 비일비재한데 과연 출산율을 높여서 인구만 늘려 놓으면 해결될 수 있을 것인가. 과연 우리의 후세들이 열심히 일을 해서 그때의 고령 인구를 부양해 줄 것인가는 기대하기 어렵다.

　－대책－
　① 출산율 증가로 고령화를 해결하려는 정책은 재고해야 한다.

② 고용의 확충과 고령자 스스로의 취업활성화가 해결책이다.

③ 인구 증가는 또 다른 재앙을 가져오므로 실업을 줄여 해결하라.

④ 미래 식량 및 에너지 자원 고갈에 대비하라.

9. 부정부패와 반부패

경제정의의 실현에서 가장 큰 걸림돌은 공직자의 부정부패이다. 부정부패라는 말은 그대로 정의롭지 못하고 썩어 있다는 의미이다. 이것은 법적 권한을 가진 공직자가 공정성을 잃고 뒷거래에 의해 자신의 권한을 남용하기 때문에 선의의 피해자를 만든다는 문제점이 있다.

더욱이 정경유착의 경우, 경제적 강자가 정치적 권력자와 결탁하여 부정부패 행위를 한다면 그 피해는 경제적 약자인 중산층과 서민에게 직접 돌아온다는 것이 가장 큰 문제이다.

이러한 정경유착은 정치적 로비와 기업의 음성적인 비자금을 통해 이루어지기 때문에 겉으로 쉽게 드러나지 않는다. 그리고 겉으로 드러나는 경우는 이미 곪을 대로 곪아서 해결이 불가능해질 때 사회적 책임으로 떠맡겨지는 것이 다반사이다. 그래서 공직자의 부정부패는 철저하게 규명되고 처벌이 이루어져야 한다. 이렇게 하기 위해서는 배금주의의 사회적 풍조를 없애고 반부패 운동을 통해 경제정의가 바로 세워지도록 하여야 한다.

－대책－

① 반부패 운동의 민간 주도 및 활성화

② 기업의 비자금 상시 조사의 체계화

③ 정경유착의 국민 감시단 발족 및 조사 처벌 권한 부여

④ 정치적 로비 방지법 및 쌍벌죄로 처벌 강화

김성배

1953년 서울 출생
한양대학교 건축공학과 졸업
한양대학교 대학원(건축구조 전공)
서울대학교 대학원(도시 및 지역개발 전공)
한국기술사회 안전진단 전문위원
서울시 강남구 건축 구조자문 위원
서울시 양천구 분쟁조정위원
서울시 품질 시험소 전문위원
서울지방법원 건축감정인
(주)효림구조안전기술연구소 대표이사

경제정의와
균형
자 본 주 의

초판인쇄 | 2011년 9월 22일
초판발행 | 2011년 9월 22일

지 은 이 | 김성배
펴 낸 이 | 채종준
펴 낸 곳 | 한국학술정보㈜
주   소 | 경기도 파주시 문발동 파주출판문화정보산업단지 513-5
전   화 | 031) 908-3181(대표)
팩   스 | 031) 908-3189
홈페이지 | http://ebook.kstudy.com
E-mail | 출판사업부 publish@kstudy.com
등   록 | 제일산-115호(2000. 6. 19)

ISBN   978-89-268-2631-7 03320 (Paper Book)
        978-89-268-2632-4 08320 (e-Book)

이담 books 는 한국학술정보(주)의 지식실용서 브랜드입니다.